Ralf Melzer · Dietmar Molthagen (Hg.)

Andreas Zick · Beate Küpper

Wut, Verachtung, Abwertung

Rechtspopulismus in Deutschland

DIETZ

Bibliografische Information der Deutschen Bibliothek

Die Deutsche Bibliothek verzeichnet
diese Publikation in der Deutschen Nationalbibliografie;
detaillierte bibliografische Daten sind im Internet
unter *http://dnb/ddb.de* abrufbar.

ISBN 978-3-8012-0478-5

Verlag J. H. W. Dietz Nachf. GmbH
Dreizehnmorgenweg 24, 53175 Bonn

Umschlaggestaltung: Jens Vogelsang, Aachen

Satz:
Kempken DTP-Service | Satztechnik • Druckvorstufe • Mediengestaltung, Marburg

Druck und Verarbeitung: CPI – Ebner & Spiegel GmbH, Ulm

Printed in Germany 2015

Inhaltsverzeichnis

Vorwort der Herausgeber

Als im Frühjahr 2015 dieses Buch konzipiert wurde, war nicht absehbar, welches Ausmaß Wut, Verachtung und Abwertung wenige Monate später zumindest in Teilen der deutschen Bevölkerung erreichen würden.

Dass die Mitte fragil und menschen- und demokratiefeindliche Orientierungen weit verbreitet sind, ist nicht neu und wird seit 2006 im Zweijahresrhythmus von der Friedrich-Ebert-Stiftung in ihren Mitte-Studien empirisch belegt. Inzwischen beschränkt sich aber das Problem nicht mehr nur auf die Einstellungsebene. Vielmehr manifestiert sich Rechtspopulismus laut und deutlich: Als Bewegung in Gestalt der sogenannten »Patriotischen Europäer gegen die Islamisierung des Abendlandes« (PEGIDA) und parteipolitisch in Gestalt der AfD.

Beide Bewegungen weisen den Vorwurf, »rechtspopulistisch« zu sein weit von sich, ebenso wie sie sich von der extremen Rechten distanzieren. Sozialwissenschaftlich ist die Zuordnung jedoch unstrittig. In der Definition der Politikwissenschaftler Frank Decker und Marcel Lewandowsky kennzeichnet »Populismus in erster Linie eine Haltung, die für das sogenannte »einfache« Volk und gegen die herrschenden gesellschaftlichen und politischen Eliten Partei ergreift« (www.bpb.de) und stellt somit einen konstruierten Gegensatz zwischen dem »gesunden Volksempfinden« sowie der angeblich elitär-abgehobenen Welt der Eliten aus Politik, Wirtschaft und Medien dar. Kommen zur Bestimmung der eigenen Gruppe national-völkische Motive hinzu sowie eine Abgrenzung vom »Anderen« mit fremdenfeindlichen oder sozialdarwinistischen Motiven, ist dies Rechtspopulismus. Beides trifft auf AfD und PEGIDA zu.

Angeheizt durch die aktuelle Flüchtlingskrise hat sich PEGIDA radikalisiert, während gleichzeitig die AfD nach der Abspaltung des Luckeflügels unter ihrer Vorsitzenden Frauke Petry neue Umfragehochs erreicht und eine Allianz mit PEGIDA anstrebt. Im Unwort von der »Lügenpresse« spiegelt sich nicht nur dumpfer Hass gegenüber Politik, Medien und gesellschaftlichen Eliten insgesamt. Es ist auch Ausdruck eines bestimmten gesellschaftlichen Klimas, das sich zunehmend entkoppelt von demokratischen Diskursen, seinen Nährboden in kruden Verschwörungstheorien findet und bestimmt ist von selbstreferentiellen medialen Gegenwelten in Form von rechten Blogs und Onlineplattformen.

Enthemmung und Verrohung machen sich aber nicht nur virtuell, sondern verstärkt auch in der realen Welt bemerkbar. Waren es 2014 noch 198 Straftaten gegen Asylunterkünfte, sind es zwischen Januar und Mitte Oktober 2015 ganze 522 gewesen – umgerechnet wurden also durchschnittlich jeden Tag zwei Unterkünfte irgendwo in Deutschland gewaltsam angegriffen. Fünf Tage, nachdem bei einer PEGIDA-Demonstration ein Galgen herumgetragen wurde – laut Beschriftung für die Bundeskanzlerin und den Vizekanzler »reserviert« – wurde die später gewählte Kölner Oberbürgermeisterkandidatin Henriette Reker bei einem Messerattentat schwer verletzt. Der Täter nannte als Tatmotiv den Einsatz der Kandidatin für Flüchtlinge.

Bereits 2014 haben die Daten zur Mitte-Studie ergeben, dass die Gewaltbereitschaft sogar in dem Teil der deutschen Bevölkerung angestiegen ist, der nicht rechtsextrem orientiert ist. So stieg die Zustimmung zu der Aussage »Ich bin bereit, mich mit körperlicher Gewalt gegen Fremde durchzusetzen« unter den nicht rechtsextrem Eingestellten zwischen 2006 und 2014 von 12 auf knapp 15 Prozent. Unter den Personen mit rechtsextremem Weltbild nahm die Zustimmung im selben Zeitraum von 21,7 auf 52,5 Prozent zu. Dies sind beunruhigende Entwicklungen, denn »Gewalt entsteht im Kopf«, wie Bundesjustizminister Heiko Maas im Interview für diesen Band betont.

Gelebte Willkommenskultur, Solidarität und Hilfsbereitschaft hier und Hetzparolen sowie brennende Asylunterkünfte dort: Beides ist die Realität im Herbst 2015 in Deutschland. Die Gesellschaft ist polarisiert und nicht nur Dresden eine gespaltene Stadt. Dass in dieser Situation die CSU in Bayern ausgerechnet den Schulterschluss mit Ungarns rechtspopulistischem Regierungschef Viktor Orbán sucht, lässt für die Zukunft der politischen Diskussion über gesellschaftspolitische Fragen im Allgemeinen und Flüchtlinge im Besonderen nichts Gutes erahnen.

Der vorliegende Sammelband analysiert Erscheinungsformen des aktuellen Rechtspopulismus sowie die Ängste und Vorurteile, die ihn begünstigen. Für einige Beiträge wurden die 2014 für die Mitte-Studie der Friedrich-Ebert-

Stiftung erhobenen Daten unter veränderten Fragestellungen neu ausgewertet. Das Buch umfasst auch Untersuchungen zu in diesem Zusammenhang bislang weniger beachteten Facetten wie dem marktförmigen Extremismus oder Antisemitismus als zwei weitere für die neuen rechtspopulistischen Protestformationen relevante Themen. Der Band vereint Autorinnen und Autoren aus Wissenschaft und Journalismus, die sich dem Phänomen Rechtspopulismus mit unterschiedlichen Ansätzen und aus unterschiedlichen Perspektiven annähern.

Der Dank der Herausgeber gilt allen Autorinnen und Autoren sowie Daniela Krause für die Koordination aufseiten des Instituts für interdisziplinäre Konflikt- und Gewaltforschung (IKG) in Bielefeld. Ein besonderer Dank geht schließlich an den Lektor des Bandes, Dr. Alexander Behrens, sowie an alle Kolleginnen und Kollegen des Verlag J. H. W. Dietz Nachf. in Bonn für die ausgezeichnete Zusammenarbeit.

Berlin, im November 2015

Dr. Ralf Melzer
Leiter des Arbeitsbereichs Gegen Rechtsextremismus im Forum Berlin der Friedrich-Ebert-Stiftung

Dr. Dietmar Molthagen
Leiter des Arbeitsbereichs Integration und Teilhabe im Forum Berlin der Friedrich-Ebert-Stiftung

Einleitung: Der Dreiklang aus Wut, Verachtung und Abwertung

Andreas Zick · Beate Küpper

Wut, Verachtung, Abwertung – dieser besorgniserregende Dreiklang, der das Thema des vorliegenden Bandes bildet, beschreibt eine politische Stimmungslage in Deutschland, jene auf seiner Schattenseite. Während vielerorts Willkommensfeste gefeiert werden und die Menschen sich mit großem Engagement für Flüchtlinge einsetzen, formiert sich auch eine feindselige und gewaltbereite Stimmung gegenüber allen, die als »fremd«, »anders« oder »unnormal« wahrgenommen oder als solche gebrandmarkt werden. Diese dunkle Stimmungslage reicht bis weit in die Mitte der bundesdeutschen Gesellschaft hinein und ist für eine zivilisierte Demokratie gefährlich. Sie hat sich in den letzten Monaten in auffälliger Weise Bahn gebrochen, zuerst gegen eine vermeintliche »Islamisierung« als Code für die offene Abwertung von Muslime. Dann gerieten bald auch andere soziale Gruppen und Individuen in die Schusslinie: Roma, Einwanderer ganz allgemein, Juden, gleichgeschlechtlich Liebende, Feministinnen, Pressevertreter und arme Personen, die als »Sozialschmarotzer« geschmäht werden. Mit Wut, Verachtung und Abwertung kann man heute Menschen in den öffentlichen Raum locken. Auf der Straße schreien sie ihre destruktiven Emotionen ungehemmt heraus. Dass diese nicht nur von den Akteuren selbst, sondern auch von etlichen Politikern als »Sorge« und »Ängste« interpretiert werden, verschleiert, dass hier aggressive Menschenfeindlichkeit am Werke ist.

Der Blick in die gesellschaftliche Mitte hat uns motiviert, nach dem Band »Fragile Mitte – Feindselige Zustände« (2014) und angesichts der aktuellen Entwicklungen dem innergesellschaftlichen Dreiklang menschenfeindlicher Gemütslagen noch einmal genauer nachzuspüren.

Seit Erhebung der Daten zur Studie »Fragile Mitte – Feindselige Zustände« im Frühsommer 2014, die rechtsextreme und menschenfeindliche Orientierungen in der Bevölkerung untersuchte, haben Wut, Verachtung und Abwertung anscheinend zugenommen, zumindest sind sie lauter und erkennbarer geworden. Wie die Befunde aus zurückliegenden Jahren zeigen, sind diese Stimmungen aber keineswegs neu, im Gegenteil. Verglichen mit einem Jahrzehnt zuvor ist die Gesellschaft zwar deutlich offener und toleranter geworden. Negative Stimmungen konnten aber an Energie gewinnen, weil sich rechtspopulistische und rechtsextreme Propagandisten fanden, die die Menschen in ihrer Wut, Verachtung und Abwertung abholen oder gar in sie hineintreiben. Sie schafften es, Verunsicherungen, Unzufriedenheiten und latent vorhandenen Rassismus in Wut, Verachtung und Abwertung zu kanalisieren. Weite Teile von Politik und Gesellschaft haben dies meist erst mitbekommen beziehungsweise waren erst gezwungen, sich damit auseinanderzusetzen, als PEGIDA zum »Spaziergang« in die Innenstädte einlud. Hier versammelten sich »normale« Durchschnittsbürgerinnen und -bürger zusammen mit aggressiv rechtspopulistischen und sogar gewaltbereiten rechtsextremen Kräften und zogen einträchtig nebeneinander her, den gleichen Parolen folgend. Die gestiegene Zahl geflüchteter und asylsuchender Personen und ihre Unterbringung in Sammelunterkünften vor Ort boten Fundamentalisten und Menschenfeinden geeignete Angriffspunkte für lokale Proteste, die mancherorts in Gewalt und Brandstiftung mündeten. Während sich an vielen Orten großes Engagement für Flüchtlinge und viele Hilfsangebote finden, dominieren an anderen – manchmal aber auch parallel am gleichen Ort – Wut, Verachtung und Abwertung, die sich aktuell besonders sichtbar gegen Flüchtlinge richtet, aber nicht selten auch gegen andere soziale Gruppen.

Wo sich Wut mit Verachtung paart, da ist die Abwertung der Menschen, die als »Ungleiche« etikettiert werden, nicht weit. Das ist keine neue Erkenntnis. Allerdings glauben immer noch viele Menschen, nicht die Überzeugung von der Ungleichwertigkeit erzeugt die Abwertung, sondern eine irgendwie nachvollziehbare Angst vor »Überfremdung« oder schlicht mangelnde Aufklärung. Auch diesem Aspekt geht das Buch in Beobachtungen und Daten nach. Die Abwertung von Flüchtlingen und Asylsuchenden, aber auch Muslim- und Islamfeindlichkeit, Antisemitismus, Sexismus, Homophobie, die Verachtung von »Wirtschaftsflüchtlingen« und »Sozialschmarotzern«, aber auch pauschal von Eliten, Medien, Linken und Intellektuellen bildet für viele Menschen ein Band. Wut, Verachtung und Abwertung beschreiben Feindseligkeiten und Feindschaftsverhältnisse, keine bedauernswerten seelischen Lagen von vermeintlichen Opfern von Einwanderung oder Desinformation. Die zum Teil lautstarke Wut und der Hass waren auf den PEGIDA-Spaziergängen schon zu hören, bevor die Flucht vieler Menschen aus Syrien und anderen Regionen nach Europa und Deutschland einsetzte.

Sicherlich erzeugen Migration und Zuwanderung Unsicherheit und erfordern Veränderungen, um unbeherrschbare Konflikte zu vermeiden. Wir wissen nicht, wer, woher und wie viele zu uns kommen. Aber aus Unsicherheit resultieren keineswegs automatisch Wut und Verachtung, und Abwehr ist keinesfalls die einzig mögliche Copingstrategie, mit Angst umzugehen. Vielmehr kann Unsicherheit gezielt in Wut und Verachtung verwandelt werden, wenn den Verunsicherten ein »Feind« geboten wird, dessen Vertreibung als legitim beschrieben wird. Und umgekehrt, kann sich vorhandene Wut und Verachtung hinter einer vermeintlichen Angst verstecken. Insofern künden Wut, Verachtung und Abwertung von einer Radikalisierung, eben einer Radikalisierung in der Mitte der Gesellschaft. Sie entstammen Einstellungen und Überzeugungen, die sich so zuspitzen können, dass sie in Emotionen gegen vermeintliche »Feinde« münden.

Woher aber kommen die Wut, die Verachtung und eine Abwertung, die den demokratischen Konsens vor eine Zerreißprobe stellen? Das versuchen die Beiträge in diesem Band zu klären. Wir freuen uns, dazu hervorragende Expertinnen und Experten gefunden zu haben, die schon lange rechtsextreme, rechtspopulistische und menschenfeindliche Strömungen am Rand und in der Mitte der Gesellschaft beobachten, beschreiben, deuten und erklären. Die Autorinnen und Autoren machen Angebote für die Fassbarkeit und das Verständnis des Phänomens, das wir im vergangenen Jahr unter dem Brennglas von PEGIDA erleben mussten und immer noch müssen. Die Beiträge nehmen Programme, Interaktionen und Strömungen an den Orten in den Blick, wo Emotionen politisiert wurden und werden. Außerdem liefern sie Fallstudien und geben Zustandsanalysen, um sich dem Phänomen der Radikalisierung auf empirischem Wege zu nähern. Im vorliegenden Band werden die Ideenwelt und Strukturen der PEGIDA-Gruppen seziert. Einige Beiträge gehen den Ursachen der Wut, Verachtung und Abwertung in der Bevölkerung zudem empirisch nach. Dabei beziehen wir Ergebnisse der

Studie »Fragile Mitte – Feindselige Zustände« ein und analysieren die vorliegenden Daten unter einem neuen Blickwinkel. In der Studie wurden zwischen Juni und August 2014 rund 2.000 Bürgerinnen und Bürger telefonisch befragt. Sie wurden nach Kriterien der Repräsentativität zufällig ausgewählt. Die Befragten waren älter als 16 Jahre und hatten die deutsche Staatsangehörigkeit.[1] Die empirischen Beiträge ergänzen also den Band »Fragile Mitte – Feindselige Zustände« um neue und vertiefte Analysen.

Deutschland im Jahr 2015 ist ein zerrissenes Land, gehen wir von der Idee der Einheit aus. Die innergesellschaftlichen Konflikte sind polarisiert. Bisweilen ist es einfacher, Wut und Verachtung auszumachen, als die positiven Potenziale der Zivilgesellschaft zu erkennen, die selbst zur Zielscheibe für Wut und Verachtung wird, weil sie Geflüchteten und Asylsuchenden in der Not hilft. Die Beiträge des Bandes werden auch deutlich machen, dass Wut, Verachtung und Abwertung sowie die vielen populistischen Facetten und Bewegungen, die das Buch beschreibt, mit der einfachen These von Abstiegsängsten nicht angemessen, zumindest aber nicht ausreichend beschrieben werden können. Die Mitte ist an ihren Rändern fragil und von ihren Rändern aus schleichen sich Stimmungen in die Mitte ein, ohne dass diese überall, wo dies geschieht, aus unserer Sicht ausreichend alarmiert ist. Eine Mitte, die sich damit zufrieden gibt, nicht so extremistisch wie ihre Ränder zu sein, stellt ihre eigenen Maßstäbe zur Disposition.

1 Zur genauen Beschreibung der Methodik vgl. Andreas Zick/Anna Klein, Fragile Mitte – Feindselige Zustände, hg. f. d. Friedrich-Ebert-Stiftung v. Ralf Melzer, Bonn 2014, S. 24 ff.

»Gewalt entsteht im Kopf«

Interview mit Bundesjustizminister Heiko Maas

Ihre Kritik, dass Facebook nicht entschieden genug gegen Hetze und Rassismus vorgehe und vor allem menschenverachtende Botschaften selbst dann häufig nicht entferne, wenn es Beschwerden von Usern gibt, hat viel Aufsehen erregt. Nach Ihrem Treffen mit Facebook hat das Unternehmen Fehler eingeräumt und mehr Engagement gegen Online-Hass auf seinen Seiten angekündigt. Ferner wurde eine »Taskforce« gegen Hasskommentare im Netz ins Leben gerufen, die von Ihrem Ministerium koordiniert wird und in der verschiedene soziale Netzwerke und Online-Anbieter mitarbeiten sollen. Sind Sie mit diesen Ergebnissen zufrieden?

Heiko Maas: Unternehmen wie Facebook müssen erkennen, dass ihre Verantwortung nicht erst dann beginnt, wenn der Staatsanwalt vor der Tür steht. Klar gehören zur Meinungsfreiheit auch hässliche oder unsinnige Kommentare, aber die Meinungsfreiheit verpflichtet kein Unternehmen, Hass und Hetze zu verbreiten, und sie kann keine Ausrede für eigene Tatenlosigkeit sein. In der Theorie bekennt sich Facebook zu seiner sozialen Verantwortung. In seinen »Gemeinschaftsstandards« verkündet es, dass es Hassbotschaften entfernt, die Menschen u. a. wegen ihrer »Rasse, Ethnizität, nationalen Herkunft, religiösen Zugehörigkeit« angreifen. In der Praxis funktioniert das bisher aber nicht. Dabei beweist das Unternehmen selbst, dass rasches und umfassendes Handeln möglich ist: Fotos mit zu viel nackter Haut löscht es sofort und vollständig. Der Prüderie in weiten Teilen der Welt unterwirft sich Facebook ohne Zögern, um das eigene Geschäftsmodell nicht zu gefährden. Auch bei Verletzungen des Urheber- oder Markenrechts handelt es rasch, aber wenn statt kommerzieller Interessen die Würde des Menschen betroffen ist, dann hat man bisher Aufwand und Kosten gescheut. Inzwischen erkennt auch Facebook, dass sich etwas ändern muss. Die Task Force, die wir verabredet haben, kann es Facebook einfacher machen, auf Beschwerden aus der Netzgemeinde rasch zu reagieren. Das ist auch nötig, weil es andernfalls sein Haftungsprivileg riskiert: Hostprovider haften nämlich nur dann nicht für die Inhalte, wenn sie rechtswidrige Postings unverzüglich löschen, sobald sie von deren rechtswidrigem Inhalt erfahren.

Facebook hat auch angekündigt, dass Konzept von Counter Speech stärken zu wollen, also die Gegenrede durch User in Form von aktiver kritischer Auseinandersetzung mit diskriminierenden Beiträgen anderer User. Halten Sie das für einen geeigneten Ansatz?
Heiko Maas: Ja, Gegenrede ist wichtig. Hass und Hetze darf nie ohne Widerspruch bleiben, auf der Straße nicht und im Internet auch nicht. Wir dürfen den geistigen Brandstiftern nicht das Feld überlassen. Schon deshalb nicht, weil aus Worten viel zu oft Taten werden; der Anstieg fremdenfeindlicher Straftaten zeigt das. Ich unterstütze deshalb zum Beispiel die Amadeu-Antonio-Stiftung bei ihrer Kampagne gegen Hate Speech im Netz. Aber es geht nicht nur ums Internet. Ich war im Sommer in Heidenau in Sachsen, als dort Rechte gegen Flüchtlinge Stimmung gemacht haben. Ich habe dort mit Schülerinnen und Schülern diskutiert. Das mache ich regelmäßig mit dem Projekt »Störungsmelder on tour«, einer Aktion von Gesicht zeigen e. V. Da gehen Prominente in die Schulen und diskutieren mit jungen Leuten über Rassismus und Fremdenfeindlichkeit. Aber man muss kein Promi sein, um etwas zu tun. *Wenn die Würde von Mitmenschen angegriffen wird, darf es niemals Schweigen, sondern da muss es stets Widerspruch geben.*

Facebook ist natürlich bei weitem nicht die einzige Online-Plattform, über die Hass und Rassismus transportiert werden. Die Grünen-Fraktionsvorsitzende Katrin Göring-Eckardt hat kürzlich in einem Internet-Video einige der gegen sie gerichteten menschenverachtenden Posts und Mails öffentlich gemacht. Virtual Violence scheint zu eskalieren. Wie ist dieses Phänomen zu erklären?
Heiko Maas: Anonymität verleitet die Menschen viel zu häufig zu sprachlicher Verrohung und zum Verzicht auf Respekt gegenüber Mitmenschen. Das gibt es auch in der realen Welt. Was mancher Autofahrer im Schutz seines Wagens anderen Verkehrsteilnehmern an den Kopf wirft, würde er dem Betroffenen kaum unmittelbar ins Gesicht sagen. Hinzu kommt: Wie im realen Leben werden auch im Netz die lautesten und schrillsten Töne zuerst gehört. Wo rassistische und beleidigende Kommentare die Tonlage bestimmen, ziehen sich die besonnenen Köpfe rasch zurück. Wir dürfen aber

nicht zulassen, dass Hetzer die Debattenkultur im Netz zerstören. Das Internet prägt diese Debattenkultur und das gesellschaftliche Klima in unserem Land immer stärker. Millionen Deutsche nutzen Facebook, Twitter und YouTube, deshalb darf uns nicht gleichgültig sein, was im Netz vor sich geht.

Nicht nur in der virtuellen, auch in der realen Welt stellt Hasskriminalität ein großes Problem dar: Durch die erfolgte Änderung des § 46 StGB soll der rassistische Hintergrund von Straftaten nunmehr von den Gerichten stärker berücksichtigt werden. Beweggründe und Ziele des Täters sind in die Strafzumessung einzubeziehen. Rassistische, fremdenfeindliche oder sonstige menschenverachtende Ziele und Beweggründe sollen ausdrücklich erwähnt werden. Welche konkreten Verbesserungen für die Bekämpfung von Rassismus erhoffen Sie sich von dieser Gesetzesnovelle?
Heiko Maas: Durch die Reform haben die Gerichte jetzt ausdrücklich die Möglichkeiten, rassische, fremdenfeindliche oder sonstige menschenverachtende Ziele und Beweggründe bei der Festlegung des Strafmaßes zu berücksichtigen. Wenn jemand andere Menschen attackiert, zu denen er gar keinen persönlichen Bezug hat, einzig und allein deshalb, weil diese zu einer bestimmten Bevölkerungsgruppe gehören, die er hasst, dann wiegt dieses Unrecht für mich besonders schwer. Die Wirkung der Gesetzesänderung besteht aber nicht nur in härteren Strafen, sondern reicht darüber hinaus: Weil diese Ziele und Beweggründe für das Strafmaß relevant sind, müssen sie im Vorfeld eines Strafverfahrens auch ermittelt werden. Das bedeutet, dass Taten nicht mehr lapidar als unpolitische Kneipenschlägerei oder als Konflikt zwischen Jugendgruppen abgetan werden können. Polizei und Staatsanwaltschaften müssen noch mehr Sorgfalt darauf verwenden, die Motive einer Tat zu ermitteln. Die Reform kann daher auch helfen, ein realistischeres Bild über das tatsächliche Ausmaß fremdenfeindlicher Gewalt in unserem Land zu bekommen.

Offenbar erleben wir gerade eine neue Eskalationsstufe von Radikalisierung und Enthemmung: virtuell und real. Dabei sind die Zusammenhänge zwischen verbaler und physischer Gewalt offensichtlich: Die Angriffe auf Asylunterkünfte steigen, im Internet werden Rassismus, Volksverhetzung und Mordaufrufe gegen Politiker und Journalisten verbreitet. Auf einer »PEGIDA«-Demonstra-

tion im Oktober wurde ein Galgen mitgeführt, versehen mit Schildern, wonach dieser für die Bundeskanzlerin und den Vizekanzler »reserviert« sei. Fünf Tage später wurde die Kölner Oberbürgermeister-Kandidatin Henriette Reker – als Sozialdezernentin war sie für die Unterbringung von Flüchtlingen verantwortlich – durch ein Messerattentat schwer verletzt. Wie sollten Politik und Justiz auf dieses Klima zunehmender Verrohung reagieren?

Heiko Maas: Hier zeigt sich ein unerträgliches Maß an politischer Verrohung, das unser Rechtsstaat und unsere Gesellschaft nicht kampflos hinnehmen dürfen. Wir lassen uns unsere demokratische Streitkultur nicht von Extremisten kaputtmachen. Wer Galgen baut und Menschen daran hängen sehen will, setzt Hemmschwellen herab. Die Grenzen der Meinungsfreiheit sind hier klar überschritten. Volksverhetzung, Aufforderung zu Straftaten und Bedrohungen gehören nicht auf die Straße, sondern vor einen Richter. Niemand, der bei »PEGIDA« mitläuft kann sich von der Verantwortung frei machen für die Taten, die diese Hetze inspiriert. Die Hetze von PEGIDA ist allen Demokraten ein Ansporn, umso entschiedener gemeinsam für unsere offene und tolerante Gesellschaft einzutreten.

Der Mordanschlag auf Frau Reker in Köln war ein neuer grausamer Tiefpunkt. Was treibt jemanden zu einer solchen Tat? Sicher vor allem der Hass der Extremisten. Aber wir alle tragen eine Verantwortung für das politische Klima im Land. Wir müssen alles tun, auch mit Worten abzurüsten. Wenn dagegen von der LINKEN bis zur CSU über das angebliche »Staatsversagen« schwadroniert wird, wenn von »Notstand« und »Flüchtlingschaos« die Rede ist, dann besteht die Gefahr, dass Extremisten das als Bestätigung ihrer Überfremdungs- und Untergangsvisionen empfinden. Ich erwarte daher von verantwortlichen Politikerinnen und Politikern keine zweideutige Sprache, sondern klare Kante für Mitmenschlichkeit und gegen Rassismus. Es geht nicht darum, Schwierigkeiten zu ignorieren oder schönzureden, aber Gewalt entsteht im Kopf. Vom Wort ist es oft nur ein kleiner Schritt zur Tat. Victor Klemperer hat mal gesagt, Worte sind winzige Arsendosen: Zuerst werden sie unbemerkt verschluckt, aber nach einiger Zeit wirkt ihr Gift doch.

Nachdem es einige Zeit um die »Montagsspaziergänge« ruhiger geworden war, mobilisiert »PEGIDA« inzwischen wieder stärker. Es gibt sogar Bestrebungen, eine »PEGIDA«-Partei zu gründen, und Meinungsumfragen sehen die AfD in Sachsen derzeit bei 13 Prozent. Müssen wir uns ähnlich wie in anderen europäischen Ländern auch in Deutschland auf einen parteipolitisch manifesten Rechtspopulismus einstellen?

Heiko Maas: Hoffentlich nicht! Wir dürfen niemanden für die Demokratie und die Menschlichkeit verloren geben. Deshalb ist es wichtig, dass sich Politikerinnen und Politiker der Debatte nicht verweigern, sondern das Gespräch suchen und mit guten Argumenten, Vorbehalte und Ängste ausräumen. Aber das bedeutet nicht, aus Sorge um den eigenen Wahlerfolg den Menschen nach dem Munde zu reden oder Verständnis zu heucheln für irgendwelche Ängste, die völlig irrational und unbegründet sind und nur rassistische Vorurteile widerspiegeln. Wenn in Sachsen der Ausländeranteil bei 2,6 % liegt, dann gibt es keinen Anlass, für »Überfremdungsangst« Verständnis zu haben. Und wenn jemand partout keine Muslime oder Schwarze in seiner Nachbarschaft haben will, dann muss man ihm auch deutlich sagen, dass im Deutschland des Grundgesetzes nicht die vermeintlich Fremden, sondern er selbst mit seinem Rassismus fremd ist, denn wir sind ein Land der Freiheit und der Vielfalt.

Es ist absehbar, dass Rechtsextreme und Rechtspopulisten dauerhaft versuchen werden, die Flüchtlingskrise für ihre Zwecke zu missbrauchen. Für wie stabil halten sie die Willkommenskultur in Deutschland und die weitverbreitete Unterstützung für Flüchtlinge in der Bevölkerung?

Heiko Maas: Was die vielen ehrenamtlichen Helferinnen und Helfer, die privaten Initiativen, die Kirchen, Polizisten und Soldaten leisten ist enorm. Das ist ein eindrucksvolles Zeichen für Mitmenschlichkeit und Solidarität gegenüber den Menschen, die auf der Flucht sind vor Krieg und Gewalt. Deshalb ist das Gerede vom »Staatsversagen« oder »Notstand« so falsch. Es hängt von uns allen ab, wie stabil diese Stimmung bleibt. Ich halte nichts vom unheilschwangeren Geraune, von dem angeblichen Kippen der Stimmung in der Bevölkerung. Das darf keine sich selbsterfüllende Prophezeiung werden. Menschen in Not brauchen unsere Hilfe – das muss weiter im Mittelpunkt stehen. Niemand will erleben, dass Flüchtlingsfamilien im Winter ohne ein Dach über dem Kopf auf der Straße hausen müssen. Deshalb brauchen wir enorme Anstrengungen – in Deutschland und bei der Bekämpfung der Fluchtursachen im Ausland. Das ist nicht einfach und das wird auch zu

Problemen führen, aber was sind unsere Probleme im Vergleich zu denen der Flüchtlinge? Natürlich dürfen wir uns keinen Illusionen hingeben: Die Vielfalt der Kulturen, der Religionen und der Traditionen ist anstrengend. Wir erleben das heute schon, und das wird zukünftig nicht weniger. Da werden auch Rechtsextreme und Populisten wieder versuchen, ihr Süppchen zu kochen. Da helfen nur Argumente, Ausdauer und demokratisches Selbstbewusstsein. Keine Frage, der Wind kann rauher werden, aber ich bin überzeugt: Die Menschlichkeit bleibt stärker als der Hass.

Die Fragen stellte Ralf Melzer.

PEGIDA in den Köpfen – Wie rechtspopulistisch ist Deutschland?

Beate Küpper · Andreas Zick · Daniela Krause

1 Der Rechtspopulismus zeigt sein Gesicht

Der Sommer 2015 ist geprägt von Bildern einer neuen »Willkommenskultur«: Menschen, die an Hauptbahnhöfen geflüchtete und asylsuchende Menschen bejubeln und mit Keksen und Teddybären begrüßen. Eine beeindruckende Welle der Hilfsbereitschaft vieler ehrenamtlicher Helferinnen und Helfer durchzieht das Land. Gleichzeitig aber brennen Asylunterkünfte, begleitet von Volksverhetzung und Hass in den sozialen Medien gegen alle »Fremden«, seien es Geflüchtete, Muslime oder andere als nicht dazugehörig Betrachtete mit zum Teil wahnhafter, überbordender Wut. Diese Wut, der Hass und die Abwertung treffen auch jene, die helfen und sich ehrenamtlich oder professionell um Menschen in Not kümmern.

Dabei gerieten fast die Demonstrationen von PEGIDA und ihren Ablegern im Herbst/Winter 2014/15, von den Organisatoren verharmlosend als »Spaziergänge« bezeichnet, in Vergessenheit. Zu Spitzenzeiten spazierten dort mehr als 20.000 Bürgerinnen und Bürger als selbsternannte Patrioten und Retter des »christlich-jüdischen Abendlandes« gegen dessen vermeintliche »Islamisierung«. Die größten Aufmärsche gingen durch das prunkvolle Zentrum der Kulturstadt Dresden.[1] Einträchtig marschierten dort bekannte und erkennbare Rechtsextreme neben »normalen« Durchschnittbürgern, die für sich reklamieren, »keine Nazis« zu sein. Etliche der PEGIDA-Anhängerinnen und -Anhänger fanden sich dann im Sommer vereint in Antiasylkampagnen vor Flüchtlingsunterkünften wieder, nicht selten an der Seite von gewaltbe-

1 Hier schwankt die Zahl zwischen den Angaben der Polizei mit 25.000 Beteiligten und den Angaben von Gegendemonstranten von 18.000 Beteiligten; siehe dazu Lars Geiges/Stine Marg/Franz Walter, Pegida. Die schmutzige Seite der Zivilgesellschaft, Bielefeld 2015.

reiten, organisierten Rechtsextremen. Befragungen und Beobachtungen von Politikwissenschaftlerinnen und -wissenschaftlern wiesen – auch wenn die erreichten Stichproben in diese Richtung etwas verzerrt sein dürften – auf zumindest einen nicht unerheblichen Anteil durchaus gut etablierter Bürgerinnen und Bürger unter den Demonstranten hin.[2] Ein erheblicher Teil sympathisierte mit der neuen, inzwischen gespaltenen Partei »Alternative für Deutschland« (AfD), die sich zu ihrem »natürlichen Verbündeten« erklärte, so ihr Vizevorsitzender Alexander Gauland im Radiosender Berlin-Brandenburg am 7. Januar 2015. Die AfD in Sachsen scheint nicht überraschend Gewinnerin der Kampagnen gegen Muslime und Flüchtlinge zu sein. Im August 2015 lag sie nach Wählergunst gleichauf mit der SPD bei 13 Prozent.

Die Agitation auf dem Podium und aus den Reihen der Demonstranten auf den PEGIDA-Kundgebungen – später ähnlich auch denen vor Flüchtlingsunterkünften – richtete sich zuvorderst gegen »Multikulturalismus« und »falsche Toleranz«. Im Fokus der Ablehnung, von Wut und Hass standen all jene, die aufgrund ihrer tatsächlichen oder zugeschriebenen kulturellen Herkunft und/oder Religion als »anders« und als »fremd« markiert wurden. Neben Muslimen waren dies pauschal alle »Fremden« und Eingewanderten, Roma und Asylsuchende, bisweilen auch Juden. Die Wut dehnte sich alsbald auf gleichgeschlechtlich Liebende und auch auf Frauen aus, indem Bemühungen um Gleichstellung wortstark diskreditiert wurden. Nicht zuletzt wurde die nationale Stärke des Volkes beschworen und eine Abkehr von Europa gefordert. Die Slogans reichten von »Multikulti tötet«, »Toleranz hat Grenzen«, »Alles nur Wirtschaftsflüchtlinge« »Islamisierung des Abendlandes«, über »Die EU ist schlecht für Deutschland« bis hin zu »Die Homo-Ehe zerstört

2 Hans Vorländer/Maik Herold/Steven Schäller: Wer geht zu Pegida und warum? Schriften zur Verfassung und Demokratieforschung 1/2015 und Geiges/Marg/Walter 2015 (Anm. 1). Die in diesen Studien erreichte Stichprobe dürfte positiv verzerrt sein, d. h. die besser Etablierten dürften sich mit größerer Wahrscheinlichkeit haben befragen lassen und umgekehrt, unter den nicht durch die Befragung Erreichten dürften überproportional mehr weniger gut Etablierte sein (siehe dazu auch Vorländer et al. in der kritischen Betrachtung der erreichten Stichprobe). Zum Thema Stichprobenverzerrung bei großen Umfragen siehe z. B. Michael Weinhart/Stefan Liebig: Teilnehmerverhalten und Stichprobenverzerrung in der deutschen Stichprobe des European Social Survey, in: Jürgen Schupp, Christof Wolf (Hg.), Nonresponse Bias. Qualitätssicherung sozialwissenschaftlicher Umfragen, Wiesbaden 2015, S. 43-79, Bildungseffekt siehe Abb. 2.

die Familie«[3] und mancherorts auch antisemitischen Ausbrüchen. Für jeden der dort Mitspazierenden war etwas Passendes dabei. Mit dem Anspruch, das »Volk« zu sein, wurde von PEGIDA und ihren Ablegern das System der parlamentarischen Demokratie in Frage gestellt und mehr direkte Demokratie gefordert.

Getragen wurde die Bewegung von augenscheinlicher Wut.[4] Zugleich distanzierten sich die Veranstalter zumindest nach außen demonstrativ von Gewalt. In Inhalt und Form stimmten PEGIDA und ihre Ableger damit nahezu lehrbuchhaft mit dem überein, was in der Wissenschaft unter »Rechtspopulismus« gefasst wird.[5] Doch bereits im Sommer 2014 hatte der Auflauf von nahezu 5.000 hoch gewaltbereiten Anhängern von »Hogesa« (Hooligans gegen Salafisten) begleitend zu den Anfängen von PEGIDA angekündigt, was bei den PEGIDA-»Spaziergängen« später zunehmend erkennbar wurde und was im Sommer 2015 eskalierte: Gewalt und Aufrufe zu offener Gewalt gegen Flüchtlingsunterkünfte und manchmal auch gegen die asylsuchenden Menschen. Die Brandsätze, die im Sommer 2015 auf Flüchtlingsunterkünfte niedergingen, hatten sich lange angekündigt, und PEGIDA hatte den Boden für die mancherorts breite Unterstützung in der Bevölkerung für menschenfeindliches Denken und Handeln bereitet. Auch der selbsternannte »Nationalsozialistische Untergrund« (NSU), der für mindestens zehn Morde verantwortlich gemacht wird, entwickelte sich nicht nur abgeschottet in rechtsextremen Zellen, sondern vor dem Hintergrund eines in einigen Milieus offenen, in anderen Milieus eher subtilen, ignoranten und wenig reflektierten menschenfeindlichen Resonanzbodens.[6]

Diesen Resonanzboden möchten wir näher bestimmen. Dazu fragen wir: Wie verbreitet sind diese rechtspopulistischen, »pegidamäßigen« Einstellung

3 U. a. aus: Berliner Zeitung, Parolen-Check vom 11.12.2014 http://www.bz-berlin.de/deutschland/die-neuen-demo-parolen-im-b-z-check (aufgerufen am 14.9.2015).

4 Geiges/Marg/Walter 2015 (Anm. 1).

5 U. a. Christoph Butterwegge: Definitionen, Einfallstore und Handlungsfelder des Rechtspopulismus, in: Christoph Butterwegge/Gudrun Hentges (Hg.), Rechtspopulismus, Arbeitswelt und Armut. Befunde aus Deutschland, Österreich und der Schweiz, Opladen 2008.

6 Der konservative Politikwissenschaftler Werner Patzelt spricht hier von einem »Resonanzboden mit konservativen Grundstimmung«, der Dresden von anderen Großstädten unterscheidet, und der zugänglich macht für die »Zuwanderungsproblematik«. Interview im Deutschlandradio Kultur am 12.1.2015.

in der breiten Bevölkerung, jenseits der Protestmärsche von PEGIDA und ihren Ablegern? Der folgende Beitrag analysiert diese Frage anhand von Daten der Studie »Fragile Mitte – Feindselige Zustände«, die im Frühsommer 2014 im Auftrag der Friedrich-Ebert-Stiftung vom Institut für interdisziplinäre Konflikt- und Gewaltforschung (IKG) der Universität Bielefeld durchgeführt wurde.[7] Zu Beginn wird noch einmal zusammengefasst, was unter Rechtspopulismus verstanden wird, und wie er in der vorliegenden Auswertung erfasst wurde, um anschließend die Verbreitung eines rechtspopulistischen Einstellungsmusters in der Gesamtbevölkerung und einzelnen demografisch unterschiedenen Bevölkerungsgruppen darzustellen.[8]

2 Rechtspopulistische Orientierung

Der Rechtspopulismus behauptet, »Volkes Stimme« zu sein. Er vereinfacht komplexe Sachverhalte in einer Weise, die gefühlte Wahrheiten gegen objektive Tatsachen resistent macht. Dies wird zum Beispiel bei der Behauptung, »Ausländer nehmen uns die Arbeitsplätze weg«, die sich trotz vieler gegenteiliger Hinweise unter anderem aus der Wirtschaft, wonach im Gegenteil, Arbeitskräfte gebraucht würden und Ausländer mehr Arbeitsplätze schaffen, hält. Rechtspopulistische Agitation greift Stimmungen »aus dem Volk« auf, lenkt sie und schmiedet sie zusammen, letztlich, um eigene Ziele und Machtansprüche zu verwirklichen. In diesem Sinne lässt sich Rechtspopulismus als »die volkstümlich und rebellisch-autoritäre Verkündung extremer rechter Theoreme auf der Basis emotionalisierter Agitation« verstehen, der sich der »propagandistische[n] Simplifizierungen in Anlehnung an ›des Volkes Stimme‹« bedient.[9] Der Rechtspopulismus ist dabei schwer zu greifen und anpassungsfähig, genau dies ist seine Stärke. Er wandelt geschickt seine jewei-

7 Andreas Zick/Anna Klein: Fragile Mitte – Feindselige Zustände, hg. für die Friedrich-Ebert-Stiftung von Ralf Melzer, Bonn 2014.

8 Zusammenfassend finden sich die Ergebnisse ähnlich auch bei Andreas Zick/Beate Küpper, Volkes Stimme? Rechtspopulistische Überzeugungen in der Mitte, in: Aus Politik und Zeitgeschichte, 40 (2015), S. 9-16.

9 Alexander Häusler, Populismus als politischer Zeitgeist, in: Antifa-Infoblatt, 59 (2003), S. 25-27.

lige Gestalt, nimmt mal die eine, mal die andere Zielgruppe seiner Abwertung ins Visier, verbündet sich augenscheinlich mit anderen und kommuniziert doppelbödig und mit Untertexten, was ihn nach Außen wenig angreifbar macht, für seine Anhänger aber die richtigen Signale gibt.

Rechtspopulistische Rhetorik folgt zwei Argumentationsmustern, die sich auf einer vertikalen und einer horizontalen Dimension beschreiben lassen: Das ist zum einen die vertikale Dimension von »die da oben« – rhetorisch gefüllt mit »die Eliten«, »die Politiker«, die »Lügenpresse« usw. – und »wir hier unten«, das heißt »das einfache Volk«. Auf der horizontalen Dimension wird die Differenz zwischen »wir« und »den Anderen« aufgemacht. Das »wir« bleibt vage, wird aber jeweils in Differenz zu den »Anderen« als homogene Gruppe konstruiert. Als die »anderen« werden Personen gekennzeichnet, die anhand von ethnischer, kultureller, nationaler oder religiöser Zugehörigkeit als »fremd« identifiziert werden, aber auch um Gleichstellung kämpfende nichtheterosexuelle Menschen (»Homo-Lobby«) und Frauen (»Feministinnen«) werden als »die Anderen« aus dem »wir« ausgeschlossen.

Butterwegge nennt vier Felder, auf denen der Rechtspopulismus eine Bandbreite von inhaltlichen Themen aufgreift und bedient[10]: *Sozialpopulismus* (Sozialneid gegenüber Erwerbslosen/Migranten, Blockade der nationalen Wirtschaft, eine Anti-EU-/Anti-Europa-/Anti-Globalisierung-Haltung), *Nationalpopulismus* (mit Themen von Anti-Immigration, Anti-Amerikanismus, Bewahrung der nationalen Identität und Kultur, und aktuell insbesondere Anti-Muslim/Islam), *Kriminalpopulismus* (Law-and-Order-Politik, härtere Strafmaße zum Schutze des »Volkes«, Innere Sicherheit) und *Radikalpopulismus* (Abgrenzung zu etablierten Parteien, Stellen der »Systemfrage« und Grenzziehung zwischen »einfachem Volk« und »abgehobenen« (politischen) Eliten. Diese Themen finden sich in der Agenda rechtspopulistischer Parteien außerhalb Deutschlands und seit kurzem auch innerhalb Deutschlands wie dies bei der AfD deutlich wird (siehe dazu die Beiträge zur AfD in diesem Band).[11] Sie finden sich in rechtspopulistischer Agitation wie auf den Demons-

10 Christoph Butterwegge: Definitionen, Einfallstore und Handlungsfelder des Rechtspopulismus, in: ders./Gudrun Hentges (Hg.), Rechtspopulismus, Arbeitswelt und Armut. Befunde aus Deutschland, Österreich und der Schweiz, Opladen 2008.

11 Vgl. zur AfD auch Alexander Häusler, Die AfD – Partei des rechten Wutbürgertums am Scheideweg, Friedrich-Ebert-Stiftung, Expertisen für Demokratie 1 (2015), Berlin.

trationen von PEGIDA und in rechtspopulistischer Rhetorik jenseits von Parteien, die von einzelnen Politikerinnen und Politikern, Journalistinnen und Journalisten und anderen Akteuren in der Medienöffentlichkeit verbreitet wird. Diese Themen spiegeln sich aber auch in rechtspopulistischen Einstellungsmustern in der breiten Bevölkerung (➠ siehe rechts Abb. 1).[12]

Als ein zentrales Element rechtspopulistischer Orientierung und ihrer Propaganda lässt sich die sogenannte »Gruppenbezogene Menschenfeindlichkeit« identifizieren, die sich gegen eine ganze Bandbreite von sozialen Gruppen richtet.[13] Sie äußert sich in der Abwertung und Ausgrenzung von kulturellen, ethnischen und religiösen Minderheiten, aber auch – wie aktuell bei PEGIDA und jenseits davon – in der Verweigerung von Gleichwertigkeit homosexueller Menschen und von Frauen (siehe dazu den Beitrag von Simone Raphael in diesem Band). Als weiteres zentrales Element gilt ein rechtsgerichteter, aggressiver Autoritarismus, der sich als Law-and-Order-Haltung beschreiben lässt. Darüber hinaus führen unterschiedliche Definitionsansätze weitere Komponenten als kennzeichnend für rechtspopulistische Einstellungen auf. Dazu gehören antidemokratische Haltungen, Nationalismus und eine rückwärtsgewandte Nostalgie (➠ siehe rechts Abb. 1).[14]

Die Akzeptanz von Gewalt gilt einigen Autorinnen und Autoren als Abgrenzungskriterium zum harten Rechtsextremismus[15], allerdings ist der Übergang zwischen Rechtspopulismus und Rechtsextremismus fließend, da sich Rechtsextremisten durchaus auch rechtspopulistischer Stilmittel

---

12 Siehe dazu auch Madlen Preuß/Denis van de Weterin/Andreas Zick, Rechtspopulismus in Niedersachsen und Bremen, 2014. https://www.uni-bielefeld.de/ikg/Rechtspopulismus-in-Niedersachsen-und-Bremen.pdf (aufgerufen am 15.9.2015).

13 Zum Syndrom Gruppenbezogener Menschenfeindlichkeit s. Wilhelm Heitmeyer: Deutsche Zustände, Folge 1–10. Frankfurt/Berlin 2002–2012; empirische Überprüfung u. a. bei Eva Groß/Andreas Zick/Daniela Krause: Von der Ungleichwertigkeit zur Ungleichheit: Gruppenbezogene Menschenfeindlichkeit, in: Aus Politik und Zeitgeschichte, 62 (2012), S. 11-18.

14 Gudrun Hentges/Malte-Henning Meyer/Jörg Flecker/Sabine Kirschhofer/Eva Thoft/Edvin Grinderslev/Balazs, Gabrielle: The abandoned worker. Socio-economic change and the attraction of right-wing populism, Wien 2003.

15 Heitmeyer, Wilhelm: Rechtsextremistische Orientierungen bei Jugendlichen, Weinheim/München 1987. Möller, Kurt: Rechte Kids. Eine Langzeituntersuchung über Auf- und Abbau rechtsextremistischer Orientierungen bei 13–15-Jährigen. Weinheim 2000.

Rechtspopulistisches Einstellungsmuster **Abb. 1**

bedienen.[16] Bei den Demonstrationen von PEGIDA und spätestens seit den eskalierenden Übergriffen gegen Flüchtlingsunterkünfte scheint eine Unterscheidung anhand des Gewaltkriteriums nicht mehr zu greifen. Der Rechtspopulismus, wie er sich aktuell zeigt, geht bei Demonstrationen Hand in Hand mit Rechtsextremismus. Er billigt nicht nur offen Gewalt, sondern ruft zu Gewalt auf, die dann zunehmend tatsächlich verübt wird – mehrheitlich zwar nach wie vor von organisierten Rechtsextremen, aber offenbar vereinzelt auch von vormals nicht rechtsextrem aufgefallenen beziehungsweise nichtorganisierten Einzeltätern/Kleingruppen, wie das Beispiel Escheburg zeigt, wo offenbar ein agitierter Nachbar den Brandsatz legte.[17]

---

16 Karin Priester: Fließende Grenzen zwischen Rechtsextremismus und Rechtspopulismus in Europa, in: Aus Politik und Zeitgeschichte, 44 (2010), S. 33-39.

17 Bericht auf dem Nachrichtenportal des Schleswig-Holsteinischen Zeitungsverlag shz.de vom 19.2.2015 »Da hat sich eine entsetzliche Stimmung aufgebaut« (aufgerufen am 14.9.2015).

3 Messung rechtspopulistischer Orientierungen in der Studie Fragile Mitte 2014

Im Rahmen der Studie »Fragile Mitte – Feindselige Zustände« wurde im Frühsommer 2014 eine repräsentative Stichprobe der deutschen Bevölkerung von 2.000 Befragten ab 16 Jahren telefonisch befragt.[18] Hier wurde unter anderem eine Reihe von Konstrukten erhoben, die als Komponente rechtspopulistischer Einstellungen diskutiert werden. Zur Erfassung jedes Elements wurde den Befragten, wie bei Bevölkerungsumfragen üblich, jeweils Aussagen vorgelesen, zu denen sie ihre Zustimmung beziehungsweise Ablehnung angeben sollten. Hierfür stand eine vierstufige Antwortskala zur Verfügung (1 = »ich stimme überhaupt nicht zu«, 2 = »ich stimme eher nicht«, 3 = »ich stimme eher zu«, 4 = »ich stimme voll und ganz zu«). Jedes Konstrukt wurde mit mindestens zwei Aussagen erfasst, die in Pretest und vorangegangenen Bevölkerungsumfragen auf ihre Reliabilität und Validität geprüft worden waren. In Tabelle 1 sind die erfassten Konstrukte, die Aussagen, mit denen sie erhoben wurden und die Zustimmungshäufigkeiten angegeben.

Theoretischen Überlegungen folgend, wurde in der Befragung eine ganze Reihe von Einstellungen als mögliche Versatzstücke von Rechtspopulismus erhoben: Elemente von Gruppenbezogener Menschenfeindlichkeit wie Fremdenfeindlichkeit, Antisemitismus, die Abwertung von Muslimen, Roma und Asylsuchenden, darüber hinaus auch Sexismus und Homophobie, Law-and-Order-Autoritarismus und Misstrauen gegenüber Demokratie, sowohl in ihrer Form der allgemeinen Systemkritik als auch in Form der Elitenschelte gegenüber Politikern. Außerdem wurde Nationalismus in Form des Nationalstolzes sowie eine negative Haltung zur Europäischen Union berücksichtigt.[19] Zudem wurde erstmalig »kollektive Wut« erfasst, die eine Reihe von typischen wutgeladenen Aussagen bündelt, die so oder ähnlich im rechtspopulistischen Diskurs unter anderem im Dunstkreis von PEGIDA zu hören beziehungsweise insbesondere im Internet zu finden sind. Die Kom-

18 Zu methodischen Details siehe Eva Groß in Zick/Klein 2014 (siehe Anm. 7).

19 Die Haltung zu Europa und zur EU wurde mit Hilfe einer neu entwickelten Skala bei einer zufällig ausgewählten Hälfte der Befragten erhoben, Details bei Zick/Küpper in Zick/Klein 2014 (s. Anm. 7).

ponente der Akzeptanz von Gewalt wurde als Gewaltbilligung und als Gewaltbereitschaft berücksichtigt.

In einem ersten Schritt haben wir geprüft, ob diese Einstellungen, die theoretisch als Komponenten von Rechtspopulismus diskutiert werden, tatsächlich auch empirisch so eng miteinander zusammenhängen, dass sie einen zusammenhängendes Muster bilden oder statistisch ausgedrückt: ob sie auf einen gemeinsamen Faktor »Rechtspopulismus« zurückgeführt werden können.[20] Auf Basis der empirischen Überprüfung lässt sich in der Tat ein zusammenhängendes, rechtspopulistisches Einstellungsmuster identifizieren und bestätigen, das sich aus den folgenden Komponenten zusammensetzt, die aufgrund der empirischen Ergebnisse und theoretischer Überlegungen zu einem Mittelwertindex »Rechtspopulismus« zusammengefasst wurden: Fremdenfeindlichkeit, Abwertung von Muslimen, Asylsuchenden, sowie von Sinti und Roma, Law-and-Order-Autoritarismus und Demokratiemisstrauen. Die übrigen der oben genannten Einstellungskonstrukte (Antisemitismus, Homophobie, Sexismus, Nationalismus und Gewalt) sind zum Teil, wie unten detaillierter berichtet, sehr eng, zum Teil aber etwas lockerer mit diesem Index, der die aktuelle Erscheinungsform von Rechtspopulismus spiegelt, verbunden, zählen aber den empirischen Befunden zufolge zumindest derzeit nicht als zentrale Komponenten mit dazu. Die kollektive Wut und die negative Haltung zur EU lassen sich statistisch als ergänzende Komponenten von Rechtspopulismus bestätigen, wurden aber jeweils nur in einer Hälfte der Befragten erfasst und können daher aus erhebungstechnischen Gründen nicht mit in den Gesamtindex aufgenommen werden.[21]

20 Unter anderer theoretischer Betrachtungsweise wurden noch einmal differenzierter die Verknüpfung einzelner Komponenten analysiert und z. B. auch kausale Zusammenhänge herausgearbeitet.

21 Für die hier interessierende Fragestellung eines zusammenhängenden rechtspopulistischen Einstellungsmusters wurden in einem ersten Schritt alle Konstrukte als Faktor 1. Ordnung einer explorativen Faktorenanalyse mit Varimax-Rotation unterzogen. Die Faktorenanalyse wurde zunächst ohne die beiden neuen Skalen kollektive Wut und anti-europäische Haltung und anschließend noch einmal jeweils unter Einschluss einer der beiden Skalen wiederholt. Ohne Einschluss dieser beiden Skalen werden drei Faktoren mit einem Eigenwert > 1 extrahiert, wobei der erste Faktor mit Abstand am meisten zur Varianzaufklärung beiträgt. Auf dem ersten Faktor laden Fremdenfeindlichkeit, die Abwertung von Muslimen, von Asylsuchenden, sowie von Sinti und Roma, Law-and-Order-Autoritarismus und Demokratiemisstrauen (alle angegebenen Ladungen $\alpha > .6$). Auf dem zweiten Faktor versammeln sich

4 Komponenten und Verbreitung von Rechtspopulismus

Im Folgenden werden die einzelnen Komponenten des aktuellen rechtspopulistischen Einstellungsmusters und ihre Verteilung in der Bevölkerung vorgestellt. Anschließend werden einige der weiteren theoretisch diskutierten Komponenten von Rechtspopulismus in ihrem Zusammenhang mit dem oben skizzierten Index beschrieben.

4.1 Abwertung sozialer Gruppen

Als zentrale Abwertungskomponenten wurden Fremdenfeindlichkeit, die Abwertung von Muslimen, Roma und Asylsuchenden erhoben. Wir verstehen diese Konzepte als negative Einstellungen im Sinne von Vorurteilen gegenüber sozial konstruierten Gruppen beziehungsweise gegenüber Personen, die Gruppen anhand eines geteilten Merkmals wie Ethnie, kulturelle Herkunft oder Religion usw. zugewiesen werden. Vorurteile sind dabei unabhängig davon, inwieweit sich die Betroffenen selbst mit einer Gruppe identifizieren, Personen sich selbst überhaupt als eine Gruppe verstehen, eine Gruppe bilden usw. Die verwendeten Begrifflichkeiten (»Fremde«, »Gruppe«) greifen in der Bevölkerung und im politischen wie medialen Diskurs bestehende Konstruktionen auf, um negative Einstellungen messbar und kommunizierbar zu machen. Zugleich – und das ist das Dilemma der empirischen Vorurteilsforschung – werden damit diese mit negativen Stereotypen beladenen

Antisemitismus, Sexismus und Homophobie (mit einer schwächeren Doppelladung der Fremdenfeindlichkeit) sowie Nationalstolz, und auf dem dritten Faktor laden die Gewaltbilligung und die Gewaltbereitschaft. Unter Einschluss der Skala kollektive Wut respektive Anti-EU-Haltung sieht das Muster ganz ähnlich aus mit jeweils einer klaren Ladung dieser beiden Skalen auf dem ersten Faktor. In einem zweiten Schritt wurden die Konstrukte, die zusammen auf dem ersten Faktor laden, noch einmal einer konfirmatorischen Faktorenanalyse unterzogen, die das Ergebnis bestätigt. Alle einbezogenen Konstrukte des ersten Faktors lassen sich auf einen gemeinsamen Faktor 2. Ordnung zurückführen. Das Modell unter Einbeziehung der sechs Konstrukte Fremdenfeindlichkeit ($\beta = .94$), Abwertung von Muslimen ($\beta = .91$), von Roma ($\beta = .76$) und von Asylsuchenden ($\beta = .92$), Law-and-Order-Autoritarismus ($\beta = .71$) und Demokratiemisstrauen ($\beta = .46$) hat eine zufriedenstellende Passung (CMIN/DF = 3.81, CFI = .97, TLI = .97, RMSEA = .047). Der Index Rechtspopulismus, der als Mittelwertindex aus diesen Konstrukten gebildet wurde, ist hoch reliabel (Cronbach's Alpha = .80).

Konstruktionen perpetuiert. Wie bereits in der Studie »Fragile Mitte« berichtet, neigt ein nicht unerheblicher Anteil der Bevölkerung zu Fremdenfeindlichkeit (20 Prozent), zur Abwertung von Muslimen (knapp 18 Prozent), zur Abwertung von Sinti und Roma (27 Prozent) sowie von Asylsuchenden (44 Prozent).[22]

4.2 Law-and-Order-Autoritarismus

Das Konzept des Autoritarismus wurde vor allem durch die Arbeitsgruppe um Theodor W. Adorno empirisch zugänglich gemacht. Es umfasst die eigene Bereitschaft zur Unterordnung und Anpassung sowie, in seiner aggressiven Konnotation, die an andere gerichtete Forderung von Disziplin und Gehorsam.[23] Der enge Zusammenhang mit Antisemitismus, Fremdenfeindlichkeit und weiteren Vorurteilen wurde vielfach empirisch belegt.[24] Im Rechtspopulismus spielt vor allem die aggressive Law-and-Order-Komponente eine Rolle, der 63 Prozent der Befragten in 2014 zustimmen.

4.3 Misstrauen in die Demokratie

Zur Messung des Demokratiemisstrauens wurden Items verwendet, die in der einen oder anderen Form Misstrauen in demokratische Prozesse beziehungsweise in Politiker spiegeln (Skalierung »Trifft … zu«); sie sind angelehnt an die Erhebung politischer Entfremdung.[25] 77 Prozent Befragte äußern Misstrauen in die Demokratie, indem sie zum Beispiel der Ansicht

22 Klein/Groß/Zick in Zick/Klein 2014 (siehe Anm. 7), S. 73, Tab. 4.3.1. Zur Angabe der Prozentangaben wurden jeweils die einzelnen Aussagen, die das jeweilige Konstrukt messen, zu einer Mittelwertskala zusammengefasst. Werte von > 2,5 auf der vierstufigen Skala wurden als Zustimmung gewertet.

23 Theodor W. Adorno et al.: The authoritarian personality, New York 1950; Robert Altemeyer: Enemies of freedom: Understanding right-wing authoritarianism, San Francisco 1988.

24 Z. B. Meta-Analyse von Christopher G. Sibley/John Duckitt, in: Personality and prejudice: A meta-analysis and theoretical review. Personality and Social Psychology Review, 12 (2008), S. 248-279.

25 Zurückgehend u. a. auf Martin Olsen: Two categories of political alination, Social Forces 47 (1969), 3, S. 288-299. Arthur Fischer/Heinz-Ulrich Kohr, Politisches Verhalten und empirische Sozialforschung: Leistung und Grenzen von Befragungsinstrumenten, München 1980. In Zusammenhang mit Rechtspopulismus erscheint uns politische Entfremdung eher

sind »die demokratischen Parteien zerreden alles und lösen die Probleme nicht« (➠ siehe rechts Tab. 1).

4.4 Antisemitismus

Der Antisemitismus ist – mal offen geäußert, mal subtil unter anderem über Verschwörungsmythen – ein zentraler Bestandteil rechtspopulistischer Orientierungen und findet sich in nahezu allen theoretischen Definitionen wieder. In der aktuell beobachtbaren rechtspopulistischen Agitation spielt Antisemitismus eine ambivalente Rolle. Während einige Akteure eine demonstrativ nach Außen getragene Pro-Israel Position gegen Muslime instrumentalisieren, zeigt sich vielerorts auch Antisemitismus (siehe dazu den Beitrag von Gideon Botsch und Christoph Kopke in diesem Band). Dies spiegelt sich auch in den empirischen Ergebnissen über das rechtspopulistische Einstellungsmuster in der breiten Bevölkerung wider.

Knapp 9 Prozent der Befragten neigen zu einem klassischen Antisemitismus, der sich unter anderem in Verschwörungsmythen über einen vermeintlich großen Einfluss von Juden auf Geschehnisse in Deutschland (und der Welt) äußert und Juden eigene Schuld an ihrer Verfolgung zuschreibt. Antisemitismus in dieser offenen Form unterliegt weitestgehend der gesellschaftlichen Ächtung, daher ist die Zustimmung zu dieser klassischen Facette von Antisemitismus in Bevölkerungsumfragen eher gering. Anders sieht dies bei den Facetten von Antisemitismus aus, die über den Umweg Israel oder Holocaust und/oder die Forderung nach einem Schlussstrich kommuniziert werden – hier ist die Zustimmung deutlich höher.[26] Antisemitismus hängt moderat mit den anderen Komponenten von Rechtspopulismus zusammen; von den

---

in Form von »estrangement« als in Form von »alination« von Bedeutung zu sein. S. bereits David C. Schwartz: Political Alination and Political Behaviour, Chicago 1973, zur kritischen Diskussion des Konzepts der politischen Entfremdung.

26 Items zur Erfassung von Antisemitismus und Zustimmungswerte bei Zick/Klein 2014 (siehe Anm. 7). In der Haupterhebung der Studie »Fragile Mitte« 2014 wurden lediglich die klassische Facette von Antisemitismus erhoben, so dass nur diese in Zusammenhang mit Rechtspopulismus berichtet werden kann. In der Nacherhebung im September 2014 wurden weitere Facetten von Antisemitismus erfasst, aber keine weiteren Elemente von Rechtspopulismus, so dass die empirischen Zusammenhänge auf dieser Datenbasis nicht geprüft werden können.

Erfassung und Verbreitung rechtspopulistischer Einstellungen in Deutschland 2014 (Angaben in Prozent, N = 1.915) **Tab. 1**

Ich stimme ... bzw. Trifft ...	**überhaupt nicht zu**	**eher nicht zu**	**eher zu**	**voll und ganz zu**
Gruppenbezogene Menschenfeindlichkeit (α = .85)				
Es leben zu viele Ausländer in Deutschland.	37	26	20	17
Wenn Arbeitsplätze knapp werden, sollte man die in Deutschland lebenden Ausländer wieder in ihre Heimat zurück schicken.	54	28	10	8
Durch die vielen Muslime hier fühle ich mich manchmal wie ein Fremder im eigenen Land.	44	24	16	16
Muslimen sollte die Zuwanderung nach Deutschland untersagt werden.	58	23	11	7
Bei der Prüfung von Asylanträgen sollte der Staat großzügig sein.	25	37	26	13
Die meisten Asylbewerber werden in ihrem Heimatland gar nicht verfolgt.	21	37	27	15
Ich hätte Probleme damit, wenn sich Sinti und Roma in meiner Gegend aufhalten.	43	26	19	12
Sinti und Roma neigen zur Kriminalität.	31	31	25	13
Law-and-Order-Autoritarismus (α = .74)				
Verbrechen sollten härter bestraft werden.	8	18	25	49
Um Recht und Ordnung zu bewahren, sollte man härter gegen Außenseiter und Unruhestifter vorgehen.	16	23	29	32
Demokratiemisstrauen (α = .77)				
Die demokratischen Parteien zerreden alles und lösen die Probleme nicht.	7	20	38	36
Politiker umgehen die bestehenden Gesetze, wenn es um ihre eigenen Vorteile geht.	6	19	33	42
Politiker nehmen sich mehr Rechte heraus als normale Bürger.	7	17	31	45

* **Für alle Tabellen im Buch gilt:** Aufgrund von Rundungen ergeben die Zeilenprozente nicht immer genau 100 %

Befragten, die zum Rechtspopulismus neigen, tendieren im Erhebungsjahr 2014 rund 17 Prozent auch zum klassischen Antisemitismus (versus lediglich 2 Prozent der nichtrechtspopulistisch Orientierten). Legt man ein strengeres Kriterium für Rechtspopulismus an (Werte auf dem Index ≥ 3), denken unter den rechtspopulistisch Orientierten sogar 23 Prozent antisemitisch. Die Analysen der Daten des GMF-Surveys 2011 verweisen auf ganz ähnliche Zusammenhänge auch beim Israelbezogenen Antisemitismus.[27]

Diese Ergebnisse machen auch das sich stetig wandelnde Erscheinungsbild des Rechtspopulismus deutlich, der sich geschickt an den Zeitgeist und Situationen anpasst und der gezielt mal mehr gegen die eine, mal mehr gegen eine andere soziale Gruppe wütet. Antisemitismus wurde angesichts des derzeit sichtbaren Erscheinungsbilds von Rechtspopulismus unterstützt von den empirischen Befunden daher nicht in den Index mit aufgenommen, was jedoch nicht bedeutet, dass er nicht in Zukunft oder anderen Kontexten wieder eine zentralere Rolle im Rechtspopulismus einnehmen könnte. Vielmehr wird Antisemitismus von rechtspopulistischen Akteuren gezielt als Joker je nach Zielsetzung und Situation eingesetzt. Derzeit wird vor allem gegen Muslime gehetzt, aber wenn es gerade passt, zeitgleich antisemitisch konnotierte Verschwörungsmythen zu raunen, geschieht auch dies. Und manchmal bricht dabei auch offene Judenfeindschaft heraus.

4.5 Rassismus, Homophobie, Sexismus und die Befürwortung von Etabliertenvorrechten

Zudem werden engen Verwandtschaften des Index Rechtspopulismus mit weiteren Elementen der Gruppenbezogenen Menschenfeindlichkeit deutlich, wie sie sich in rechtspopulistischer Agitation und bei PEGIDA in homophober und sexistischer Hetze offenbaren (siehe dazu Simone Raphael in diesem Band). Dazu gehört der harte ethnische Rassismus (hier stimmen 17 Prozent der Befragten, die zum Rechtspopulismus neigen, aber nur 3 Prozent derjenigen, die dies nicht tun, zu), Homophobie (20 Prozent versus 6 Prozent), Sexismus (20 Prozent versus 4 Prozent) und die Zustimmung zu Etablierten-

27 Korrelation Index Rechtspopulismus mit klassischem Antisemitismus 2014: r = .44; 2011: r = .48, mit Israelbezogenem Antisemitismus 2011: r = .40.

vorrechten gegenüber Neuankömmlingen ganz allgemein (61 Prozent versus 22 Prozent).[28]

4.6 Nationalismus und Anti-EU-Haltung

82 Prozent derjenigen, die zum Rechtspopulismus neigen, geben an, sie seien »eher stolz«, oder sogar »sehr stolz Deutsche/r zu sein« – eine Aussage, die sich zusammen mit anderen Aussagen als Nationalismus verstehen lässt, der – das zeigen viele empirische Befunde – eng mit Fremdenfeindlichkeit einhergeht.[29] Allerdings drücken auch von den nichtrechtspopulistisch Orientierten immerhin 74 Prozent ihren Nationalstolz aus. Nationalstolz erweist sich zwar als eng verbunden mit Rechtspopulismus, aber – und darauf verweisen auch die zitierten Prozentwerte – nicht so eng, als dass er einen festen Bestandteil des aktuellen Index bildet.

Eine ablehnende Einstellung gegenüber Europa beziehungsweise der EU ist eng mit einer rechtspopulistischen Orientierung verbunden. Von den rechtspopulistisch Orientierten vertreten zudem 65 Prozente eine negative Haltung zu Europa beziehungsweise zur EU, in dem sie zum Beispiel der Aussage zustimmen »Deutschland wäre ohne die EU besser dran«.[30] Von den nichtrechtspopulistisch Orientierten sind nur 31 Prozent gegenüber Europa beziehungsweise der EU ablehnend eingestellt. Die Analysen empfehlen es eigentlich, eine negative Haltung zu Europa/zur EU als Bestandteil des aktuellen Rechtspopulismus zu verstehen. Die negative Haltung zu Europa/zur

---

28 Die Unterschiede zwischen rechtspopulistisch und nichtrechtspopulistisch Orientierten wurden mit Chi^2-Test geprüft und sind jeweils hoch signifikant auf dem 0,1-Prozent-Niveau. Auch in der Abwertung von langzeitarbeitslosen, obdachlosen und behinderten Menschen sind die Unterschiede hoch signifikant. Diese Befunde haben sich bereits in den vorangegangenen empirisch nachgewiesenen Zusammenhängen zwischen einzelnen Elementen von Gruppenbezogener Menschenfeindlichkeit, von denen vier in den Index Rechtspopulismus eingeflossen sind, abgezeichnet.

29 Ulrich Wagner/Julia Becker/Oliver Christ/Thomas F. Pettigrew/PeterSchmidt, P.: A longitudinal test of the relation between German nationalism, patriotism and outgroup derogation, in: European Sociological Review, 28 (2012), S. 319-332.

30 Zur ambivalenten Haltung gegenüber Europa und zur Verbindung einer negativen Haltung zur EU mit Gruppenbezogener Menschenfeindlichkeit siehe Zick/Küpper in Zick/Klein 2014. Dort finden sich auch die Items, mit denen eine negative Haltung zur EU erfasst wurden, die zu einer reliablen Skala zusammengefasst wurden (Cronbach's Alpha = .71).

EU wurde jedoch nur in einer zufälligen Hälfte der Befragten erhoben. Um die Stichprobe für Subgruppenanalysen nicht zu verkleinern, wurde aus diesen erhebungstechnischen Gründen darauf verzichtet, die negative Haltung zu Europa/zur EU in den Gesamtindex Rechtspopulismus aufzunehmen.

4.7 Kollektive Wut und Gewalt

Ergänzend zu bisher diskutierten Einstellungskomponenten von Rechtspopulismus wurde in der Studie »Fragile Mitte« eine neue Skala zur Erfassung einer »kollektiven Wut« entwickelt, die sich an theoretischen Definitionen von Rechtspopulismus orientiert und die starke emotionale Aufladung erfasst.[31] Hierfür haben wir Aussagen in die Befragung aufgenommen, die so oder ähnlich unter anderem im Kontext von PEGIDA zu hören waren, und die alle in der einen oder anderen Form offene oder subtile Wut ausdrücken (siehe Tab. 2). Die Aussagen wurden zu einer hoch reliablen Mittelwertskala zusammengefasst. Abweichend zu den anderen Komponenten wurde hier eine fünfstufige Antwortskala verwendet, bei der nur die Endpole benannt waren (1 = »trifft überhaupt nicht zu« bis 5 »trifft voll und ganz zu«) (➠ siehe rechts Tab. 2).

Insgesamt äußert knapp ein Fünftel (18 Prozent) der Bevölkerung kollektive Wut, die sich gegen Eingewanderte, aber auch andere unerwünschte Personen richtet.[32] So zeigen sie zum Beispiel Verständnis für die gegen Zuwanderung gerichtete Wut (23 Prozent liegen hier im deutlichen Zustimmungsbereich, weitere knapp 28 Prozent sind unentschlossen) und sogar für Gewalt gegen Asylunterkünfte (7 Prozent liegen hier im deutlichen Zustimmungsbereich, weitere knapp 14 Prozent sind unentschlossen). 16 Prozent meinen, es sei ihnen nicht zuzumuten, neben einem »Asylantenheim« zu wohnen (weitere 21 Prozent sind unentschlossen). 44 Prozent sprechen sich dafür aus »Kinderschänder« notfalls mit Gewalt aus Wohngegenden zu vertreiben, in denen Kinder leben. Auch wenn sich hier die Wut nicht gegen »Ausländer« richtet, korreliert diese Aussage hoch mit den anderen. Fast ein

31 Häusler 2003 (siehe Anm. 9).

32 Dies ist der Anteil der Befragten, die auf der Mittelwertskala »Kollektive Wut«, in die sieben Items eingegangen sind und für die eine 5-stufigen Antwortskala zur Verfügung stand, Zustimmungswerte > 3.5 erzielt haben.

Erfassung und Verbreitung kollektiver Wut und Gewaltakzeptanz 2014 (Angaben in Prozent, N = 923) **Tab. 2**

»Trifft ...« bzw. »Stimme ...«	1	2	3	4	5
Kollektive Wut (α = .80)					
Dass Bürger sich auch mit Gewalt gegen Asylantenheime zur Wehr setzen, finde ich verständlich.	67	12	14	3	4
Wir sollten keine Ausländer hier integrieren, sondern sie in ihre Heimatländer zurückbringen und dort unterstützen.	34	19	23	8	16
Die Wut der Bürger auf die Zuwanderung ist absolut verständlich.	29	21	28	8	15
Man kann mir nicht zumuten, neben einem Asylantenheim zu wohnen.	44	19	21	6	10
In Deutschland darf man nichts Schlechtes über Ausländer und Juden sagen, ohne gleich als Rassist beschimpft zu werden	11	12	19	20	38
In Deutschland kann man nicht mehr frei seine Meinung äußern, ohne Ärger zu bekommen.	32	20	21	11	17
Kinderschänder sollten notfalls mit Gewalt aus Wohngegenden vertrieben werden, wo Kinder leben.	24	16	16	13	31

Gewaltbilligung (α = .73)				
Ich finde es richtig, für eine Sache zu kämpfen, auch wenn dazu Gewalt gegen politisch Verantwortliche notwendig ist.	66	21	9	5
Wenn sich andere bei uns breit machen, muss man ihnen unter Umständen unter Anwendung von Gewalt zeigen, wer Herr im Hause ist.	73	15	9	3
Gewalt kann zur Erreichung politischer Ziele moralisch gerechtfertigt sein.	70	19	7	4
Gewaltbereitschaft (α = .71)				
Ich bin bereit, mich mit körperlicher Gewalt gegen Fremde durchzusetzen.	70	14	10	6
Ich bin in bestimmten Situationen durchaus bereit, auch körperliche Gewalt anzuwenden, um meine Interessen durchzusetzen.	73	15	8	5
Wenn es wirklich drauf ankommt, bin ich auch bereit, Gewalt anzuwenden.	52	18	17	13

Wut: 1 = überhaupt nicht zu, **2** = eher nicht zu, **3** = weder noch, **4** = eher zu, **5** = voll und ganz zu
Gewalt: 1 = überhaupt nicht zu, **2** = eher nicht zu, **3** = eher zu, **4** = voll und ganz zu

Viertel ist klar dagegen, »Ausländer« zu integrieren und will sie stattdessen lieber in ihre Heimatländer zurückbringen und dort unterstützen. Hier schimmert eine verhaltene Wut durch, und auch diese Aussagen korreliert hoch mit den übrigen. Ausgeprägt ist zudem der Verdacht der Beschneidung der freien Meinungsäußerung, die sich in der Abwertung anderer ausdrückt. So sind 58 Prozent der Ansicht (ihre Werte liegen im Zustimmungsbereich der Skala), »in Deutschland darf man nichts Schlechtes über Ausländer und Juden sagen, ohne gleich als Rassist beschimpft zu werden«, und 28 Prozent meinen »in Deutschland kann man nicht mehr frei seine Meinung äußern, ohne Ärger zu bekommen«. Bemerkenswert ist die Polarisierung der Einstellungen, die sich an der Häufigkeitsverteilung in Tabelle 2 ablesen lässt: Bei fast allen Aussagen steht ein recht hoher Anteil von Befragten, die überhaupt nicht zustimmen, einem kleineren, aber erkennbaren Anteil von Befragten gegenüber, die ihre deutliche Zustimmung signalisieren.

Die kollektive Wut lässt sich eindeutig als Teil dieses Einstellungsmusters bestätigen, wird aber aus den genannten erhebungstechnischen Gründen nicht in den Index eingeschlossen.[33] Fast 40 Prozent der Befragten, die über den verwendeten Index aufgrund ihre Einstellungen als eindeutig rechtspopulistisch eingestuft werden müssen, äußern in dieser Form kollektive Wut, unter den weniger bis gar nicht rechtspopulistisch Orientierten sind dies nur drei Prozent.

Diese Form der kollektiven Wut ist recht eng mit der Billigung und Bereitschaft zu Gewalt verknüpft. Gewaltakzeptanz, die sich theoretisch zum Rechtsextremismus abgrenzt, ist empirisch in der Tat kein fester Bestandteil von Rechtspopulismus, hängt aber – und dies vor allem für die Gewaltbilligung, schwächer für die Gewaltbereitschaft – mit ihm zusammen.[34] Von jenen, die zum Rechtspopulismus tendieren, billigen 17 Prozent die Anwendung von Gewalt und halten Gewalt zur Verteidigung des eigenen Status beziehungsweise zum Erreichen politischer Ziele beziehungsweise gegen politisch Verantwortliche für gerechtfertigt. 22 Prozent sind bereit, selbst Gewalt »gegen Fremde« und zum Durchsetzen der eigenen Interessen anzuwenden (legt

33 Korrelation Index Rechtspopulismus mit kollektiver Wut: r = .77.

34 Korrelation kollektive Wut mit Gewaltbilligung: r = .49, mit Gewaltbereitschaft: r = .43; Korrelation Index Rechtspopulismus mit Gewaltbilligung: r = .34, mit Gewaltbereitschaft: r = .25.

man das Kriterium für Rechtspopulismus strenger an, liegt die Gewaltakzeptanz der Rechtspopulisten sogar bei rund einem Viertel). Unter den nicht beziehungsweise weniger rechtspopulistisch Orientierten sind es weniger als 4 Prozent, die Gewalt billigen und gut 8 Prozent, die zu Gewalt bereit sind.

5 Des Volkes Stimme – die Verbreitung einer »PEGIDA-Mentalität« in der Bevölkerung

Zusammengenommen neigten im Erhebungsjahr 2014 fast 42 Prozent der Deutschen zu rechtspopulistischen Einstellungen, d. h. sie erreichten Werten im Zustimmungsbereich auf dem zusammenfassenden Index Rechtspopulismus (Werte > 2,5 auf der zugrundeliegenden vierstufigen Antwortskala). 20 Prozent der Befragten zeigten sogar eine ganz deutliche rechtspopulistische Haltung, legt man ein strengeres Kriterium an (Werte auf dem Index Rechtspopulismus von ≥ 3, die nur erreicht werden können, wenn eine Person den vorgelegten Aussagen ganz überwiegend mindestens »eher« oder »voll und ganz« zustimmt). Abbildung 2 zeigt das rechtspopulistische Potential gemessen anhand unterschiedlich strenger Kriterien der Zustimmung.

Anders als der Winter 2014/15 vermuten lässt, in dem Rechtspopulismus bei den »Spaziergängen« von PEGIDA & Co. offen auf der Straße sichtbar wurde, haben zumindest bis zum vergangenen Jahr in Deutschland rechtspopulistische Einstellungen nicht zugenommen, sondern im Gegenteil im Durchschnitt der Bevölkerung und über alle Dimensionen hinweg deutlich abgenommen. Angestiegen ist allerdings die Zustimmung zu Etabliertenvorrechten, die – wie oben berichtet – eng mit rechtspopulistischen Einstellungen zusammenhängt. In der letzten Erhebung des GMF-Surveys 2011 mussten gemessen an dem oben genannten strengen Kriterium noch 27 Prozent der Bevölkerung als rechtspopulistisch eingestuft werden.[35]

35 Zum Rückgang von rechtspopulistischen Einstellungen in der Bevölkerung 2002–2011 siehe Anna Klein/Wilhelm Heitmeyer: Demokratie auf dem rechten Weg. Entwicklung rechtspopulistischer Orientierung und politischen Verhaltens in den letzten zehn Jahre, in: Wilhelm Heitmeyer (Hg.), Deutsche Zustände, Folge 9. Berlin 2012, S. 87-104.

Verbreitung von Rechtspopulismus in der Bevölkerung 2014 **Abb. 2**

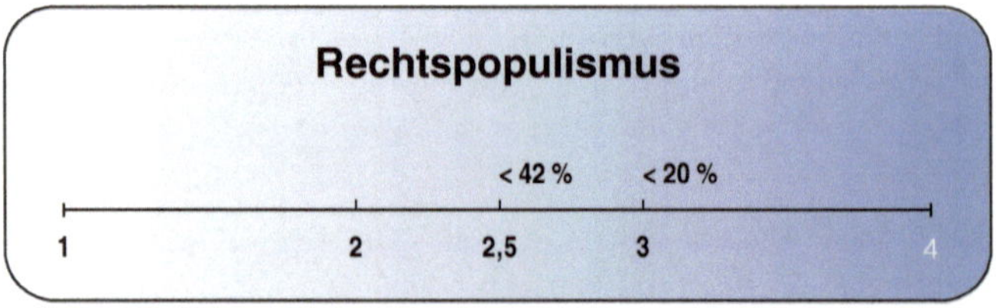

Im Osten Deutschlands ist Rechtspopulismus signifikant weiter verbreitet als im Westen. Gemessen an dem strengen Kriterium der deutlichen Zustimmung liegt das eindeutig rechtspopulistische Potential im Westen bei 18 Prozent, im Osten bei 28 Prozent (nähere Analysen bei Zick/Küpper/Krause in diesem Band). Es fallen zudem gerade ältere Befragte über 60 Jahren auf, von denen mehr als die Hälfte zum Rechtspopulismus neigt, gefolgt von den jüngeren Befragten unter 30 Jahren, bei denen 40 Prozent zu rechtspopulistischen Einstellungen tendieren. Unter Frauen ist Rechtspopulismus in der Tendenz noch etwas weiter verbreitet als unter Männern. Ob die Befragten in der Stadt oder auf dem Land wohnen, spielt hingegen keine Rolle für das Ausmaß ihrer rechtspopulistischen Einstellungen, hier finden sich keine Unterschiede in der Verbreitung.

Deutliche Unterschiede finden sich hingegen in Abhängigkeit von Bildung und Einkommen: Rechtspopulismus ist unter Befragten mit niedriger Schulbildung und geringerem Einkommen deutlich weiter verbreitet als unter jenen mit höherem Schulabschluss beziehungsweise höherem Einkommen. So neigt unter Befragten, die maximal einen Hauptschulabschluss besitzen, mehr als die Hälfte zu einer tendenziell rechtspopulistischen Haltung, während dies bei Befragten mit Fachabitur oder Abitur nur 20 Prozent sind. Ähnlich klar sind die Unterschiede in Abhängigkeit vom Einkommen (siehe dazu ausführlicher Krause/Küpper/Zick in diesem Band). Unter Einkommensschwachen ist Rechtspopulismus deutlich weiter verbreitet, aber auch in der Mittelschicht tendieren 44 Prozent dazu, während unter Wohlhabenden dies nur ein Viertel tut, jeder 10. Wohlhabende auch ganz deutlich. Wer sind diese 10 Prozent, denen es finanziell gut geht, und von denen man eigentlich erwarten könnte, rechtspopulistische Propaganda als solche zu erkennen?

Es handelt sich hierbei tatsächlich ganz überwiegend um eine Klientel, die dem Terminus des »Wutbürgers« entspricht: Mittel bis gut gebildete Männer überproportional aus dem Westen der Bundesrepublik, wie sie in starkem Maße auch die aktive Mitgliedschaft der AfD stellen.

Verbreitung rechtspopulistischer Tendenzen nach Bevölkerungsgruppen 2014 (Angaben in Prozent, N = 1.915) **Abb. 3**

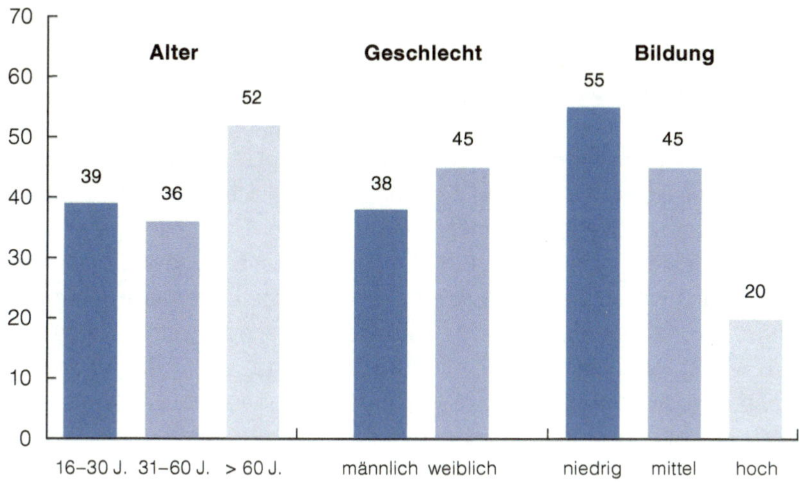

6 Der Rechtspopulismus ist angekommen

Rechtspopulismus scheint durch die Demonstrationen von PEGIDA und ihren Ablegern, die den Winter 2014/15 medial prägten, stärker salonfähig geworden zu sein. Was Liane Bednarz und Christoph Giesa in ihrem Buch »Gefährliche Bürger« als eine Übernahme der Diskurshoheit eindrucksvoll nachzeichnen[36], spiegelt sich bereits ein halbes Jahr zuvor in den Einstellungen der breiten Bevölkerung, wie sich anhand der Daten der Studie

36 Liane Bednarz/Christoph Giesa: Gefährliche Bürger, die neue Rechte greift nach der Mitte, München 2015.

»Fragile Mitte« 2014 belegen lässt: Rechtspopulismus ist nicht nur gesellschaftsfähig geworden, er ist auch in der Mitte der Gesellschaft angekommen, beziehungsweise war schon immer dort. Fast die Hälfte der Deutschen hat in der Tendenz eine rechtspopulistische Mentalität, mit einzelnen Versatzstücken liebäugeln auch noch deutlich mehr. Ganz eindeutig als rechtspopulistisch kennzeichnen lässt sich rund ein Fünftel der Bevölkerung, mehr noch im Osten als im Westen der Republik. Dabei sind es nicht allein die Abgehängten, die sich vom Rechtspopulismus angezogen fühlen, sondern durchaus auch Teile der gesellschaftlichen Mitte (dazu ausführlicher Krause/Küpper/Zick in diesem Band). Sie vertreten eine Mixtur aus antidemokratischen, aggressiv autoritären und menschenfeindlichen Einstellungen, die sich gegen jene richten, die als »fremd« klassifiziert werden, aber, und das zeigen die empirischen Ergebnisse, durchaus nicht selten auch gegen weitere soziale Gruppen, deren Anstrengungen um Gleichwertigkeit lächerlich gemacht und nicht selten mit menschverachtendem Hass bekämpft werden. Diese kollektive Wut, die das Bild der Demonstranten von PEGIDA & Co., später auch vor Flüchtlingsunterkünften auf so unheimliche Weise dominiert, findet sich gleichermaßen in den Daten: Wer rechtspopulistische Einstellungen vertritt, ist aufgeladen mit einer Wut, die sich gegen »Fremde« richtet, während er sich selbst zugleich als Opfer stilisiert. Diese Wut geht einher mit einer ablehnenden Haltung gegenüber Europa und der EU als Synonym einer Politik, die von zähen Verhandlungen, mühsamen Kompromissen und ausgleichendem Konsens geprägt ist. Auch die Hetze gegen Griechenland geht in Richtung der Hetze gegen »Fremde«, Muslime, Roma und Asylsuchende.

Die vermeintlich klare Abgrenzung gegen Gewalt ist Augenwischerei. Wer rechtspopulistische Einstellungen vertritt, billigt mit einiger Wahrscheinlichkeit auch Gewalt zur Absicherung des eigenen Status. Gewalttätig sind letztlich immer nur wenige Personen, in der Regel junge Männer mit geringerer Bildung. Aber Anstoß zur Gewalt geben viele andere, die diese Gewalt mittragen und befeuern. Das Bild der »besorgten Bürger« stimmt angesichts der hohen empirischen Zusammenhänge mit kollektiver Wut nicht. Im Kern geht es hier offensichtlich nicht um eine »Sorge« – diese würde sich leiser ausdrücken und könnte sich durch aktives Bemühen, die eigene Angst etwa durch Kennenlernen des »Fremden« abzubauen, auszeichnen –, sondern um aggressive Feindseligkeit, die dazu dient, die eigene Vormachtstellung auf Kosten anderer einzufordern. Diese vermeintlich besorgten Bürgerinnen und Bürger sind nicht nur zutiefst misstrauisch gegenüber demokratischen Prozessen und ihren Vertretern, sondern ihnen fehlt mit ihrer feindseligen und autoritären Haltung auch ein Grundverständnis von Vielfalt und Gleichwertigkeit als zweifellos manchmal anstrengende, aber alternativlose Grundlage für die Gestaltung eines zivilisierten demokratischen Gemeinwesens.

Zwischen Wut und Druck: Rechtspopulistische Einstellungen in der Mitte

Daniela Krause · Beate Küpper · Andreas Zick

1 Der begehrte Platz in der Mitte

»Die Mitte« – die etablierten Parteien ringen um sie und proklamieren für sich, diese Mitte zu repräsentieren. Sie gilt nicht nur automatisch als die große Mehrheit, sondern auch als Ausdruck und Garant der demokratischen Solidität. Für die Politik ist der Bezug auf »die Mitte« gerade aufgrund der Unbestimmtheit und Unschärfe des Begriffs attraktiv. Damit lassen sich heterogene und vielleicht sogar unvereinbare Bevölkerungsgruppen ansprechen, und in der Tat identifizieren sich die unterschiedlichsten Personen mit der »Mitte«, wie unsere nachfolgenden Analysen zeigen werden. Zur »Mitte« zu gehören, ist ganz offenbar eben auch für viele Bürgerinnen und Bürger attraktiv, umschließt sie doch viele positiven Assoziationen und grenzt zugleich ab von einem verdächtigen »Rand«. Der Begriff »Mitte« trägt das Versprechen in sich, an einem sicheren, wohlbehüteten und »richtigen« Platz zu sein. Mitte suggeriert Normalität und Durchschnitt. Die damit angesprochenen beziehungsweise sich dort verortenden Menschen können für sich behaupten, sich in einem »normalen« Bereich zu bewegen, vernünftig und unauffällig zu sein, eben nicht besonders oder irgendwie abweichend und »unnormal« zu sein. Mitte suggeriert zudem Gleichwertigkeit. Wer nicht Mitte ist, ist anders, ungleich, und ungleich ist oft auch ungleichwertig. Mitte zu sein, ermöglicht ein Leben in einem gemäßigten Rahmen, abseits von Auffälligkeiten.

Aus sozialpsychologischer Perspektive betrachtet, ist dieses menschliche Bestreben mit Blick auf die Frage, woran sich Menschen bei politischen Fragen orientieren, nachvollziehbar. In Fragen von Leistungen, Vermögen und Ansehen ist das vielleicht anders – da möchten die meisten dann doch etwas besser als die Mitte sein.[1] Wenn es aber um Meinungen geht und gerade solche zu gesellschaftspolitischen Fragen, zu denen viele Menschen vielleicht erst einmal noch gar keine Meinung ausgebildet haben oder sich unsicher sind, orientieren sie sich gerne an der »Mitte«. Genau das macht den Platz auch für Parteien so begehrenswert.

Die Orientierung an der »Mitte« macht Menschen jedoch in gleichem Maße anfällig für menschenfeindliche, rechtspopulistische und rechtsextreme Meinungen. Jene, die meinen, Mitte zu sein, stellen sich selbst wenig in Frage, wiegen sich in der eigenen Sicherheit, halten sich für tolerant und reflektieren wenig über ihre Vorurteile.[2] Daher kann die Orientierung zur Mitte eben diese Mitte auch menschenfeindlich und extremistisch machen, wenn es Populisten gelingt, sie für sich zu proklamieren. Genau das ist die Strategie vieler rechtspopulistischer Parteien in Europa, und genau das war auch die Strategie von PEGIDA. Unter dem harmlosen Label von »Spaziergängen« und gemeinsamen »Wir«-Rufen sollte der schöne Schein des Bürgerlichen gewahrt bleiben, was zum Teil auch gelungen ist, wurden die Beteiligten doch überall als »besorgte Bürger und Bürgerinnen« angesprochen und offenbar spazierten auch tatsächliche bürgerliche Schichten mit.[3] All das war und ist Strategie und hat augenscheinlich zu einer Verschiebung der Normalität der Mitte geführt.[4]

Die antidemokratischen und menschenfeindlichen Mentalitäten in der Mitte der Gesellschaft werden seit 2006 von der Friedrich-Ebert-Stiftung in den Mitte-Studien erfasst und analysiert.[5]

---

1 Leon Festinger: A Theory of Social Comparison Processes, in: Human Relations, 7 (1954).

2 Andreas Zick/Madlen Preuß: ZuGleich – Zugehörigkeit und (Un)Gleichwertigkeit, Zwischenbericht zur Studie, 2014, www.uni-bielefeld.de/ikg/projekte/ZuGleich/ZuGleich_Zwischenbericht.pdf (15.7.2015).

3 Hans Vorländer/Maik Herold/Steven Schäller: Wer geht zu Pegida und warum? Eine empirische Untersuchung von PEGIDA-Demonstranten in Dresden, Schriften zur Verfassung und Demokratieforschung 1/2015; Lars Geiges/Stine Marg/Franz Walter: Pegida. Die schmutzige Seite der Zivilgesellschaft, Bielefeld 2015.

4 Zu Verschiebungen der Mitte nach »rechts« und ihrer Aufladung mit feindseliger Abwertung einer ganzen Reihe von sozialen Gruppen in vorangegangenen Jahren siehe Andreas Zick/Beate Küpper, Politische Mitte. Normal feindselig, in: Wilhelm Heitmeyer (Hg.), Deutsche Zustände, Folge 4. Frankfurt a. M. 2006, S. 115-134.

5 U. a. Oliver Decker/Norbert Geißler/Elmar Brähler: Vom Rand zur Mitte. Rechtsextreme Einstellungen und ihre Einflussfaktoren in Deutschland. Friedrich-Ebert-Stiftung Berlin 2006.

Beobachtet wird aufgrund von Meinungsumfragen, wie stabil oder fragil, wie gemäßigt oder extrem die Mitte ist und wie sehr aus der Mitte der Populismus kommt, den die Mitte selbst am rechtsextremen Rand wähnt. Dazu präsentieren wir hier einige Ergebnisse empirischer Analysen anhand der Daten des Jahres 2014, die auf der Umfrage zur Studie »Fragile Mitte – Feindselige Zustände« basieren.[6] Hier wurden fast 2.000 repräsentativ ausgewählte Befragte aus der deutschen Bevölkerung telefonisch zu ihren Meinungen rund um die Themen Demokratie und Menschenfeindlichkeit befragt.

Im folgenden Beitrag dokumentieren wir zunächst, wie verbreitet das Mitte-Konzept in der Bevölkerung ist. Wir definieren das vage Konzept der »Mitte« zum einen sozioökonomisch anhand des Einkommens wie auch anhand der subjektiven Selbstpositionierung der Befragten zwischen »unten und oben« als Annäherung an eine sogenannte Mittelschicht. Zum anderen erfassen wir die »Mitte« im politischen Sinne einmal als Wahlintention und einmal über die politische Selbstverortung. Außerdem haben wir die Befragten ganz direkt nach ihrer Selbsteinschätzung gefragt »zur Mitte der Gesellschaft« zu zählen, also danach, inwieweit die Befragten diesen catch-all-Terminus für sich selbst in Anspruch nehmen. Wir untersuchen, wie weit rechtspopulistische Meinungen – anders gesagt »PEGIDA-Mentalitäten« – bei denjenigen verbreitet sind, die der Mitte zugerechnet werden können beziehungsweise für sich beanspruchen, die »Mitte« zu sein.

Rechtspopulismus wurde als ein Einstellungsmuster bestehend aus den folgenden Elementen definiert, die zu einem Mittelwertindex zusammengefasst wurden: Fremdenfeindlichkeit, Abwertung von Muslimen, Roma und Asylsuchenden, Autoritarismus und Demokratiemisstrauen. Der Index reicht von 1 (keine rechtspopulistischen Einstellungen) bis 4 (starke rechtspopulistischen Einstellungen). Als mindestens tendenziell rechtspopulistisch wurden jene Befragten eingestuft, die auf dieser Skala Werte im Zustimmungsbereich erzielen (Wert > 2,5).[7]

6 Andreas Zick/Anna Klein: Fragile Mitte – Feindselige Zustände (hg. v. Ralf Melzer), Berlin 2014. Die Studie wurde im Auftrag der Friedrich-Ebert-Stiftung durchgeführt.

7 Details zu den Messinstrumenten der einzelnen Skalen und zum Gesamtindex Rechtspopulismus siehe den Beitrag von Küpper/Zick/Krause in diesem Band.

2 Die Mehrheit sieht sich selbst in der Mitte

In der Bevölkerungsumfrage zur »Fragilen Mitte« 2014 rechnet sich eine deutliche Mehrheit selbst der Mitte zu. 62 Prozent der Befragten liegen bei ihrer Antwort auf die Aussage *»Ich zähle mich zur Mitte der Gesellschaft«* im Zustimmungsbereich.[8] Weitere 30 Prozent wählen eine mittlere Kategorie, das heißt sie sehen sich zumindest teilweise in der Mitte beziehungsweise sind unschlüssig. Nur knapp 9 Prozent verneinen die eigene Zugehörigkeit zur Mitte. Die Tendenz zur Mitte spiegelt sich auch in der politischen Selbstverortung auf dem Rechts-links-Spektrum wider. Bei der standardmäßig verwendeten, aber durchaus auch kritisch diskutierten Frage *»Wenn Sie an Ihre eigenen politischen Ansichten denken, würden Sie sich dann als links, eher links, genau in der Mitte, eher rechts oder rechts einstufen?«*[9] sieht sich mehr als jeder und jede Zweite (61 Prozent) mit den eigenen politischen Ansichten »genau in der Mitte«. Knapp 20 Prozent sieht sich selbst »eher links«, weitere sechs Prozent »links«. »Eher rechts« verorten sich fast zwölf Prozent und ganz »rechts« lediglich zwei Prozent. Damit verorten sich nur acht Prozent der Befragten klar einem der beiden politischen Ränder »links« oder »rechts« zu, wohl wissend, damit nicht mehr zur »Mitte« zu zählen, das heißt diese Befragten zählen sich selbst auch deutlich seltener zur »Mitte«, während sich jene, die sich »eher links«, »genau in der Mitte« oder »eher rechts« sehen, auch gleichermaßen zur »Mitte« zählen. Deutlich wird hier zudem eine Tendenz nach Mitte-links, das heißt deutlich mehr Menschen verorten sich links der Mitte, nur eine Minderheit sieht sich rechts davon. Dem Selbstverständnis nach verstehen sich die Befragten demnach als Mitglieder einer Gesellschaft, die eine gemäßigte und tendenziell eher sozialdemokratische Politik verfolgt, zumindest offiziell. Allerdings unterliegt die politische Selbstverortung auch sozialen Normen und damit auch der sozialen Erwünschtheit. Der historische Nachhall des Nationalsozialismus und die offizielle Ächtung von Rechtsext-

8 Den Befragten stand hier eine 5-stufige Antwort-Skala zur Verfügung mit den Endpolen 1 = stimme überhaupt nicht zu bis 5 = stimme voll und ganz zu.

9 Die Zuordnung in dieses Rechts-links-Spektrum ist auch ideologisch aufgeladen, und die Eindimensionalität wird kritisch diskutiert. So fällt eine eindeutige Eingruppierung liberaler Politik bzw. eine entsprechende politische Selbstverortung schwer, da sie sowohl links- als auch rechtslastige Züge tragen kann.

remismus erschweren eine offene Selbstverortung im rechten Spektrum. Der Terminus wird gemieden, das heißt nur wenige wollen sich selbst als »rechts« bezeichnen. Dass dies nur wenig mit den tatsächlichen politischen Einstellungen zu tun hat, wird der nächste Abschnitt zeigen.

In sozialer Hinsicht wird diese »Mitte« von den meisten Befragten in der Tendenz eher als »gute Mittelschicht« interpretiert. Dies wird an den Antworten auf die Frage nach der Selbstverortung zwischen »unten und oben« deutlich: »*In unserer Gesellschaft gibt es Bevölkerungsgruppen, die eher oben stehen und solche, die eher unten stehen. Wo würden Sie sich auf einer Skala von 1 bis 10 einordnen?*«. Hier wählen 84 Prozent einen Wert zwischen 4 und 7, mit einer Tendenz zu Werten über der Skalenmitte von 5. Fast die Hälfte der Befragten verortet sich über der Mitte (eine Zahl zwischen 6 und 10 wählen), während sich nur 16 Prozent unterhalb der Skalenmitte von 5 sehen. Hier spiegelt sich der berühmte »Über-dem-Durchschnitt«-Effekt«, den die Sozialpsychologie bei vielen Merkmalen nachweisen kann (siehe oben), anhand des objektiven Kriteriums Einkommen: Fast 61 Prozent der Befragten können demnach als Einkommensmitte bezeichnet werden, mehr als ein Fünftel (22 Prozent) sind einkommensschwach, armutsgefährdet oder sogar arm, rund 18 Prozent mindestens wohlhabend.[10] Die objektive Schichtzugehörigkeit anhand des Einkommens geht dabei nur bedingt mit der Selbstpositionierung auf der Oben-unten-Skala hängen einher.[11]

10 Die Einteilung der Einkommensgruppen erfolgte über das Nettoäquivalenzeinkommen, wobei der Einkommensmedian den Referenzpunkt liefert. Der Median ist der Einkommenswert, der die weniger gut verdienende Hälfte der Bevölkerung von der besser verdienenden Hälfte trennt. Als einkommensschwach gelten Befragte, die unter 70 Prozent des Medians verdienen, zur Einkommensmitte zählt, wer zwischen 70 Prozent und 150 Prozent des Medians verdient und zu den Wohlhabenden wird gerechnet, wer über 150 Prozent des Medians verdient (siehe: Statistisches Bundesamt 2013).

11 Korrelation Einkommen und Oben-unten-Skala: $r = .36$ ($p < .001$); Einkommen und »Ich zähle mich zur Mitte der Gesellschaft.« $r = .22$ ($p < .001$). Der Zusammenhang zwischen der Selbstpositionierung zwischen Oben und Unten und der Selbstzuschreibung, zur Mitte zu zählen, ist leicht umgekehrt U-förmig: Befragte, die sich der besseren Mittelschicht (Werte zwischen 5 und 8) verorten, zählen sich selbst am ehesten zur Mitte, während Befragte, die sich oben verorten, aber noch mehr jene, die sich unterhalb des Skalenmittels 5 verorten, selbst auch weniger nicht zur Mitte zählen.

3 Einige in der Mitte sind rechts

Die Frage ist nun, ob sich dieses Selbstverständnis der politischen Ausrichtung beziehungsweise der sozialen und sozioökonomischen Positionierung als »Mitte« auch in den sozialen Einstellungen der Menschen wiederfindet. Mit Blick auf die Teilnehmenden an den PEGIDA-Demonstrationen wurde regelmäßig betont, sie seien »ganz normale Bürgerinnen und Bürger« aus der Mitte und keine Rechtsextremisten. Der Vorwurf des Rechtsextremismus wurde vehement zurückgewiesen und als vermeintlicher Beweis der Verbreitung von Unwahrheiten populistisch verarbeitet. Aber welche Einstellungsmuster finden sich nun bei jenen Menschen, die sich ihrem Selbstverständnis nach der politischen beziehungsweise sozialen Mitte zuordnen? Dies wird im folgenden Abschnitt geprüft.

3.1 Rechtspopulismus in der gefühlten und sozioökonomischen Mitte

Auch wenn aufgrund von Umfragen unter den Teilnehmenden der PEGIDA-Demonstrationen diese zum Teil als durchaus etabliert und im bürgerlichen Milieu verankert beschrieben werden können, ist Rechtspopulismus jenseits der Straße in der breiten Bevölkerung unter einkommensschwächeren Personen mit 54 Prozent deutlich weiter verbreitet. Allerdings tendiert auch in der Mittelschicht mit fast 44 Prozent ein erheblicher Anteil zu rechtspopulistischen Einstellungen. Unter Wohlhabenderen neigt rund jeder Vierte (26 Prozent) zum Rechtspopulismus.[12] Der Zusammenhang zwischen rechtspopulistischen Einstellungen und Einkommen wurde bereits in anderen Studien

12 Der Effekt des Einkommens ist nicht allein auf die Schulbildung zurückführbar, die mit dem Einkommen zusammenhängt. Der Einkommenseffekt schwächt sich bei statistischer Kontrolle der Schuldbildung zwar deutlich ab, bleibt aber bestehen. Einkommen gemessen am bundesdeutschen Äquivalenzeinkommens: ärmer (unter 70 Prozent des Äquivalenzeinkommen; 337) ($m = 2.61$), mittel (70– < 150 Prozent; 931) ($m = 2.45$), wohlhabend (ab 150 Prozent; 270) ($m = 2.16$); $F (2, 1535) = 41.74$, $p < .001$. Unter Kontrolle von Bildung als Kovariate: $F (2, 1521) = 14.95$, $p < .001$.

in der Vergangenheit nachgewiesen.[13] Diese Zahlen bekräftigen einerseits die Vermutung, abwertende, autoritäre und demokratiedistante Haltungen fänden sich vor allem in unteren sozioökonomischen Schichten. Gleichzeitig wird aber deutlich, dass sie keineswegs darauf beschränkt sind. Die Umfragen unter den »Spaziergängern« dürften vor allem Angehörige der oberen Schichten erreicht haben, während Personen der unteren Schicht schlicht bei der Befragung nicht mitgemacht haben dürften. Sie geben diese eine, wichtige Hälfte des Bildes wieder. Die andere Hälfte ließ sich auf den Demonstrationen von PEGIDA und ihren Ablegern zwar beobachten, aber nicht befragen. Die Mischung von Demonstrierenden aus »bürgerlichen« Schichten und aus der sogenannten Unterschicht war auf den PEGIDA-Veranstaltungen besonders auffallend, und sie spiegelt sich zum Teil in unseren Daten wider.

Die Analyse nach der Selbstzuweisung der eigenen Position auf der sozialen Leiter zwischen oben und unten kommt hier zu einem interessanten Ergebnis: Es zeichnet sich eine U-Förmigkeit ab mit einem deutlichen und kontinuierlichen Absinken rechtspopulistischer Einstellungen von Befragten, die sich ganz unten bis zu jenen, die sich etwas oberhalb der Mitte positionieren, mit den tendenziell niedrigsten Werten jener, die auf der 10-stufigen Oben-unten-Skala die »7« wählen (Abb. 1). Ab dort nehmen dann rechtspopulistische Einstellungen wieder deutlich zu. Befragte, die sich selbst ganz oben sehen, sind fast so rechtspopulistisch wie jene, die sich ganz unten verorten. Zugleich sinkt das Ausmaß rechtspopulistischer Einstellungen mit der Selbstzuschreibung, zur Mitte zu zählen, tendenziell leicht.[14] (➠ siehe rechts Abb. 1)

Die recht niedrigen Zusammenhänge der subjektiven Verortung auf der sozialen Leiter mit dem objektiven Schichtindikator Einkommen und das beschriebene Muster bei den rechtspopulistischen Einstellungen machen deutlich, worum es geht: Um die Absicherung und Herstellung des eigenen sozialen Status, der durch die Abwertung Anderer und eine aggressive Law-

---

13 U. a. Gudrun Hentges/Malte-Henning Meyer/Jörg Flecker/Sabine Kirschhofer/Eva Thoft/Edvin Grinderslev/Balazs, Gabrielle: The abandoned worker. Socio-economic change and the attraction of right-wing populism, Wien 2003.

14 Korrelation Index Rechtspopulismus mit der Aussage »Ich zähle mich zur Mitte der Gesellschaft $r = -.11$ ($p < .001$).

Rechtspopulistische Einstellung nach subjektiver Schichtzuordnung (Angaben in Prozent, N = 1.915) **Abb. 1**

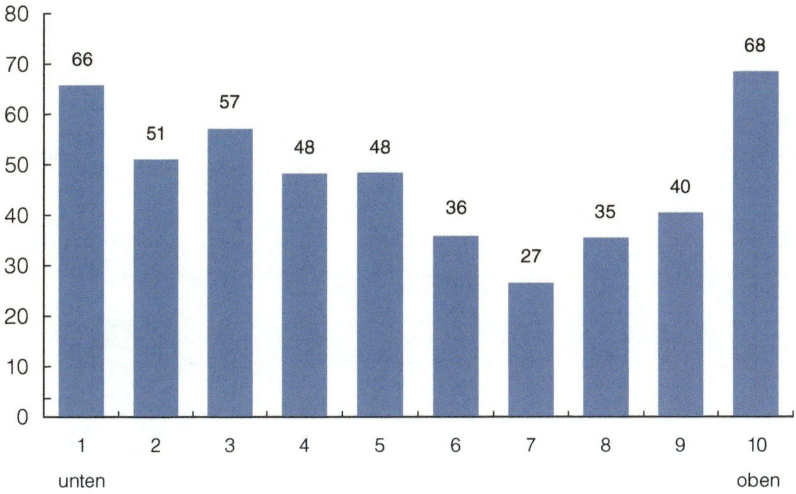

and-Order-Haltung durchgesetzt werden soll.[15] Diesen Befragten scheint dabei durchaus klar zu sein, dass sie damit nicht mehr das Etikett, zur »Mitte« zu zählen, für sich beanspruchen können. Möglicherweise wollen sie dies auch gar nicht.

3.2 Rechtspopulismus in der politischen Mitte

Im nächsten Schritt wurde die Ausprägung rechtspopulistischer Einstellungen in Abhängigkeit der politischen Selbstverortung geprüft. Um eine ausreichend große Fallzahl zu erhalten, wurden die Befragten der tendenziellen und absoluten linken beziehungsweise rechten Ausrichtung zusammengefasst. Deutlich wird: Der Anteil von rechtspopulistischen Befragten ist unter jenen, die sich selbst politisch links der Mitte verorten, mit 22 Prozent be-

15 Die Herstellung und Absicherung des eigenen Gruppenstatus über die Abwertung Anderer beschreibt die Theorie der Sozialen Dominanz, die Vorurteilen die Funktion von legitimierenden Mythen für diesen Prozess zuweist. Vgl. James Sidanius/Felicia Pratto: Social dominance: An intergroup theory of social hierarchy and oppression. New York 1999.

sonders niedrig (➠ siehe Abb. 2). Umgekehrt ist der Anteil rechtspopulistischer Befragter bei jenen, die sich selbst politisch rechts der Mitte einordnen, mit 67 Prozent erwartungskonform besonders hoch. Aber auch unter Befragten, die sich selbst als politisch genau in der Mitte stehend beschreiben, tendieren immerhin 43 Prozent, also fast die Hälfte, zum Rechtspopulismus.

Rechtspopulistische Einstellung nach politischer Selbstverortung[16] (Angaben in Prozent, N = 1.915) **Abb. 2**

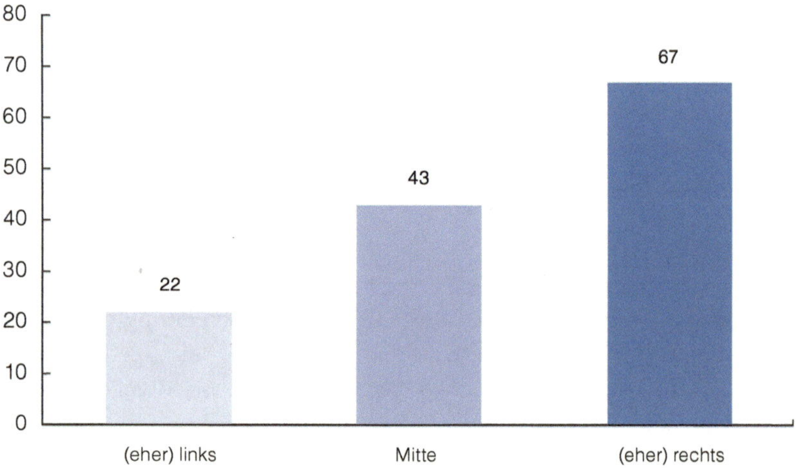

Deutlich wird hier: Die eigenen Einstellungen entsprechen keineswegs immer dem Selbstbild beziehungsweise der eigenen Präsentation nach außen. Sich selbst politisch zur Mitte gehörig zu beschreiben, schützt keineswegs vor rechtspopulistischen Einstellungen. Und selbst eine vermeintlich »linke« Haltung bewahrt nicht automatisch davor, rechtspopulistische Einstellungen zu vertreten. Der detaillierte Blick auf die einzelnen Elemente rechtspopulistischer Einstellung verweist auf einen mehr oder weniger kontinuierlichen Anstieg von links über die Mitte nach rechts bei Fremden-

16 Die Unterschiede wurden mittels eines Chi^2-Tests geprüft und sind statistisch signifikant: (eher) links (470), Mitte (1.107), (eher) rechts (245); Chi^2 (2, 1.822) = 139,84, p < .001.

feindlichkeit, der Abwertung von Muslimen, Roma und Asylsuchenden sowie beim Law-and-Order-Autoritarismus. Lediglich beim Demokratiemisstrauen unterscheiden sich die Befragten nicht in Abhängigkeit ihrer politischen Selbstverortung – hier fallen nur jene, die sich selbst ganz rechts verorten, durch besonders hohe Zustimmungswerte auf.[17] Dies bestätigt erneut die Befunde der vergangenen Jahre beziehungsweise aus vergleichbaren Studien, die eingangs zitiert wurden. Hinzu kommt: Wie vorangegangene Analysen zu Wanderungsbewegungen im politischen Spektrum gezeigt haben, nehmen Personen, die sich vormals offen im rechten Spektrum positionierten, ihre feindseligen und abwertenden Einstellungen gegenüber einer Vielzahl von sozialen Gruppen mit, auch wenn sie sich zu einem späteren Zeitpunkt selbst attestieren, »genau in der Mitte« zu sein.[18]

3.3 Wahlverhalten und politische Partizipation rechtspopulistisch Orientierter

Es ist eine Sache, bestimmte gesellschaftspolitische Meinungen zu haben. Eine tatsächliche Wirkung entfaltet die eigene politische Stimme vor allem dann, wenn sie sich in Handlungen formiert. Dazu gehören insbesondere das Wahlverhalten, aber auch andere Formen der politischen Partizipation beziehungsweise umgekehrt, die bewusste Nicht-Partizipation. Die Nicht-Par-

17 In der Tendenz stimmen Befragte, die sich selbst »eher links« positionieren rechtspopulistischen Einstellungselementen noch etwas weniger zu als jene, die sich »links« sehen (letzteres gilt nicht für die Abwertung von Asylsuchenden und Roma, hier haben die ganz »linken« die niedrigsten Werte; die Unterschiede zwischen politisch linken und eher linken Befragten sind nicht signifikant). Politische Selbstverortung: links (113) ($m = 2.12$), eher links (357) ($m = 2.10$), genau in der Mitte (1106) ($m = 2.46$), eher rechts (210) ($m = 2.73$), rechts (35) ($m = 3.15$); $F(4, 1821) = 66.55$, $p < .001$). Ganz links und eher links Positionierte unterscheiden sich nicht signifikant in ihrer Zustimmung (Post-hoc-Tukey-Test). Mittelwerte der Einzelelemente nach politischer Orientierung: Autoritarismus: links = 2.58, eher links = 2.50, genau in der Mitte = 3.06, eher rechts = 3.21, rechts = 3.75; $F(4, 1805) = 44.21$, $p < .001$. Links und eher links Positionierte sowie Mitte und eher rechts unterscheiden sich nicht signifikant. Demokratiemisstrauen: links = 3.10, eher links = 2.93, genau in der Mitte = 3.00, eher rechts = 2.98, rechts = 3.34; $F(4, 1817) = 3.99$, $p < .01$. Signifikant unterscheiden sich eher links und rechts, Mitte und rechts sowie eher rechts und rechts voneinander.

18 Zick/Küpper 2006. Anm. 4.

tizipation scheint angesichts der sinkenden Wahlbeteiligung und des Rückgangs zum Beispiel der Mitgliederzahlen von Gewerkschaften (der in jüngster Zeit gestoppt zu sein scheint) besonders relevant.[19] Im Jahr 2014 waren knapp 52 Prozent der Meinung, dass Menschen wie sie keinen Einfluss darauf haben, was die Regierung tut.[20] Mehr als jede und jeder Dritte hält es für sinnlos, sich politisch zu engagieren. Diese Zahlen zeigen sehr deutlich ein mangelndes Vertrauen in die Politik und in die Wirkung des eigenen Engagements sowie in Mitgestaltungsmöglichkeiten der politischen Landschaft. Gleichzeitig sind diese Personen dennoch potentielle Wähler. Im Folgenden wurde der Anteil von Befragten mit rechtspopulistischen Einstellungen in Abhängigkeit ihrer Parteienpräferenz untersucht (Sonntagsfrage; ➠ siehe rechts Abb. 3).

Die Ergebnisse können nur mit Zurückhaltung interpretiert werden, da insbesondere bei den kleineren Parteien die Fallzahl recht niedrig ist.[21] Deutlich wird: Eine rechtspopulistische Einstellung hat nicht notwendigerweise eine Distanz zu etablierten Parteien zur Folge, und Personen mit einer rechtspopulistischen Einstellung wählen nicht zwangsläufig nur Randparteien. Der Anteil rechtspopulistisch orientierter Wählerinnen und Wähler ist in den beiden großen Volksparteien (CDU/CSU und SPD), aber auch unter Sympathisierenden der FDP und sogar der Linkspartei beträchtlich. Lediglich unter den Wählerinnen und Wählern von Bündnis90/Die Grünen ist der Anteil von rechtspopulistisch Orientierten mit 18 Prozent deutlich geringer, aber dennoch ebenfalls vorhanden. Besonders hoch ist der Anteil (56 Prozent) von rechtspopulistisch Orientierten bei den Sympathisierenden der Partei Alternative für Deutschland (AfD). Mit Ausnahme einer Person neigen sämtliche

19 Zur Wahlbeteiligung siehe Karl-Rudolf Korte: Wahlen in Deutschland, in: Bundeszentrale für politische Bildung (Hg.), Zeitbilder, Bonn 2013. Zum Rückgang der Mitgliederzahlen des Deutschen Gewerkschaftsbundes siehe http://de.statista.com/statistik/daten/studie/5837/umfrage/mitgliederzahlen-der-gewerkschaften/(10.9.2015).

20 Dieser Anteil bezieht sich auf alle Befragten.

21 Die Unterschiede wurden mittels eines Chi^2-Tests geprüft und sind statistisch signifikant: CDU/CSU (384), SPD (352), FDP (100), Die Grünen (239), Linkspartei (147), Piraten (39), NPD (17), AfD (120), andere Partei (42), würde nicht wählen (181), weiß nicht (195); Chi^2 (10, 1764) = 159,98, $p < .001$. Die statistische Prüfung fand ohne die AfD statt, da für diese Partei die Zustimmung zur konkreten Sonntagsfrage und auch potentielle Wähler, die sich darüber hinaus theoretisch vorstellen könnten, die AfD zu wählen, zusammengefasst wurden. Grund hierfür war die geringe Fallzahl für die AfD bei der Sonntagsfrage.

Rechtspopulistische Einstellung nach Wahlintention
(Angaben in Prozent, N = 1.915) **Abb. 3**

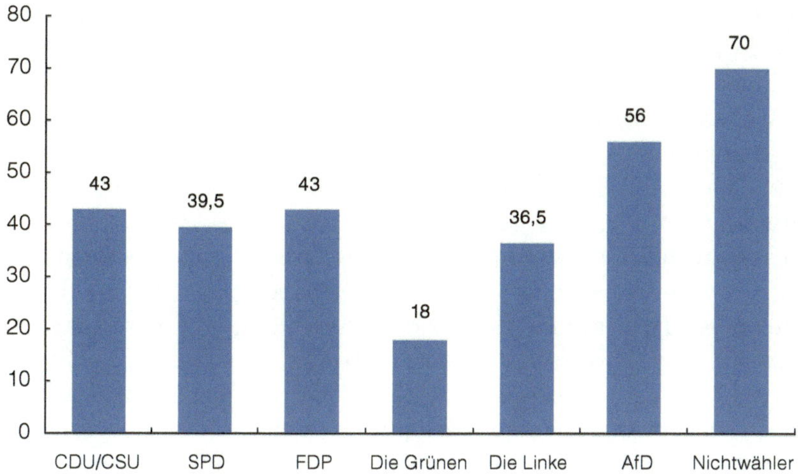

potentiellen Anhänger der NPD zum Rechtspopulismus, was nicht sehr verwundert (hier aufgrund der geringen Fallzahl nicht dargestellt; auch andere kleinere Parteien wurden aufgrund der geringen Fallzahl nicht abgebildet). Der mit Abstand höchste Anteil rechtspopulistisch Eingestellter findet sich allerdings unter den Nichtwählern. Umgekehrt betrachtet würde von allen rechtspopulistisch Orientierten zwar nur rund jeder Sechste nicht wählen gehen, der Anteil der Wahlverweigerer bei Befragten ohne rechtspopulistische Haltung ist allerdings mit fünf Prozent deutlich geringer. Analysen von Nichtwählern beobachten bei ihnen Unzufriedenheit mit dem etablierten Parteiensystem beziehungsweise mit dem politischen Management aktueller Themen und Problemlagen, wobei aber nur eine Minderheit aus Protest und dauerhaft nicht zur Wahl zu gehen scheint.[22] Möglicherweise suchen diese Personen dennoch eher andere Möglichkeiten der politischen Partizipation, um den eigenen Interessen Ausdruck zu verleihen.

22 Viola Neu: »Dann bleib ich mal weg« – Der Mythos der »Partei« der Nichtwähler, in: Konrad-Adenauer-Stiftung (Hg.), Forum empirische Sozialforschung, Sankt Augustin, Berlin 2012.

Anna Klein hat über das Ausmaß der sogenannten Demokratiekritik[23] im Rahmen der Studie »Fragile Mitte – Feindselige Zustände« berichtet und einen Zusammenhang mit der Beteiligung an politischen Handlungen aufgezeigt.[24] Sie zeichnet nach, wie jene Befragten, die grundsätzliche und massive Kritik gegenüber der Demokratie äußern und diese für mehr oder minder sinnlos halten, sich von der politischen Beteiligung zurückziehen und dass sie Ungleichwertigkeitsvorstellungen gegenüber sozialen Gruppen stärker zustimmen. Wir haben die Messinstrumente nun in Zusammenhang mit rechtspopulistischen Orientierungen gesetzt.[25] Deutlich wird: Rechtspopulistisch Orientierte gehen nicht nur seltener zur Wahl, sondern sie nutzen auch alternative Formen der politischen Partizipation seltener. Sie sind zum Beispiel seltener Mitglied einer Gewerkschaft. Während von den Befragten, die nicht zum Rechtspopulismus neigen, 17 Prozent angeben, Mitglied einer Gewerkschaft zu sein, sind dies von den rechtspopulistisch Orientierten nur elf Prozent. Rechtspopulistisch Orientierte beteiligen sich nach eigenen Angaben zudem seltener an Onlineprotestaktionen, in der Tendenz auch seltener an Unterschriftensammlungen, nehmen weniger häufig an Demonstrationen teil und sind seltener Mitglied einer Partei oder Bürgerinitiative (➠ siehe rechts Abb. 4).

Insgesamt lässt sich feststellen, dass Befragte mit rechtspopulistischen Einstellungen die unterschiedlichen Möglichkeiten etablierter politischer Partizipation seltener gebrauchen beziehungsweise deren Nutzung weniger sinnvoll finden. Sie zweifeln häufiger am Sinn politischer Teilhabe durch jene Mittel, die demokratisch vorgesehen sind. Während 28 Prozent der Personen ohne rechtspopulistische Einstellung teilweise oder voll und ganz der Auffassung sind, es sei »sinnlos, sich politisch zu engagieren«, ist es unter den rechtspopulistisch Orientierten fast jede und jeder Zweite (47 Prozent). Inwieweit Bürgerinnen und Bürger, die rechtspopulistisch eingestellt sind, an

23 Wir verwenden hier den Terminus Demokratiemisstrauen, weil er unseres Erachtens angemessener ist als Demokratiekritik und ein Teil der Messung aus der Forschung zur politischen Entfremdung stammt.

24 Anna Klein (2014): Mitten in einer entleerten Demokratie?, in: siehe Anm. 6, S. 85-101.

25 Klein 2014. Anm. 24. Für die folgenden Berechnungen wurden die Antwortkategorien »habe ich schon genutzt« und »würde ich nutzen« zusammengenommen und der Antwortkategorie »würde ich nicht nutzen/kommt für mich nicht in Frage« gegenübergestellt.

Nutzung politischer Partizipation und rechtspopulistische Einstellung[26] (Angaben in Prozent, N = 1.915) **Abb. 4**

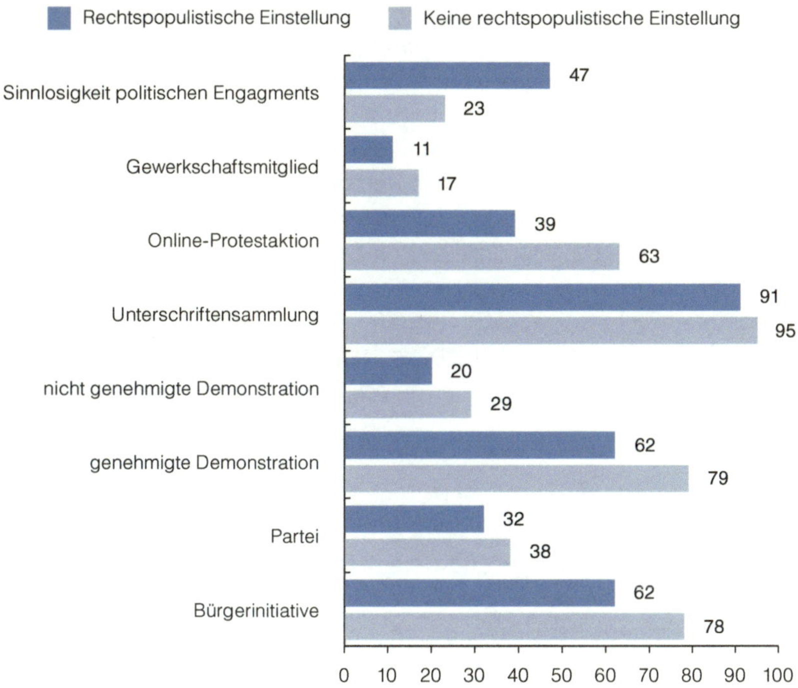

der Sinnhaftigkeit politischer Partizipation generell zweifeln und wenig Aussicht sehen, ihre Haltungen in politische Taten umzusetzen, oder es sich auch schlicht bequem machen, ist offen. Würde es sich bei rechtspopulistischen Einstellungen um ein Randphänomen handeln, das kaum in der Gesellschaft verbreitet ist, könnte die geringere Partizipationsbereitschaft

26 Die Unterschiede wurden mittels eines Chi^2-Tests geprüft und sind statistisch signifikant: Mitglied einer Gewerkschaft Chi^2 (1, 1.906) = 13.30, $p < .001$; Online-Protestaktion Chi^2 (1, 1.900) = 108.56, $p < .001$; Unterschriftensammlung Chi^2 (1, 1.905) = 10.35, $p < .001$; nicht genehmigte Demonstration Chi^2 (1, 1.889) = 20.08, $p < .001$; genehmigte Demonstration Chi^2 (1, 1.906) = 69.58, $p < .001$; Partei Chi^2 (1, 1.905) = 8.52, $p < .005$; Bürgerinitiative Chi^2 (1, 1.892) = 54.64, $p < .001$.

an der zahlenmäßigen Schwäche liegen. Politische Ziele, die nur von wenigen geteilt und unterstützt werden, haben in Demokratien geringere Chancen zur Geltung zu kommen und Aufmerksamkeit zu erfahren. Entsprechend dürfte die Überzeugung von der Erreichung dieser Ziele, und damit auch entsprechendes Engagement, ausgeprägt sein. Dies trifft jedoch auf rechtspopulistische Einstellungen nicht zu, weshalb sich die Frage stellt, warum diese Personen politische Beteiligungsmöglichkeiten weniger wahrnehmen. Unseres Erachtens äußern rechtspopulistisch orientierte Befragte ein Demokratiemisstrauen, das den Sinn von Demokratie in Frage stellt und damit auch die etablierten politischen Teilhabemöglichkeiten. Bei den Islamisierungsgegnern war der Impuls deutlich zu bemerken. Der Teilhabe innerhalb des demokratischen Systems wird der Versuch entgegengestellt, ein geschlossenes System eigener Protesthandlungen (z. B. »Spaziergänge«) und Kommunikation zu entwickeln. Dass das Potenzial dazu vorhanden war, zeigen die Umfrageergebnisse aus dem Sommer 2014 deutlich.

4 Die Mitte unter Druck

»Mitte« zu sein ist attraktiv, und viele Befragten möchten zu ihr gehören. »Mitte« suggeriert Ausgewogenheit und demokratische Solidität. Die vorgestellten Befunde verweisen jedoch – wie dies bereits vorangegangene Studien getan haben – auf ein nicht unerhebliches Potential rechtspopulistischer Mentalitäten auch unter jenen, die sich selbst in der Mitte sehen beziehungsweise die anhand sozioökonomischer und politischer Indikatoren als Mitte bezeichnet werden können. Fast die Hälfte der vermeintlichen politischen »Mitte« neigt zum Rechtspopulismus. Auch wenn rechtspopulistische Einstellungen insbesondere im rechten politischen Spektrum verankert und in einkommensschwächeren Bevölkerungsgruppen weiter verbreitet sind, ist auch »die Mitte« anfällig für Rechtspopulismus. Entgegen der in einigen Kommentaren geäußerten These, können Menschen sehr wohl rechtspopulistisch sein, obwohl sie arbeiten gehen und Geld verdienen. Die »Spaziergänge« von PEGIDA und ihren Ablegern ließen dies bereits befürchten. Mehr noch, sie boten denen, die sich sonst, wie die Befunde zeigen, politisch wenig engagieren, eine Plattform, auf der rechtspopulistisches und rechtsextremes Gedankengut unter bürgerlichem Anschein zusammenkam.

Der lautstarke und anmaßende Anspruch das Volk zu vertreten, die Selbstpositionierung als »Mitte« und die Abgrenzung »kein Nazi« zu sein, ist der Versuch, Demokratie- und Menschenfeindlichkeit von dem Ruch des »Rechten« reinzuwaschen und als eine »Meinung« unter vielen im gesellschaftlichen Mainstream zu verankern. Es geht hier also um Umetikettierung nach außen, aber auch nach innen, denn »Nazi« will fast keiner sein. Diese Norm hält, verliert aber ihren Sinn und ihre Bedeutung, wenn viele Menschen sich selbst als »aufgeschlossen, weltoffen und tolerant« beschreiben, in dieser Selbstgewissheit aber andere Menschen mit einem aggressiven Law-and-Order-Ton abwerten und ausgrenzen und demokratische Prozesse verachten. In der Studie »Zugehörigkeit und Ungleichwertigkeit« nahmen über 80 Prozent der repräsentativ ausgewählten Befragten für sich in Anspruch, »tolerant und weltoffen« zu sein, vertraten aber gleichzeitig intolerante, menschenfeindliche Einstellungen.[27] Inkonsistenzen zwischen erwünschten und tatsächlichen Einstellungen sind bekannt. Demokratietheoretisch sind sie ein Problem, wenn der Populismus von rechts Demokratie- und Menschenfeindlichkeit durch propagandistische Angriffe auf die politische Korrektheit neutralisiert oder als »wahre Toleranz« freispricht und überhöht.

Wissen diese Menschen nicht, was sie da denken und tun, wenn sie gleichzeitig meinen, »Mitte« zu sein und antidemokratische Positionen zu vertreten? Mangelndes politisches Bewusstsein und unzureichende Selbstreflexion der eigenen Haltung mögen hier eine Rolle spielen. Rechte Positionen könnten schlicht nicht als solche erkannt werden. Zumindest von Seiten rechtspopulistischer Akteure ist das Reinwaschen jedoch eine Strategie, die bei vielen, die sich »bürgerlich« wähnen, aufgeht. Es ist allzu bequem und verlockend, die Komplexität der Welt, die Mühsal demokratischer Aushandlung, den eigenen Anspruch auf Status und Privilegien und vielleicht auch einfach die eigene Wut und den eigenen irrationalen Hass herauszulassen und sich dabei aber gleichzeitig nicht aus der Gesellschaft herauszukatapultieren, sondern vielmehr den warmen Ort in der Mitte zu beanspruchen. Beginnend mit den Thesen Thilo Sarrazins, auf die Straße getragen

27 Zick/Preuss (2013). Anm. 2.

durch PEGIDA, werden inzwischen reaktionäre Positionen wieder in der scheinbar gemäßigten Mitte (und ihren Talkshows) verhandelt. Lipset hat in seiner These vom »Extremismus der Mitte« ähnliches bereits für die Nachkriegszeit beschrieben.[28]

Die Betonung von »Mitte« suggeriert gleichzeitig im Kontrast zu einem »Rand« zu stehen und daher mit diesem unvereinbar zu sind. Die Befunde verweisen jedoch auf fließende Übergänge. Zwar unterscheiden sich (wie gezeigt) politische Randpositionen von denen der Mitte in der Quantität deutlich, weniger jedoch in der Qualität. Rechtspopulistische Einstellungen sind kein Phänomen des bekennenden rechten Rands, sondern finden sich in allen politischen Lagern. Lediglich das Ausmaß ihrer Verbreitung unterscheidet sich.

Es gilt, sich nicht von der Selbstverortung blenden zu lassen und auch nicht vom Kriterium der ökonomischen Etabliertheit. Es reicht nicht, den Fokus allein auf jene zu richten, die unverblümt ihre rechte Gesinnung zeigen. Die Notwendigkeit von Prävention fängt da an, wo antidemokratische und menschenfeindliche Ansichten beginnen, sich in der politischen Mitte der Gesellschaft zu etablieren und zu normalisieren. Es ist zu spät, Rechtspopulismus erst dann als ein Problem zu erkennen, wenn Gewalt ins Spiel kommt. Es gilt also auch, das Selbstverständnis der Mitte ständig kritisch zu hinterfragen, solange sie rechtspopulistische Einstellungen zulässt und durch eigene Sorgen und Ängste legitimiert.

28 Seymor Martin Lipset: Der Faschismus – die Linke, die Rechte und die Mitte, in: Kölner Zeitschrift für Soziologie und Sozialpsychologie, 11 (1959), S. 401-444. Auch wenn sich Lipset in erster Linie auf ökonomische Kriterien zur Beschreibung der Mitte bezog, lieferten seine Überlegungen doch wertvolle Anregungen zu der Beobachtung, dass »Extremismus« kein Phänomen der gesellschaftlichen Ränder ist.

Der Osten erhebt die feindselige Stimme?

Andreas Zick · Daniela Krause · Beate Küpper

1 Grenzverläufe

Die Zahlen über rassistisch und rechtsextrem motivierte Gewalttaten für das Jahr 2014 verweisen auf den ersten Blick auf einen alten Grenzverlauf: 47 Prozent der amtlich registrierten rassistischen Übergriffe wurden laut Bundesinnenministerium in Berlin und den fünf neuen Bundesländern verübt[1], also einem Gebiet, wo keine 17 Prozent der Bevölkerung leben und in dem der Anteil der migrantischen Bevölkerung erheblich geringer ist als im Westen. Der Anstieg der Gewalttaten ist im Vergleich zum Vorjahr zudem signifikant um 40 Prozent gestiegen. Zwar rangieren unter den 1.029 Gewalttaten, die das Ministerium zählt, in absoluten Zahlen das bevölkerungsstärkste Bundesland NRW (370 Fälle) und auch Berlin (111) auf Platz eins und zwei, aber sie werden gefolgt von Sachsen (86), Brandenburg (73), Bayern (68) und Thüringen (57). Für das erste Halbjahr 2015 zählt das Bundesinnenministerium 2.002 Fälle in vergleichbarer regionaler Verteilung. Zum Zeitpunkt dieses Beitrages geschieht fast täglich ein Angriff. Die Zahlen über Brandanschläge auf Flüchtlingsheime und sogenannte Hasstaten – aus Vorurteilen und Hass auf eine soziale Gruppe verübte Kriminalität – verweisen bei aller wissenschaftlichen Vorsicht und unter Einbeziehung der Tatsache, dass überall in Deutschland Anschläge verübt werden, auf ein größeres Potential rechts motivierter Kriminalität und Gewalt im Osten Deutschlands.

Auch jenseits von klarer Kriminalität und offener Gewalt zeichnet sich der alte Grenzverlauf ab. Im August 2015 standen die gewaltorientierten Proteste an Unterkünften für asylsuchende und geflüchtete Menschen in Tröglitz, Heidenau, Freital und vielen anderen Orten in den neuen Bundes-

1 Angaben des BMI nach Auskunft der Bundesländer auf eine parlamentarische Anfrage, Stichtag 6.7.2015.

ländern im Zentrum einer Ost-West-Debatte. Noch viel deutlicher scheint der Grenzverlauf mit Blick auf die bis vor kurzem auffälligen Wahlerfolge der NPD in vielen ostdeutschen Kommunen und jüngst das Phänomen PEGIDA. Der Verein wurde in Dresden als Facebookgruppe aus der Taufe gehoben. Die »Spaziergänge« der »Patriotischen Europäer gegen die Islamisierung des Abendlandes« und verschiedener Ableger fanden in den neuen Bundesländern mehr Zulauf als in den alten. Mit ihnen assoziierte oder befreundete Gruppierungen, wie Teile der AfD, der rechtsextrem orientierten Fußballfans und radikale Asyl- und Migrationsgegner, scheinen sich im Osten besser entwickeln und etablieren zu können. Die Demonstrationen vor Unterkünften von geflüchteten und asylsuchenden Menschen sind im Osten des Landes voller und lauter. Hier beteiligte sich im Osten auch jenseits der organisierten rechtsextremen Szene eine bemerkenswerte Anzahl »normaler Bürger«.

Die alte Grenze zwischen Ost und West spiegelt sich zu einem gewissen Grad auch in den Mentalitäten. Große Bevölkerungsumfragen wie im vergangenen Jahre die Studie »Fragile Mitte – Feindselige Zustände«[2] und die vergangenen Mitte-Studien der Friedrich-Ebert-Stiftung, die »Leipziger Mitte-Studie«[3] und die Langzeitstudie Gruppenbezogene Menschenfeindlichkeit (GMF)[4] belegen nach wie vor ein höheres Ausmaß rechtsextremer und menschenfeindlicher Einstellungen gegenüber »Fremden« im Osten Deutschland. Hier scheint es also auch ein Problem in den Köpfen zu geben, das sich dann im Wahlerfolg rechtsextremer und -populistischer Parteien, in offenem Hass und Gewalttaten niederschlägt.

In den zahlreichen medialen Berichten über das Erstarken von PEGIDA und die auffallende Häufung von Hasstaten, wurde vielfach über einen

2 Andreas Zick/Anna Klein: Fragile Mitte – Feindselige Zustände (hg. v. Ralf Melzer), Friedrich-Ebert-Stiftung Berlin 2014.

3 Oliver Decker/Kiess/Elmar Brähler: Die stabilisierte Mitte: Rechtsextreme Einstellung in Deutschland 2014. Leipzig 2014.

4 Wilhelm Heitmeyer (Hg.): Deutsche Zustände, Folge 1–10. Frankfurt a. M./Berlin 2002–2011. Darin zum Ost-West-Vergleich u. a. Anna Klein/Beate Küpper/Andreas Zick: Erniedrigte und Feindselige: Rechtspopulismus im vereinigten Deutschland als Ergebnis von Benachteiligungsgefühlen und Demokratiekritik, in: ders., Folge 7. 2009, S. 93-11; Christian Babka von Gostomski/Beate Küpper/Wilhelm Heitmeyer: Fremdenfeindlichkeit in den Bundesländern. Die schwierige Lage in Ostdeutschland, in: ders., Folge 5. Frankfurt a. M. 2007, S. 102-128.

»rechtsextremen Osten«, »das braune Erbe der DDR« oder »das ostdeutsche Problem« spekuliert. Prekäre soziale Verhältnisse und Deprivationsgefühle in den ostdeutschen Mittelschichten, mangelnde Demokratiekompetenz und ein vererbter Autoritarismus dank konformistischer Einheits-DDR-Sozialisation, besonders aber Überfremdungsängste angesichts der mangelnden interkulturellen Kontakt- und Erfahrungswelten scheinen die wichtigsten plausiblen Erklärungen, die auch wissenschaftlich gut begründbar sind. Nach den äußerst gewaltorientierten Protesten rechtsextrem ausgerichteter Personen und Gruppen in Heidenau ließ allerdings sogar eine Innenministerkonferenz im August 2015 verlautbaren, die Bürgerinnen und Bürger meinten ihre hasserfüllten Ausbrüche eigentlich gar nicht so, sondern wiesen auf vermeintlich dahinter stehende Ängste und Sorgen hin, die ernst genommen werden müssten. Das Bild vom abgehängten Osten, dessen Sorgen nach der Enttäuschung um das Ausbleiben der blühenden Landschaften verständlich seien und so aus Frustration eine Aggression gegen vermeintliche Sündenböcke erzeuge, die auch aufgrund mangelnder Erfahrungen mit dem Fremden befeuert werde, schien zumindest politischer und medialer Konsens. Andere verwehren sich hingegen gegen die aus ihrer Sicht überholte Teilung in Ost und West mit dem Hinweis, auch im Westen gäbe es rechte Gewalt und auch im Westen fänden sich Rechtsextremismus und Populismus.

Der folgende Beitrag untersucht anhand der Meinungsumfrage »Fragile Mitte – Feindselige Zustände« aus dem Jahr 2014 die empirischen Unterschiede zwischen Ost- und Westdeutschen bezüglich ihrer rechtspopulistischen, »PEGIDA-affinen« Meinungen und der Akzeptanz von Gewalt. Handelt es sich dabei tatsächlich um nennenswerte Unterschiede oder ist der Unterschied in der Affinität zu PEGIDA jenseits von Hasstaten und offensichtlichen räumlichen Verdichtungen zwischen Ost und West gar nicht so groß? Und was erklärt empirisch die möglicherweise im Durchschnitt höhere Neigung von Ostdeutschen für PEGIDA-affine Überzeugungen? Aufgrund der zu geringen Stichprobengröße werden wir nicht auf einzelne Bundesländer eingehen können, sondern den Blick auf die alte Grenze zwischen Ost und West richten und Faktoren untersuchen, die die Menschen auf unterschiedliche Art und Weise geprägt und ihre demokratie- und menschenfeindlichen Einstellungen beeinflusst haben könnten.

2 Rechtspopulismus in Ost- und Westdeutschland

Wir definieren und erfassen Rechtspopulismus, der hohe Überschneidungen zu »PEGIDA-Mentalitäten« hat, anhand der folgenden Facetten, die sich in der einen oder anderen Weise auch im öffentlichen Diskurs wiederfinden beziehungsweise in ihn einfließen (zum Messverfahren und den Aussagen, die eine Facette beschreiben, siehe Küpper/Zick/Krause in diesem Band):

- Autoritäre Orientierungen,
- Demokratiemisstrauen und
- Feindseligkeit gegenüber Fremden, das heißt Personen, die als fremd konstruiert werden (in diesem Fall eingewanderte und asylsuchende Menschen, Muslime sowie Sinti und Roma).

Die empirischen Analysen zeigen: Ostdeutsche Befragte vertreten signifikant eher rechtspopulistische Einstellungen als westdeutsche; dies gilt auch für alle einzelnen, oben genannten Facetten des Rechtspopulismus.[5] Zugleich sind aber die Unterschiede absolut gesehen nicht sehr groß. In Abbildung 1 ist das Ausmaß rechtspopulistischer Einstellungen insgesamt sowie der dazu zählenden einzelnen Facetten bei ost- und westdeutschen Befragten dargestellt. (➠ siehe rechts Abb. 1)

Im Folgenden werfen wir einen näheren Blick auf mögliche Erklärungen für das höhere Ausmaß rechtspopulistischer Einstellungen in Ostdeutschland. Zunächst wird der These nachgegangen, inwieweit ein im Osten weiter verbreiteter Hang zum Autoritarismus verantwortlich für die höhere Feindlichkeit gegenüber »Fremden« sein könnte. Nachfolgend werden Politikverdruss und Abstiegsängste als mögliche Erklärungen analysiert. Um dies tun zu können, wird das bisher grob zusammenfassende Einstellungsmuster »Rechtspopulismus«, in dem Autoritarismus, Demokratiemisstrauen und die Abwertung von »Fremden« gleichberechtigt nebeneinander standen,

---

5 Zur Zuordnung der Ost- oder Westzugehörigkeit wurde das Bundesland herangezogen, in dem die Befragten aktuell wohnen. Befragte aus Berlin wurden in Abhängigkeit davon, ob sie vorwiegend in Ost- oder Westdeutschland herangewachsen sind, entsprechend zugeordnet. Nur ein kleiner Teil der Befragten lebt nicht mehr in dem Teil (Ost/West-)Deutschlands, wo er aufgewachsen ist; es sind insgesamt mehr Menschen von Ost- nach Westdeutschland gewechselt als umgekehrt, d. h. unter den Befragten in Ostdeutschland finden sich kaum Befragte, die im Westen aufgewachsen sind.

Rechtspopulismus in Ost- und Westdeutschland[6]
(Mittelwerte, 1 = minimale, 4 = maximale Zustimmung) **Abb. 1**

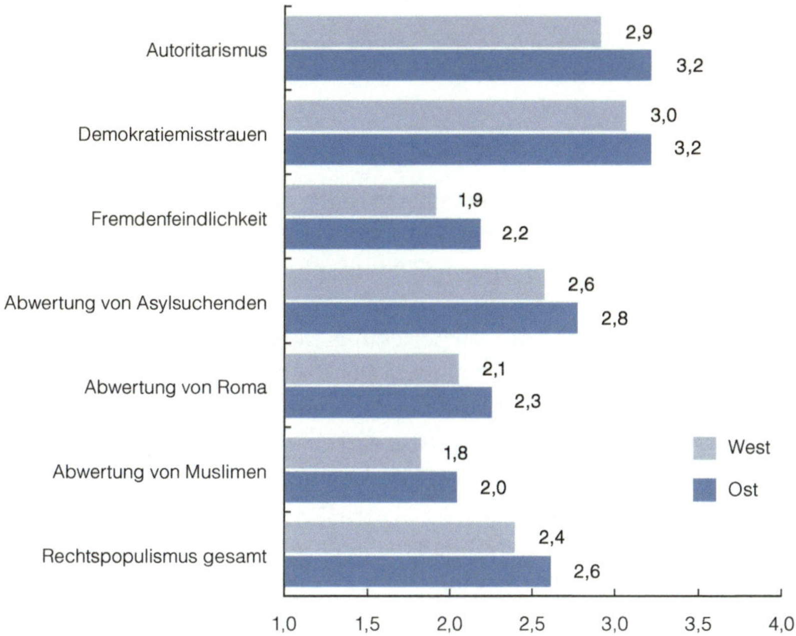

aufgebrochen und die Kernkomponente rechtspopulistischer Einstellungen – also die Abwertung von »Fremden« (hier bestehend aus Fremdenfeindlichkeit, der Abwertung von Muslimen, Roma und Asylsuchenden) – differenzierter betrachtet. Außerdem wird geprüft, inwieweit weniger »Ost-West-

6 Die Unterschiede zwischen Ost- und Westdeutschland wurden mit univariaten Varianzanalysen geprüft: Autoritarismus: West m = 2.91, Ost m = 3.21, $F (1, 1.899) = 27.86$, $p < .001$; Demokratiemisstrauen: West m = 3.06, Ost m = 3.21, $F (1, 1.903) = 11.32$, $p \leq .001$, Fremdenfeindlichkeit: West m = 1.91, Ost m = 2.18, $F (1, 1.908) = 23.06$, $p < .001$, Abwertung Asylsuchende: West m = 2.57, Ost m = 2.77, $F (1, 1.877) = 14.20$, $p < .001$, Abwertung Roma: West m = 2.05, Ost m = 2.25, $F (1, 1.875) = 10.79$, $p \leq .001$, Muslimfeindlichkeit: West m = 1.82, Ost m = 2.04, $F (1, 1.867) = 15.35$, $p < .001$, Rechtspopulismus gesamt: West m = 2.39, Ost m = 2.61, $F (1, 1.915) = 34.17$, $p < .001$.

Deutschland« als vielmehr andere demografische Merkmale hinter den beobachteten Unterschieden stehen.[7]

3 Straflust, Politikverdruss und Abstiegsangst

3.1 Law-and-Order-Autoritarismus

Autoritarismus, der nach Gehorsam und Unterordnung verlangt, ist theoretisch wie empirisch ein starker Erklärungsfaktor für abwertende Einstellungen[8]: Wer eine autoritäre Law-and-Order-Haltung vertritt und auch selbst zu Gehorsam und Unterordnung bereit ist, neigt eher zur Abwertung einer ganzen Reihe sozialer Gruppen beziehungsweise zu rechtsextremen Einstellungen, wie viele Studien zeigen.[9] Der Blick auf die unterschiedliche historische Entwicklung der beiden deutschen Staaten, der (fast) nahtlose Übergang einer preußisch-obrigkeitsstaatlichen Prägung in den Nationalsozialismus und dann in das politische System der DDR und die damit verbundene stärker autoritäre Sozialisation, lassen einen höheren Hang von Ostdeutschen zum Autoritarismus annehmen. Autoritarismus drückt sich in seiner klassischen Form der Überakzentuierung von Konformität und Gehorsam, Unterwürfigkeit und autoritärer Aggression aus. Darin könnte also eine Erklärung für den im Osten stärker ausgeprägten Rechtspopulismus liegen.[10] In der Studie »Fragile Mitte – Feindselige Zustände« wurde, anderen

7 Siehe dazu auch Andreas Zick/Andreas Hövermann/Daniela Krause: Die Abwertung von Ungleichwertigen. Erklärung und Prüfung eines erweiterten Syndroms der Gruppenbezogenen Menschenfeindlichkeit, in: Wilhelm Heitmeyer (Hg.), Deutsche Zustände, Folge 10. Berlin 2012, S. 64-86.

8 Theodor W. Adorno/Else Frenkel-Brunswik/Daniel J. Levinson/R. Nevitt Sanford: The authoritarian personality. New York 1950; Robert Altemeyer Enemies of freedom: Understanding right-wing authoritarianism. San Francisco 1988.

9 U. a. Andreas Zick/P.J. Henry: Nach oben buckeln, nach unten treten. Der deutsch-deutsche Autoritarismus, in: Wilhelm Heitmeyer (Hg.), Deutsche Zustände, Folge 10. Frankfurt a. M. 2011, S. 190-204.

10 Vgl. z. B. Oliver Decker/Johannes Kiess/Elmar Brähler (Hg.): Rechtsextremismus aus der Mitte und sekundärer Autoritarismus, Gießen 2015; Oliver Nachtwey: Rechte Wutbürger: Pegida oder das autoritäre Syndrom, in: Blätter für die deutsche und internationale Politik, 3 (2015), S. 81-89.

Studien folgend, die Form des aggressiven Law-and-Order-Autoritarismus über die Ablehnung beziehungsweise Zustimmung zu zwei Aussagen gemessen.[11] Tabelle 1 zeigt die Häufigkeiten der Zustimmung bei Ost- und Westdeutschen.

Zustimmung zum Autoritarismus bei Ost- und Westdeutschen (Angaben in Prozent; West: N = 1.603, Ost: N = 311) **Tab. 1**

Ich stimme ...		überhaupt nicht zu	eher nicht zu	eher zu	voll und ganz zu
Verbrechen sollten härter bestraft werden.	West	9	19	25	47
	Ost	4	13	25	58
Um Recht und Ordnung zu bewahren, sollte man härter gegen Außenseiter und Unruhestifter vorgehen.	West	17	24	29	30
	Ost	9	19	28	44

Auch im Erhebungsjahr 2014 tendieren ostdeutsche Befragte noch signifikant eher zum Autoritarismus als westdeutsche (siehe Tab. 1). Bemerkenswert ist, wie deutlich Ost- und Westdeutsche bei der klaren Ablehnung beziehungsweise der vollen Zustimmung zu den Aussagen auseinander gehen. Hierin spiegelt sich auch eine deutlich punitiv-autoritäre (zur Bestrafung neigende) Tendenz der ostdeutschen Befragten, von denen sich rund die Hälfte deutlich für härtere Strafen von Verbrechen beziehungsweise ein härteres Vorgehen gegen »Außenseiter und Unruhestifter« ausspricht. Das Ausmaß an Autoritarismus nimmt vor allem bei Ostdeutschen mit dem Lebensalter zu, und ältere Ostdeutsche fallen durch ihren besonders ausgeprägten Hang zu Law-and-Order auf. Im jüngeren Alter reduziert sich der

11 In Anlehnung an die konzeptionelle Unterscheidung von autoritärer Aggression und autoritärer Unterwürfigkeit nach Altemeyer (1981) wurden jeweils zwei Items entwickelt (Cronbach's Alpha = .74). Robert Altemeyer: Right-Wing Authoritarianism, Winnipeg 1981. Siehe dazu auch: Wilhelm Heitmeyer/Aribert Heyder: Autoritäre Haltungen. Rabiate Forderungen in unsicheren Zeiten, in: Wilhelm Heitmeyer (Hg.), Deutsche Zustände, Folge 1. Frankfurt a. M. 2002, S. 59-70.

Unterschied jedoch, und jüngere Ostdeutsche, die selbst um die Wendezeit geboren und nicht mehr »DDR-sozialisiert« wurden, neigen in einem ähnlichen Ausmaß zum Autoritarismus wie ihre westdeutschen Altersgenossen. Hierin zeichnen sich also tatsächlich eine unterschiedliche Sozialisation der älteren und »mittelalten« Generation und ein Zusammenwachsen der jüngeren Generation ab.

Autoritarismus bei Ost- und Westdeutschen nach Alter 2014[12] (Mittelwerte, 1 = minimale, 4 = maximale Zustimmung; West: N = 1.603, Ost: N = 311) **Abb. 2**

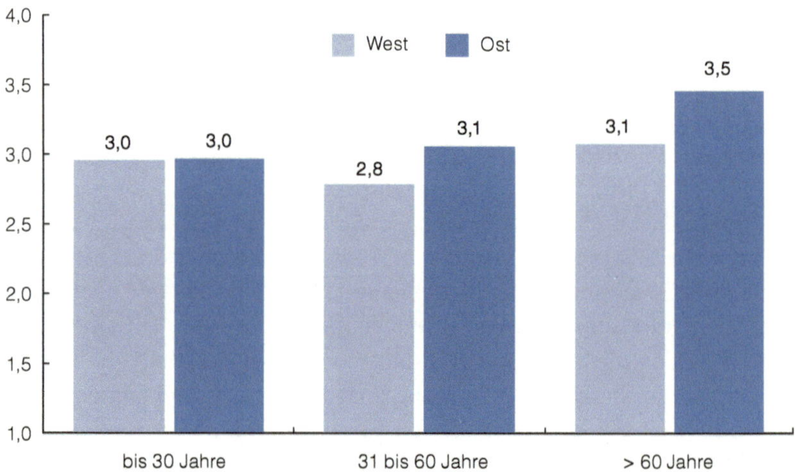

Lässt sich das höhere Ausmaß der Ablehnung von »Fremden« in Ostdeutschland nun tatsächlich durch die dort im Durchschnitt stärkere Tendenz zum Autoritarismus erklären? Dies wurde in einem nächsten Schritt empirisch geprüft. Auch bei Hinzunahme von Autoritarismus als Erklärungsfaktor in der Analyse bleibt der Einfluss des Faktors Ost-Westdeutschland auf die Abwertungskomponente des Rechtspopulismus erhalten, doch reduziert er

12 Die Unterschiede zwischen den Altersgruppen in Ost- und Westdeutschland wurden mit univariaten Varianzanalysen geprüft: Bis 30 Jahre: West $m = 2.96$, Ost $m = 2.97$; $F(1, 376) = .003$, n.s. Ab 31 bis 60 Jahre: West $m = 2.79$, Ost $m = 3.06$; $F(1, 895) = 8.97$, $p < .01$. Ab 61 Jahre: West $m = 3.08$, Ost $m = 3.46$; $F(1, 598) = 18.20$, $p < .001$.

sich erheblich.[13] Das bedeutet: Ostdeutsche sind zwar nicht allein aus diesem Grund, aber ganz klar auch deshalb fremdenfeindlicher eingestellt, weil sie stärker zu einem Autoritarismus neigen, der jene sanktioniert, die von einer vermeintlichen, von der Mehrheit gesetzten »Norm« abweichen. Menschen, die selbst oder deren Eltern zugewandert sind, die als einer ethnischen oder kulturellen Minderheit angehörig betrachtet werden oder eine vom Gewohnten abweichende Religion aufweisen, haben hier einen schweren Stand.

3.2 Mangelnde demokratische Kultur

Eine zweite These, warum PEGIDA und andere rechtspopulistische Strömungen, aber auch die NPD, besonders im Osten der Republik Fuß fassen können, gründet in der Vermutung, in den neuen Bundesländern sei eine demokratische Kultur noch weniger etabliert. Die Bürgerinnen und Bürger in den neuen Bundesländern hätten auch nach der sogenannten »Wende« bislang eine weniger starke Bindung an die Demokratie und ihre Normen und Regeln entwickelt, betrachteten sie nach wie vor als »Westimport« und würden demokratischen Spielregeln daher eher misstrauen. Tabelle 2 zeigt die Zustimmung zu einzelnen Aussagen, die auf Basis der Forschung über politische Entfremdung zur Messung des Demokratiemisstrauens verwendet wurden, bei Befragten aus Ost- und Westdeutschland.[14] (➠ siehe Tab. 2, S. 70)

Ostdeutsche Befragte sind insgesamt misstrauischer gegenüber Politikern sowie Parteien und drücken ihren Unmut gegenüber demokratischen Aushandlungsprozessen stärker aus. In den hier verwendeten Aussagen spiegelt

13 Zur Prüfung des Mediatoreffekts wurden lineare Regressionsanalysen gerechnet. In einem ersten Schritt wurde der Wohnsitz Ost-Westdeutschland als Prädiktor eingeführt, im zweiten Schritt wurde zusätzlich der Autoritarismus mit aufgenommen. Der Einfluss des Prädiktors Ost-Westdeutschland bleibt zwar signifikant erhalten, reduziert sich aber deutlich in der Höhe (alle im Folgenden berichten β-Koeffizient sind mindestens auf dem 5 %-Niveau signifikant). Vorhersage der Abwertung von »Fremden«: 1. β Ost-West = .12; 2. β Ost-West = .06, β Autoritarismus = .51.

14 Zum Konzept der sogenannten Politischen Entfremdung (political alienation bzw. political estrangement) s. z. B. David C. Schwartz: Political Alienation and political behaviour, Chicago 1973. Die hier vorgestellten Items wurden bereits in der Langzeitstudie zur Gruppenbezogenen Menschenfeindlichkeit verwendet; s. dazu auch Klein in Zick/Klein 2014: Fragile Mitte.

Zustimmung zum Demokratiemisstrauen bei Ost- und Westdeutschen (Angaben in Prozent; West: N = 1.603, Ost: N = 311) **Tab. 2**

Trifft …		überhaupt nicht zu	eher nicht zu	eher zu	voll und ganz zu
Politiker umgehen die bestehenden Gesetze, wenn es um ihre eigenen Vorteile geht.	West	6	20	33	41
	Ost	4	16	35	44
Politiker nehmen sich mehr Rechte heraus als normale Bürger.	West	8	18	31	43
	Ost	5	14	28	53
Die demokratischen Parteien zerreden alles und lösen die Probleme nicht.	West	7	21	37	35
	Ost	4	17	39	41

sich weniger eine rationale und kritische Auseinandersetzung mit dem politischen System, sondern sie gibt die Zustimmung zu Slogans wieder, die im rechtspopulistischen Diskurs den Verdruss auf die Politik weiter anheizen. Ostdeutsche wählen häufiger die höchste Zustimmungsmöglichkeit »trifft voll und ganz zu« und drücken damit ihre eindeutig negative Meinung zu Politik, Parteien und Demokratie aus, mehr noch als westdeutsche Befragte dies tun, die insgesamt etwas gemäßigter in ihrer Kritik sind. Demokratiemisstrauen ist im Osten also nicht nur höher, sondern auch stärker ausgeprägt als im Westen. Die Berücksichtigung des Demokratiemisstrauens reduziert zwar die Erklärungskraft, die der Faktor »Ost-West« für die beobachteten Unterschiede im Ausmaß der Abwertung von »Fremden« hat, allerdings nur geringfügig.[15] Ostdeutsche misstrauen demnach der Demokratie noch mehr als Westdeutsche dies tun, aber dieser Faktor trägt nur wenig zur Erklärung der höheren Feindlichkeit gegenüber »Fremden« im Osten bei.

---

15 Zur Prüfung des Mediatoreffekts wurden auch hier wieder lineare Regressionsanalysen gerechnet. In einem ersten Schritt wurde der Wohnsitz Ost-Westdeutschland als Prädiktor eingeführt, im zweiten Schritt wurde zusätzlich das Demokratiemisstrauen mit aufgenommen. Der Einfluss des Prädiktors Ost-Westdeutschland auf die Abwertung von »Fremden« reduziert sich nur geringfügig (alle im Folgenden berichten β-Koeffizient sind mindestens auf dem 5 %-Niveau signifikant). Vorhersage der Abwertung von »Fremden«: 1. β Ost-West = .12; 2. β Ost-West = .09, β Demokratiemisstrauen = .31.

3.3 Abstiegssorgen oder das Gefühl der Schlechterstellung?

Ein dritter Erklärungsansatz für die höhere Affinität der Ostdeutschen zu PEGIDA-ähnlichen Meinungen verweist auf die dort vielerorts vergleichsweise schlechtere wirtschaftliche Lage beziehungsweise die prekäre sozioökonomische Lage vieler Menschen. Diese firmiert unter der medial bedeutsamsten These von der »Abstiegsangst«, die neben der Überfremdungsangst im Kontext von PEGIDA eine enorme Wirkungsmacht erzeugte. Sie geht zurück auf die verbreitete Annahme eines Konkurrenzkampfes, der für Fremdenfeindlichkeit verantwortlich sei. Vorangegangene Analysen legen allerdings nahe, dass die Angst vor Konkurrenz auf dem Arbeitsmarkt kaum von Bedeutung ist[16] und für das Ausmaß an Fremdenfeindlichkeit weniger die eigene prekäre soziale Lage, als vielmehr das Gefühl der Schlechterstellung der eigenen Gruppe im Vergleich zu einer anderen verantwortlich ist.[17]

Mit Blick auf den Hass und die Wut auf andere Gruppen wurde der Zusammenhang zwischen Vorurteilen und der gefühlten Schlechterstellung – der Fachterminus ist hier Relative Deprivation – vielfach nachgewiesen und auch mit Blick auf Ost-West-Unterschiede verhandelt.[18] Bereits Gurr verwies in seiner grundlegenden Analyse über Protestbewegungen auf die Bedeutung des Gefühls der vergleichsweisen Schlechterstellung.[19] Wesentlich ist vor allem die Unterscheidung zwischen einer Individuellen Relativen Deprivation, die den negativen Vergleich zwischen Personen berührt, und der Fraternalen Relativen Deprivation, die den Mangel beschreibt, den eine Person als Mitglied einer Gruppe im Vergleich zu einer anderen Gruppe empfindet. Im

16 Jens Hainmueller/Michael J. Hiscox: Educated Preferences: Explaining Attitudes Toward Immigration in Europe, in: International Organization, 61 (2007), S. 399-442.

17 S. dazu ausführlicher Beate Küpper/Andreas Zick: Macht Armut menschenfeindlich? Zusammenhänge in acht europäischen Ländern, in: Wilhelm Heitmeyer (Hg.), Deutsche Zustände, Folge 9. Berlin 2011, S. 84-105.

18 Vgl. Thomas Kessler/Amélie Mummendey/Andreas Klink: Soziale Identität und relative Deprivation. Determinanten individuellen und kollektiven Verhaltens in Ostdeutschland nach der Vereinigung, in: Manfred Schmidt/Leo Montada (Hg.), Gerechtigkeitserleben im wiedervereinigten Deutschland, Opladen 1999, S. 213-292; Gert Pickel: Jugend und Politikverdrossenheit: Zwei politische Kulturen im Deutschland nach der Vereinigung? Opladen 2002; Klein/Küpper/Zick 2009 (s. Anm. 4).

19 Ted. R. Gurr: Why Men Rebel. Princeton/New Jersey 1970.

Kontext von Fremdenfeindlichkeit ist dies zum Beispiel das Gefühl »Deutsche« wären im Vergleich zu »Ausländern« schlechter gestellt. Für das Ausmaß von Fremdenfeindlichkeit spielt diese Fraternale Relative Deprivation eine wesentlich wichtigere Rolle als die individuelle Unzufriedenheit über die eigene sozioökonomische Lage beziehungsweise die des Landes, wie die bisherige Forschung nahelegt.[20]

Die Studie »Fragile Mitte – Feindselige Zustände« erfasst über zwei Aussagen das Ausmaß der Individuellen Relativen Deprivation und über eine Aussage die Fraternale Relative Deprivation (➠ siehe rechts Tab. 3). Ost- und westdeutsche Befragte unterscheiden sich weder im Ausmaß ihrer Zufriedenheit mit der wirtschaftlichen Lage Deutschlands, ihrer eigenen finanziellen Situation noch in dem Eindruck, »Deutsche« würden im Vergleich zu »Ausländern« schlechter gestellt.[21]

Das Ausmaß Fraternaler Relativer Deprivation hängt sowohl bei Ost- wie bei Westdeutschen leicht mit Rechtspopulismus zusammen – je eher die Befragten meinen, Deutsche seien im Vergleich zu Ausländern schlechter gestellt, desto stärker tendieren sie zum Rechtspopulismus. Allerdings hängt nur bei Westdeutschen auch das Ausmaß an Individueller Relativer Deprivation mit rechtspopulistischen Einstellungen zusammen, nicht aber bei Ostdeutschen.[22] Die Befunde bestätigen also erneut die Bedeutung Fraternaler Deprivation, auch wenn die Zusammenhänge nicht sehr hoch sind. Hingegen trifft die reine Deprivationsthese, nach der das Gefühl der individuellen Schlechterstellen für Rechtspopulismus verantwortlich ist, den Daten zufolge nur für Westdeutsche zu, aber nicht für Ostdeutsche. Diese Befunden

---

20 Dazu empirisch u. a.: Susanne Rippl/Dirk Baier: Das Deprivationskonzept in der Rechtsextremismusforschung. Eine vergleichende Analyse, in: Kölner Zeitschrift für Soziologie und Sozialpsychologie, 57, S. 644-666, 2005; Thomas F. Pettigrew/Oliver Christ/Ulrich Wagner/Roul W. Meertens/Rolf van Dick/Andreas Zick: Relative deprivation and intergroup prejudice, in: Journal of Social Issues, 64 (2008), S. 385-401.

21 Die Unterschiede zwischen Ost- und Westdeutschen im Ausmaß der Individuellen und Fraternalen Relativen Deprivation wurden mit univariaten Varianzanalysen geprüft; beide Gruppen unterscheiden sich nicht signifikant. Zur Erfassung der Individuellen Relativen Deprivation wurde eine Mittelwertskala aus den beiden einzelnen Items gebildet.

22 Korrelationen Individuelle Relative Deprivation/Rechtspopulismus Ostdeutsche: $r = .12$ ($p < .05$), Westdeutsche: $r = .24$ ($p < .001$). Korrelationen Fraternale Relative Deprivation/Rechtspopulismus Ostdeutsche: $r = .20$ ($p <= .001$), Westdeutsche: $r = .23$ ($p < .001$).

Zustimmung zu Relativer Deprivation bei Ost- und Westdeutschen (Angaben in Prozent; West: N = 1.603, Ost: N = 311) **Tab. 3**

		1	2	3	4	5
Individuelle Relative Deprivation						
Wie beurteilen Sie die aktuelle wirtschaftliche Lage Deutschlands?	**West**	12	39	41	6	3
	Ost	10	35	45	9	1
Wie beurteilen Sie Ihre eigene wirtschaftliche Lage und finanzielle Situation?	**West**	10	35	36	14	6
	Ost	10	27	44	14	4
		1	**2**	**3**	**4**	**5**
Fraternale Relative Deprivation						
Und wie beurteilen Sie die wirtschaftliche Lage der Deutschen im Vergleich zu den hier lebenden Ausländern? Ist sie …	**West**	9	49	36	5	1
	Ost	9	48	37	5	1

Legende: 1 = sehr gut, **2** = eher gut, **3** = weder gut noch schlecht, **4** = eher schlecht, **5** = schlecht

entsprechend reduziert die Berücksichtigung der Individuellen und der Fraternalen Relativen Deprivation die Erklärungskraft des Faktors »Ost-West« auch nicht.[23]

An der These vom Zusammenhang zwischen Abstiegsängsten und extremen Einstellungen im Osten kann also pauschal nicht festgehalten werden. Unzufriedenheit korrespondiert bei Ostdeutschen nicht einfach mit der Neigung zum Rechtspopulismus, sondern nur dann, wenn es um das Gefühl der Schlechterstellung im Vergleich zu »Ausländern« geht, also einer sozialen Gruppe, die es vor Ort im Osten kaum gibt. Rechtspopulistische Akteure

23 Zur Prüfung des Mediatoreffekts wurden auch hier wieder lineare Regressionsanalysen gerechnet. In einem ersten Schritt wurde der Wohnsitz Ost-Westdeutschland als Prädiktor eingeführt, im zweiten Schritt wurde zusätzlich die Individuelle Relative Deprivation mit aufgenommen. Der Einfluss des Prädiktors Ost-Westdeutschland auf die Abwertung von »Fremden« reduziert sich nur geringfügig (alle im Folgenden berichten β-Koeffizient sind mindestens auf dem 5 %-Niveau signifikant). Vorhersage der Abwertung von »Fremden«: 1. β Ost-West = .12; 2. β Ost-West = .11, β Indiv. Relative Deprivation = .19. Dieselbe Vorgehensweise wurde für die Fraternale Relative Deprivation wiederholt: 1. β Ost-West = .12; 2. β Ost-West = .13, β Fraternale Relative Deprivation = .19.

nutzen dieses Gefühl der imaginierten Schlechterstellung als Einfallstor, was umso besser funktioniert, je weniger das Gefühl durch die Realität widerlegt werden kann. Deshalb lässt es sich von Rechtspopulisten einfacher herstellen und verbreiten.[24]

4 Verantwortung statt Angsttherapie

Die empirische Prüfung gängiger Thesen zur Erklärung des Rechtspopulismus im Osten Deutschlands macht zwei Dinge deutlich: Erstens ist die Neigung zu rechtspopulistischen Einstellungen in Deutschland insgesamt weit verbreitet, im Osten noch etwas weiter als im Westen. Doch die Unterschiede sind absolut gesehen nicht sehr hoch – Rechtspopulismus ist also ein Problem im Osten, aber eben auch im Westen. Zweitens tendieren Ostdeutsche mehr noch als Westdeutsche zu einer autoritären Law-and-Order-Haltung und misstrauen demokratischen Prozessen, was ein Indiz für einen Mangel an demokratischer Kultur beziehungsweise eine noch nicht abgeschlossene Entwicklung derselben sein kann. Vor allem der Autoritarismus, weniger das Misstrauen in die Demokratie, erklären empirisch die im Osten noch weiter verbreitete Abwertung von »Fremden«. Die gängige These, hinter dem Rechtspopulismus ständen Abstiegsängste, findet hingegen keine Bestätigung. Ost- und Westdeutsche sind gleichermaßen zufrieden beziehungsweise unzufrieden mit der wirtschaftlichen Lage und fühlen sich in einem ähnlichen Ausmaß im Vergleich zu »Ausländern« schlechter gestellt. Wenn, dann sind Gefühle der individuellen Unzufriedenheit mit der wirtschaftlichen Lage eher im Westen als im Osten erklärungskräftig. Bei Ost- wie bei Westdeutschen ist hingegen das kollektive Gefühl der Schlechterstellung mitverantwortlich für rechtspopulistische Einstellungen.

Individuelle Deprivationsängste erklären also nicht, warum Ostdeutsche etwas stärker zum Rechtspopulismus neigen als Westdeutsche. Deprivationsgefühle können aber im Osten besonders leicht von rechtspopulistischen

---

24 Das gleich zu Beginn von PEGIDA durch Lutz Bachmann vorgebrachte Bild, Flüchtlinge erhalten Vollverpflegung, während sich manche der deutschen Alten keine Stollen zu Weihnachten leisten könnten, ist ein Beispiel für volksnahe Deprivationspropaganda.

Akteuren angeheizt, kollektiviert und instrumentalisiert werden. Wie vorgegangene Auswertungen gezeigt haben, fühlen sich viele Ostdeutsche nach wie als »Bürger zweiter Klasse«, was einen besonders guten Nährboden für Rechtspopulismus bietet.[25] Das weitgehende Fehlen »echter Ausländer« im Osten verhindert zudem die Prüfung von Vorurteilen an der Realität, so dass sich die Schimäre einer Schlechterstellung besonders leicht erzeugen lässt. Die Umlenkung des Gefühls der Deprivation auf (kaum vorhandene) »Ausländer« trägt im Osten zudem auf eine willkommene Weise dazu bei, sich selbst als »vollwertige« Deutsche zu konstruieren.

Neben den hier geprüften Thesen für die etwas größere Neigung Ostdeutscher zu menschen- und demokratiefeindlichen Haltungen, wie sie sich auch im Rechtspopulismus wiederfinden, werden eine Reihe weiterer Erklärungen diskutiert. Dazu gehört auch der Verweis auf die besonderen Kontextbedingungen im Osten. Im Rahmen der Analysen zur Gruppenbezogenen Menschenfeindlichkeit[26] wurden die Abwanderung besser gebildeter, junger Frauen[27], der strukturelle wie wirtschaftliche Abwärtsdrift ostdeutscher Regionen[28] sowie generell Desintegrationsprozesse[29] ins Spiel gebracht. Auf der individuellen Ebene wurde auch ein aus dem Westen übernommener Nationalstolz diskutiert.[30] Auf der Handlungsebene gehören mangelnde Kompetenz zur Zivilcourage sowie Selbstentlastung (»wir sind nicht rechtsextrem«) durch die Verschiebung der Normalität bei der Beurteilung rechts-

25 Klein/Küpper/Zick 2009 (s. Anm. 5).

26 Heitmeyer 2002–2011 (s. Anm. 4).

27 Martin Petzke/Kirsten Endrikat/Steffen Kühnel: Risikofaktor Konformität. Soziale Gruppenprozesse im kommunalen Kontext, in: Wilhelm Heitmeyer: Deutsche Zustände, Folge 5. Frankfurt a. M. 2007, S. 52-76.

28 Sandra Legge/Jost Reinecke/Anna Klein: Das Kreuz des Wählers: Die Auswirkungen von politischer Entfremdung und Fremdenfeindlichkeit auf das Wahlverhalten in abgehängten Regionen, in: Wilhelm Heitmeyer (Hg.), Deutsche Zustände, Folge 7. Frankfurt a. M. 2009, S. 53-72.

29 Jürgen Mansel/Barbara Kaletta: Die menschenfeindlichen Folgen von Desintegrationsprozessen und Anerkennungsproblemen. Ein Ost-West-Vergleich, in: Wilhelm Heitmeyer (Hg.), Deutsche Zustände, Folge 7. Frankfurt a. M. 2009, S. 73-92.

30 Julia Becker/Oliver Christ/Ulrich Wagner/Peter Schmidt: Deutschland einig Vaterland? Riskante regionale und nationale Identifikationen in Ost- und Westdeutschland, in: Wilhelm Heitmeyer (Hg.), Deutsche Zustände, Folge 7. Frankfurt a. M. 2009, S. 113-130.

extremer Gruppen und Parteien zu den bedeutsamen Faktoren.[31] Vor allem aber scheint in dem im Osten deutlich geringeren Anteil von Migrantinnen und Migranten ein Erklärungspotential zu liegen. Befunde verweisen auf ein besonders hohes Ausmaß an Fremdenfeindlichkeit gerade dort, wo kaum Einwanderer leben.[32] Es gibt dort nur wenig Gelegenheit zu direkten Kontakt, der nachweislich ein besonders bewährtes Mittel zum Abbau von Vorurteilen ist.[33] Überfremdungsangst wird also gerade durch den Mangel an »Fremden« geschürt, die andernorts dann irgendwann nicht mehr fremd sind beziehungsweise als fremd wahrgenommen werden, sondern Teil eines als vielfältig begriffenen »Wir« werden.

In der ehemaligen DDR wurde Vielfalt beziehungsweise Diversität als Grundidee eher geringgeschätzt oder sogar geächtet und stattdessen geradezu ein Mythos der Gleichheit befördert. Darauf hat zuletzt Marianne Birthler in einer Diskussionsendung zum 25. Jahrestag der Deutschen Einheit treffend hingewiesen.[34] Dies macht es für die in der DDR oder in dieser Tradition sozialisierten Menschen schwer, Diversität und Differenz als etwas Positives zu werten. Das schlägt sich, wie wir meinen, sowohl in der im Osten noch größeren Ablehnung von Vielfalt nieder, die sich auf die Unterschiedlichkeit von Menschen bezieht, als auch im Misstrauen gegen demokratische Aushandlungsprozesse, in denen unterschiedliche Sichtweisen und Lösungsstrategien debattiert und verhandelt werden. Befördert wird dies, und das zeigen die Ergebnisse des vorliegenden Beitrags, von einem weitverbreiteten, Konformismus verlangenden Autoritarismus, der jede Abweichung sanktioniert.

Aus der Beschreibung empirischer Evidenzen leiten sich Anforderungen an die Zivilgesellschaft sowie Politik und Praxis für Prävention und Inter-

---

31 Andreas Zick/Beate Küpper/Sandra Legge: Nichts sehen, nichts hören, nichts tun. Couragiertes Eintreten gegen Rechtsextremismus in Ost und West, in: Wilhelm Heitmeyer (Hg.), Deutsche Zustände, Folge 7. Frankfurt a. M. 2009, S. 190-204.

32 Carina Wolf/Ulrich Wagner/Oliver Christ: Die Belastungsgrenze ist nicht überschritten. Empirische Ergebnisse gegen die Behauptung vom vollen Boot, in: W. Heitmeyer (Hg.), Deutsche Zustände, Folge 3. Frankfurt a. M. 2005, 142-158.

33 Thomas F. Pettigrew/Linda Tropp: A meta-analytic test of intergroup contact theory, in: Interpersonal Relations and Group Processes, 90, S. 751-83, 2006.

34 In der Sendung »History Live – die deutsche Einheit endlich vollendet« am 3.10.2015 auf Phönix gesendet.

vention ab. Die engagierte Zivilgesellschaft scheint im Osten weniger erfolgreich Widerstand gegen rechtspopulistische Propaganda aufbauen zu können als im Westen. Diese These stützen Berichte von engagierten Akteuren vor Ort, aber auch die Zahl der PEGIDA-Gegendemonstranten im Osten verglichen mit denen im Westen. Auch manche Politiker – beispielsweise aus der seit Jahrzehnten in Sachsen regierenden Partei CDU – verhalten sich nicht eindeutig und senden Doppelbotschaften, während sich im Westen viele Menschen deutlicher gegen Angriffe auf die Menschenwürde stellen. Dies mag die Legitimierung und Neutralisierung von menschenfeindlichen und rechtsextremen Ideologien erklären, gefüttert von einem Selbstbild der Überfremdungs- und Abstiegsangst, das von politischen Akteuren nicht selten weiter befördert statt abgebaut wird. Abstiegsängste sind so oder so keine Entlastung. Unsere Befunde belegen, dass sie auch keine Erklärung für die besondere Verbreitung von demokratie- und menschenfeindlichen Einstellungen im Osten bieten. Hinzu kommt ein gerade in Sachen auffälliger paternalistischer Regierungsstil, der Vielfalt und Aushandlung nicht etwa befördert, sondern den Menschen wie zu DDR-Zeiten vor allem Ruhe und Ordnung verspricht. Das wirkt sich auf die Möglichkeit, Diversität und Differenz ohne vorurteilsbeladene Konflikte auszuhandeln und Vielfalt als Bereicherung zu erleben, massiv aus. Weder kann man Vielfalt verordnen noch den richtigen Umgang mit den Mentalitäten, die wir beschrieben haben, und ein Rezept gibt es nicht. Es empfiehlt sich, die Stärken der Zivilgesellschaft im Blick zu behalten und sich nicht von autoritären Reflexen nach Sicherheit und Kontrolle verunsichern zu lassen. Es sollte am Ende nicht ausgeblendet werden, wie sich gerade in der Auseinandersetzung mit PEGIDA und ihren Ablegern eine demokratische Zivilgesellschaft reorganisiert und die Bedeutsamkeit einer vielfältigen Gesellschaft entdeckt, für die sie Zivilcourage aufbringt. Sie hat Verantwortung übernommen. Auch einige (Kommunal-) Politiker haben im Gegensatz zu den 1990er-Jahren deutlicher hervorgehoben, dass es ein Potenzial an Demokratiefeindlichkeit gibt. Die empirischen Daten dazu waren längst vorhanden.

Die Mitte und der »Genderwahn«

Simone Rafael

Sie glauben, wenn von Gender die Rede ist, geht es um die Konstruktion von Geschlecht? Und beim Gender-Mainstreaming um Einsatz für die Gleichstellung von Männern und Frauen? Das sehen viele Menschen im und außerhalb des Internets aber anders – und seit PEGIDA und AfD noch ein paar andere mehr: »Genderwahn«, wahlweise auch »Gender-Terror« oder »Genderismus« ist ein populäres Feindbild. Bei »Demos für alle« demonstrieren Menschen hinter »Genderwahn«-Plakaten gegen die »Frühsexualisierung von Kindern«. Bei den »Patriotischen Europäern gegen Islamisierung des Abendlandes« tauchten schnell auch Plakate gegen »Gender-Terror« auf. Dabei sollte dort doch gegen die Gefahr demonstriert werden sollte, die angeblich von Muslimen und Muslimas für die deutsche Gesellschaft ausgeht, und Frauenrechte werden umgekehrt gern gegen Muslime ins Feld geführt, die ja nahezu alle Frauen unter die Burka zwängen wollen. Diese Paradoxie hat durchaus Methode, denn der »Genderwahn« ist ein Lieblingsthema vieler Rechtsaußenszenen – mit vergleichsweise guter Scharnierwirkung in bürgerlich-konservative Kreise des demokratischen Spektrums.

1 Worum geht es hier eigentlich?

Im Endeffekt geht es bei der »Genderwahn«-Debatte um ein verzweifeltes Festhalten an antimodernen, traditionellen, als angeblich natürlich beschriebenen Lebenshaltungen, die Männern und Frauen klare Geschlechterrollen und Schranken zuweisen: Mann = entschlossener Ernährer, starker Kämpfer, Denker und Lenker; Frau = sanfte, einfühlsame Mutter, Hüterin und Bewahrerin der Familie/des Volkes/der Kultur. Weil die »Ehe« und eine »Vater-Mutter-Kind-Familie« als Keimzelle für alles angesehen wird – wahlweise die biologistisch oder kulturalistisch definierte Volksgemeinschaft, ein vermeintlich christliches Weltbild, Vorstellungen von Anstand und Ordnung –

wird mehr oder weniger jegliche Sexualität außerhalb von Ehe und Reproduktion abgelehnt. Sie soll keine Daseinsberechtigung haben und schon gar keine »Normalität« sein, ebenso wenig wie gleichgeschlechtliche Sexualität oder sexuelle »Ausschweifungen« aller Art. Doch weil all das, wogegen man sich wendet, in der gesellschaftlichen Realität vorhanden ist, wird in einer populistischen Weltsicht nach jemandem gesucht, der daran »schuld« ist. Das sind wahlweise Feminst_innen, Sozialist_innen, die Bundesregierung, die »Gutmenschen«, eine »Homolobby«, Universitäten mit ihren »Gender Studies«, Lehrpläne mit Erziehungselementen zu sexueller Vielfalt, die One-World-Order-Weltverschwörung, die Atheist_innen – oder alle zusammen.

Die Komplexität des Themas Gender macht es zu einer perfekten Angriffsfläche für antimoderne Populist_innen aller Art. Selbst in universitären Kontexten, wo der Genderbegriff seit etwa 1970 entsteht und diskutiert wird, gibt es fortlaufend Diskussionen und Definitionen; der Prozess dauert an. »Gender« meint allgemein gesprochen das sozial konstruierte Geschlecht, über dessen Ungerechtigkeiten und Ungleichwertigkeiten sich eine Gesellschaft klar werden kann und sollte. Dies umfasst auch die Frage nach queeren und Trans-Identitäten und danach, wie allen Bürger_innen ein diskriminierungsfreies Leben ermöglicht werden kann. Wenn es dagegen um »Gender Mainstreaming« geht, das etwa auch die Europäische Union oder die Bundesregierung als gesellschaftliches Querschnittsziel anstreben, ist damit gemeint, für die gesellschaftliche Gleichstellung von Männern und Frauen einzutreten.

2 Was machen klassische »Genderwahn«-Argumentator_innen daraus, und wer ist das eigentlich?

Knapp zusammengefasst lauten die wichtigsten »Argumentations«-Linien der rechtspopulistischen Genderkritiker_innen, dass Gender-Mainstreaming ein (Um-)Erziehungsprogramm sei, das »neue Menschen« schaffen wolle, die dann keine Männer und Frauen mehr seien, sondern geschlechtslose Wesen. Und das zerstöre dann zum Beispiel die christlichen Werte, die westliche Welt, den denkenden Menschen, die Tradition, die Familie, die Volksgemeinschaft. Und dabei gäbe es Gender, also ein sozial beeinflusstes und beeinflussbares Geschlecht gar nicht, sondern nur Männer und Frauen, und alles andere seien fehlerhafte Abweichungen. Begründet wird dies mit der Biologie, der Religion – oder rechtspopulistischen Websites im Internet.

3 Verschiedene Gendergegner_innen[1]

Im Folgenden werden einige Strömungen der Gendergegner_innen vorgestellt:

1. Journalistische Gendergegnerschaft:
   Ab 2005 erscheinen in großen deutschen Medien wie F.A.Z., Spiegel und DIE ZEIT Artikel gegen »Gender« und »Gender Mainstreaming«, wenn auch nicht immer unwidersprochen. Das Ziel war die Diskreditierung von Gender-Mainstreaming und Genderbefürworter_innen und die Argumentationen reichten inhaltlich von demokratisch-konservativ bis offen gleichberechtigungsfeindlich.
   Zwei Beispiele: Volker Zastrow beschreibt 2006 in der F.A.S. Gender-Mainstreaming als »politische Geschlechtsumwandlung«, Gender-Mainstreaming als ideologische Interessenpolitik von Feminist_innen und Lesben, um »traditionelle Geschlechterrollen« und Familienformen zu zerstören und »neue Menschen« zu schaffen. Durch Gender-Mainstreaming, wie es die Europäische Kommission empfehle, und die Steigerung der Vollerwerbstätigkeit von Müttern solle die »Abschaffung der Hausfrau und Mutter« betrieben werden. Was die Kommission gefordert hatte, war übrigens nicht die Vollerwerbstätigkeit von Müttern, sondern die Förderung der Vereinbarkeit von Familie und Beruf.[2]
   Die Publizistin Birgit Kelle wird gern in TV-Talkshows eingeladen und spricht dort als Frau gegen jede Gendersensibilität. Ihre Buchtitel lauten

---

1 Vgl. Regina Frey, Marc Gärtner, Manfred Köhnen und Sebastian (2013): »Gender, Wissenschaftlichkeit und Ideologie. Argumente im Streit um Geschlechtsverhältnisse«, hg. v. d. Heinrich-Böll-Stiftung, Berlin 2013, S. 17; Online als Pdf: http://www.gwi-boell.de/sites/default/files/gender_wissenschaftlichkeit_und_ideologie_2aufl.pdf.

2 Vgl. Zastrow, Volker (2006): Politische Geschlechtsumwandlung. F.A.S., 20.6.2006. Online unter: www.faz.net/aktuell/politik/gender-mainstreaming-politishe-geschlechtsumwandlung-1327841.html?printPagedArticle=true pageIndex_2 [15.9.2015].

unter anderem »Dann mach doch die Bluse zu« und »Gender-Gaga«. Sie behauptet etwa, man dürfe heutzutage nicht stolz darauf sein, Hausfrau zu sein und nennt ihren Einsatz gegen diesen zu kritisierenden Zeitgeist einen »femininen Feminismus«. Ihre oben erwähnte Scharnierfunktion erkennt man daran, dass die bekennende Katholikin und Mutter von vier Kindern sowohl für Die Welt, Focus und The European schreibt, aber auch für Kath.net (katholisch-fundamentalistisch), den Kopp-Verlag (islamfeindlich-verschwörungstheoretisch), die Junge Freiheit (neurechte Zeitung, die von Verfassungsschutzbehörden als Scharnierorgan zwischen Konservatismus und Rechtsextremismus beschrieben wurde) sowie Eigentümlich frei (eine Publikation, die der »Neuen Rechten« zugeordnet wird)[3].

2. »Wissenschaftlichkeitswächter«:
   Diese werfen der Geschlechterforschung prinzipiell Unwissenschaftlichkeit vor. Allerdings halten sie sich bei ihrer Kritik aber oft nicht an Regeln, die sie selbst aufstellen. Andere Gegner_innen zitieren sie gern als wissenschaftliche Autoritäten. Als Argumentationslinie wird wiederum die Biologie angeführt, in der es nur zwei Geschlechter gäbe. Frauen und Männer haben demnach biologisch bestimmt verschieden Eigenschaften, und sozial begründete Geschlechterunterschiede gibt es kaum[4]. Homo- und Transsexualität hingegen seien Krankheiten. Das Ziel dieser Gender-Gegner_innen ist die Diskreditierung des Gender-Ansatzes an sich und von Gender Studies im universitären Rahmen.

3. Christlicher Fundamentalismus:
   Christliche Fundamentalisten sorgen sich um die Sexualmoral in der Gesellschaft, verknüpft mit dem Kampf gegen die reproduktive Selbstbestimmung von Frauen (»Lebensschützer_innen«) und dem Kampf

3 Vgl. Sina Doughan: »Demo für Alle« gegen alles »Andere«: Frauen in Führungsrollen. Netz-gegen-Nazis.de, 28.04.2015, http://www.netz-gegen-nazis.de/artikel/die-%E2%80%9Edemo-f%C3%BCr-alle%E2%80%9C-gegen-alles-%E2%80%9Eandere%E2%80%9C-10318 [17.9.2015].

4 Vgl. Blog »Alles Evolution«: https://allesevolution.wordpress.com/2013/05/08/ubersicht-biologische-begrundungen-zu-geschlechterunterschieden/[15.9.2015].

gegen Homosexualität. Auch hier sei ein Beispiel gegeben. Christl Vonholdt schreibt in ihrem Artikel »Ehe – Die Ikone Gottes in der Welt«, publiziert beim »Deutschen Institut für Jugend und Gesellschaft«:
»In wunderbarer Klarheit sagt sie [die Bibel], daß der Mensch als Frau und Mann geschaffen wurde und daß unsere Geschlechtlichkeit zur Güte der Schöpfung zählt. Ja, unsere geschlechtliche Verschiedenheit steht in Beziehung zum Bilde Gottes. Von Anfang an ist »der Mensch« synonym mit »männliches und weibliches Geschöpf«. Die daraus sich ergebende einmalige Verwiesenheit des Männlichen auf das Weibliche und des Weiblichen auf das Männliche hat Konsequenzen für die menschliche Gestaltung der Welt, für die Beziehungen der Geschlechter und für unsere Sozialethik – nicht zuletzt im Blick auf sogenannte alternative Lebensformen.«[5]

4. Antifeministische Akteur_innen, Männerrechtler_innen, Maskulinist_innen:
   Diese Gruppierungen sind gegen Gender-Mainstreaming, Gleichstellung und Gleichberechtigung mit einer stark männliche Interessen in den Blick nehmenden Perspektive. Sprachlich fordern sie beispielsweise »Geschlechterdemokratie statt Feminismus«, wobei das Ziel relativ eindeutig die Bewahrung eines männlichen Dominanzanspruchs ist. So formuliert die Internetweise »WikiMannia« in ihrer Selbstbeschreibung:
   »Dieses Wiki ist eine Wissens-Datenbank über Benachteiligungen von Jungen und Männern, sowie Bevorzugungen von Maiden und Frauen. Die Belege hierfür sind im ganzen Internet teilweise sehr unübersichtlich verteilt und werden hier übersichtlich strukturiert, konzentriert und untereinander verknüpft angesammelt. WikiMANNia verzichtet auf einen neutralen Standpunkt und bietet eine feminismusfreie Ergänzung zum Informationsangebot des Internets. WikiMANNia ist die Antithese zur feministischen Opfer- und Hassideologie.«[6]

5 Vgl. z. B. Christl R. Vonholdt: »Ehe – Die Ikone Gottes in der Welt«. Ohne Datum. Auf: http://www.dijg.de/anthropologie/mannsein-frausein-biblisches-menschenbild/[15.9.2015].
6 http://de.wikimannia.org/Hauptseite [15.9.2015].

5. Rechtspopulist_innen:
   Diese werfen den demokratischen Parteien vor, »Gender-Ideologie« zu betreiben, richten also die »Genderwahn«-Vorwürfe explizit gegen Politik und Demokratie. Populär in diesen Kreisen ist etwa die FPÖ-Politikerin Barbara Rosenkranz, die 2008 das Buch »MenschInnen. Gender Mainstreaming – Auf dem Weg zum geschlechtslosen Menschen« veröffentlichte.
   Die klare Positionierung gegen »Gender« und »Gender-Mainstreaming« gehört von Anfang an auch zum Parteiprogramm der AfD. Die Diskreditierung politischer Gegner_innen und der Demokratie insgesamt verbindet sich in dieser Gruppe mit verschiedenen inhaltlichen Motiven, auf die im Folgenden zurückzukommen sein wird.

6. Rechtsextreme und Neonazis[7]:
   Die Geschlechterrollen im Rechtsextremismus sind sehr festgelegt und die feindliche Ablehnung von Homosexualität ist Konsens. »Gender« wird daher als Kampfthema bereits seit den 1980er-Jahren von der rechtsextremen Szene genutzt, um gegen Feminist_innen, Homosexuelle, Gleichberechtigung und Antidiskriminierung zu hetzen. Besonders populär wurde beispielsweise ab 2009 die Kameradschaftskampagne »Free Gender: Raus aus den Köpfen – Genderterror abschaffen«. Der Tenor dieser sich mehrfach erneuernden Kampagne enthielt Verschwörungstheorien, es gäbe ein weltumspannendes Projekt der »One-World-Ideologie«, um eine »willenlose graue Masse« zu schaffen. Das Ziel dieser Gendergegner_innen ist der Erhalt der biologistisch-nationalistisch definierten »Volksgemeinschaft«. Emanzipation und Gleichstellung hingegen brächten den »Volkstod«. Die NPD fordert seit 2008 explizit die Abschaffung von Gender-Mainstreaming – so kann man in der Zeitschrift der NPD-Jugendorganisation lesen:
   »Die Entmannung ganzer Generationen wird das Ende der freien Menschheit einläuten. Eine verweichlichte Männerschaft, Frauen, die keine Mütter

7 Vgl. Kristin Witte: »Wir lehnen ihren Gender-Mist ab!« Gleichstellung und Feminismus als Feindbilder«. In: Hg. v. Lola für Demokratie in Mecklenburg-Vorpommern e. V. (2015): Frauen und Rechtsextremismus in Mecklenburg-Vorpommern, S. 17-27. Online als PDF: http://www.lola-fuer-lulu.de/w/files/pdfs/lola/rechte-frauen-in-m.pdf.

mehr sein wollen und eine suchtkranke und auf Konsum getrimmte Jugend werden sich sicherlich nicht gegen eine weitere ökonomische und politische Unterwerfung wehren; und darauf bauen die Gender-Strategen.«[8]

Es lässt sich feststellen: Die verfolgten Ziele und Weltsichten variieren, doch die Argumente ähneln sich in allen vorgestellten Gruppen von Gendergegner_innen. So ist das Engagement gegen Gender-Mainstreaming, den Genderbegriff als solchen und gegen Gender Studies ein Bindeglied zwischen verschiedenen rechten Szenen. Dadurch entsteht ein vielstimmiger Chor antidemokratischer, diskriminierender, homofeindlicher, sexistischer Menschen, die rechtspopulistische Bewegungen und Parteien für sich zu gewinnen suchen.

4 Die AfD: Von der Anti-Euro- zur Anti-Gender-Partei

»Noch immer herrscht in Teilen der Öffentlichkeit der Irrglaube vor, Gender Mainstreaming stehe für Toleranz und eine liberale Gesellschaft. Das genaue Gegenteil ist wahr. Im Zeichen von Gender Mainstreaming verbreitet sich in Deutschland ein intolerantes, latent totalitäres Meinungsklima, in dem abweichende Stimmen zunehmend mit gesellschaftlicher Ächtung bestraft werden.«[9]

Marc Jongen, Stellvertretender Sprecher und Landesprogrammkoordinator der AfD Baden-Württemberg, 2015

8 Vgl. Michael Höss: Er? Sie? ES! Gender Mainstreaming und seine menschenfeindlichen Auswirkungen. In: Der Aktivist 2/2012, S. 13; zitiert nach: Kristin Witte: »Wir lehnen ihren Gender-Mist ab!« Gleichstellung und Feminismus als Feindbilder«. In: Hg. v. Lola für Demokratie in Mecklenburg-Vorpommern e. V. (2015): Frauen und Rechtsextremismus in Mecklenburg-Vorpommern, S. 17-27. Online als PDF: http://www.lola-fuer-lulu.de/w/files/pdfs/lola/rechte-frauen-in-m.pdf.

9 Siehe: http://www.alternativefuer.de/prof-dr-joerg-meuthen-dr-marc-jongen-aufklaerung-ueber-gender-mainstreaming/[17.9.2015].

Die Alternative für Deutschland (AfD) ist die erste rechtspopulistische Partei seit langem, die in Deutschland wenigstens leidlich erfolgreich ist. Sie hat die Anti-Gender-Position zutiefst verinnerlicht und setzt Gender inzwischen weit oben auf ihre politische Agenda. Dabei nutzt die Partei die ganze Klaviatur der soeben vorgestellten Genderkritik – von moderat bis hart:

Während das AfD-Programm zur Bundestagswahl 2013 formuliert: »Wir stehen für den Schutz der Familie als Keimzelle der Gesellschaft«[10], heißt es 2014 in den »Politischen Leitlinien« der Partei: »Die AfD strebt die Gleichberechtigung der Geschlechter an und wirkt auf die Beseitigung bestehender Nachteile hin. Die AfD lehnt aber geschlechtsbezogene Quoten im Berufsleben und eine Politik, die auf die Aufhebung der Geschlechteridentitäten zielt, ab. Allein Eignung, Befähigung und Leistung dürfen Entscheidungskriterien sein. Die AfD steht für Chancengleichheit, nicht für Ergebnisgleichheit.«[11] Expliziter wird es im Fragenteil auf der AfD-Website unter dem Titel »Gleichstellung vs. Gleichberechtigung«: »Die AfD lehnt ein ›Gender Mainstreaming‹, das auf eine Aufhebung der Geschlechteridentitäten zielt, ab. Entsprechende finanzielle Förderungen sind ebenso einzustellen wie etwaige Bestrebungen der EU, den Mitgliedsstaaten eine solche Politik aufzuzwingen.«[12]

Im politischen Alltagsgeschäft fordern führende AfD-Repräsentanten in sozialen Netzwerken: »Gendermainstreaming ist intellektueller Wohlstandsmüll«[13] oder »Lieblingsstellungen, Massagen und Bordelle: Grüne ›Bildung‹ für Kinder ab 10. Nein zur Frühsexualisierung! Kinder müssen Kinder bleiben[14]. Die AfD-Mitbegründerin und Europaabgeordnete Beatrix von Storch erklärt im Interview mit n-tv.de: »Gender Mainstreaming ist eine politische Strategie,

10 Vgl. http://www.alternativefuer.de/programm-hintergrund/programmatik/[16.9.2015].

11 Vgl. Politische Leitlinien der Alternative für Deutschland«, S. 6; Online hier (pdf): https://www.alternativefuer.de/wp-content/uploads/2014/07/AfD_Leitlinien_2014_DE.pdf.

12 http://www.alternativefuer.de/programm-hintergrund/fragen-und-antworten/bildung-und-gleichstellung/[17.9.2015].

13 Facebookseite von Beatrix von Storch, https://www.facebook.com/BeatrixVonStorch/photos/pb.549796328395150.-2207520000.1442406002./829895417051905/?type=3&theater [16.9.2015].

14 Facebookseite von Beatrix von Storch, https://www.facebook.com/BeatrixVonStorch/photos/pb.549796328395150.-2207520000.1442406156./798187810222666/?type=3&theater [16.9.2015].

die auf klaren, ideologischen Voraussetzungen beruht. Sie gibt vor, für Gleichberechtigung der Frauen zu kämpfen, diskriminiert dafür Jungs und Männer und zielt auf die Dekonstruktion der Geschlechter. […] Das ›geschlechterstereotype Rollenverhalten‹ soll den Menschen aberzogen werden, also ihr natürliches, angeborenes Verhalten. Das lehnen wir ab.«[15]

Inzwischen hat der AfD-Landesverband Baden-Württemberg, geleitet vom stellvertretenden AfD-Bundessprecher Jörg Meuthen, das Thema auch als Wahlkampfauftakt für die anstehenden Landtagswahlen genutzt und öffentlichkeitswirksam den Beschluss gefasst, die Gleichstellungspolitik »als durchgängiges politisches Leitprinzip« »auf allen Ebenen unverzüglich und ersatzlos zu beenden«. Dieser »unzulässige Eingriff des Staates« in das Leben der Menschen sei »überdies aus biologischen Gründen zum Scheitern verurteilt«[16]. Im Bundesland, in dem auch die »Demos für alle« den meisten Zulauf haben, will man mit Formulierungen punkten, das Lernen über Gender und Vielfalt sei ein »sittenwidriger Eingriff in die Kinderseelen«, weil im Unterricht zu »sexuellem Experimentieren« ermutigt werde.[17]

Der Wandel der AfD von der Anti-Euro- zur Anti-Gender-Partei kommt nicht von ungefähr. Gerade AfD-Mitbegründerin und Europaparlaments-Abgeordnete Beatrix von Storch ist seit Jahren eine der umtriebigsten Gendergegner_innen in Deutschland[18]. Mit ihrem Mann Sven betreibt die fundamentalistische Christin eine Vielzahl von Internetpräsenzen und Lobbyvereinen (FreieWelt.net, Zivile Koalition, AbgeordnetenCheck.de, Initiative Familienschutz, demofueralle.de[19]), die sich nicht nur mit Wirtschaftsthemen

15 Interview mit Beatrix von Storch: »Ich kann gut auch über mich selber lachen". N-tv.de, 23.05.2014; online: http://www.n-tv.de/politik/Ich-kann-gut-auch-ueber-mich-selber-lachen-article12886681.html [16.9.2015].

16 Vgl. http://www.ksta.de/politik/-alternative-fuer-deutschland--gegen-gender-mainstreaming-afd-will-gleichstellungspolitik--unverzueglich-beenden-,15187246,31394792.html [16.9.2015].

17 Vgl. auch http://www.alternativefuer.de/prof-dr-joerg-meuthen-dr-marc-jongen-aufklaerung-ueber-gender-mainstreaming/.

18 Vgl. Johannes Riedlberger: Besorgte Eltern – Wer sie sind und was wie wollen. Netz-gegen-Nazis.de, 16.3.2015, http://www.netz-gegen-nazis.de/artikel/besorgte-eltern-%E2%80%93-wer-sie-sind-und-was-wie-wollen-10130 [17.9.2015].

19 Vgl. Regina Frey, Marc Gärtner, Manfred Köhnen und Sebastian Scheele: Einleitung zur zweiten Auflage, S. 14. In: Gender, Wissenschaftlichkeit und Ideologie. Argumente im Streit um Geschlechterverhältnisse; hg. v. d. Heinrich-Böll-Stiftung, 2014; online: http://www.gwi-boell.de/sites/default/files/gender_wissenschaftlichkeit_und_ideologie_2aufl.pdf.

befassen, sondern auch mit dem Engagement gegen Abtreibung und Stammzellenforschung, gegen »Frühsexualisierung« und gegen Erziehung zur Vielfalt (»Demos für alle«) sowie gegen Geschlechtergerechtigkeit als »Gleichmacherei«. Es ist jedoch eine Bewegung, die größer aussieht als sie ist – oder in anderen Worten eine »Kunstrasenbewegung« und keine Graswurzelbewegung: Mit vielen Namen wird mit wenigen Menschen vorgetäuscht, für vorgeblich viele Menschen zu sprechen[20]. Diese Kunst hat von Storch ebenso perfektioniert wie das argumentative Themenhopping im Genderbereich. Eine Reportage in der ZEIT beschreibt dies lebendig: Sie kommt bei einer Veranstaltung in Berlin argumentativ vom Gender-Mainstreaming über Kondomkauf als Hausaufgabe für 12-Jährige, 60 Geschlechterkategorien bei Facebook, die Zersetzung der klassischen Familie, die vorgebliche Begrüßung von Masturbation bei Kleinkindern, Diktattexte für Drittklässler, in denen es Familien mit zwei Vätern gebe zu einem »deutschen Lehrplan«, der vorsehe, mit Grundschülern Analsex nachzustellen. Quellen für diese Behauptungen gibt sie nicht an – es fragt auch niemand danach.[21]

Besonders interessant ist zudem unter Genderaspekten, das Beatrix von Storch geschafft hat, ein Forum gegen Geschlechtergerechtigkeit und Vielfalterziehung auf die Beine zu stellen, dass offenbar für viele Frauen und Familien ansprechend ist: Die sogenannten »Demos für alle«, ein Ideenimport aus Frankreich, wo sie »La Manif pour tous« heißen[22] und sich gegen die »Ehe für alle« und das Adoptionsrecht für Homosexuelle wenden. Mit dem Argument des Kinderschutzes protestieren die Teilnehmenden in Deutschland gegen die Reform des Bildungsplans der grün-roten Landesregierung in

20 Vgl. Regina Frey, Marc Gärtner, Manfred Köhnen und Sebastian Scheele: Einleitung zur zweiten Auflage, S. 14. In: Gender, Wissenschaftlichkeit und Ideologie. Argumente im Streit um Geschlechterverhältnisse; hg. v. d. Heinrich-Böll-Stiftung, 2014; online: http://www.gwi-boell.de/sites/default/files/gender_wissenschaftlichkeit_und_ideologie_2aufl.pdf.

21 Vgl. Merlind Theile: Gleichstellung: Wer braucht diese »Zwischendinger«? Die ZEIT, 5.3.2015, online unter: http://www.zeit.de/2015/10/geschlechtergleichstellung-afd-gender-politik [17.9.2015].

22 Vgl. Regina Frey, Marc Gärtner, Manfred Köhnen und Sebastian Scheele: Einleitung zur zweiten Auflage, S. 9-11. In: Gender, Wissenschaftlichkeit und Ideologie. Argumente im Streit um Geschlechterverhältnisse; hg. v. d. Heinrich-Böll-Stiftung, 2014; online: http://www.gwi-boell.de/sites/default/files/gender_wissenschaftlichkeit_und_ideologie_2aufl.pdf.

Baden-Württemberg, der den Demonstrationsteilnehmer_innen als zu vielfaltorientiert und zu freizügig bezeichnet wird. Das Fronttransparent der Demonstrationen ist bezeichnend: »Ehe und Familie vor! Stoppt Gender-Ideologie und Sexualisierung unserer Kinder!«[23] Das Mutter-Vater-Kind-Familienideal wird hier ausschließend gegen andere Lebensformen, aber eben auch gegen die demokratisch gewählte Regierung in Stellung gebracht. Die »Demos für alle« werden als Familienevents mit bunten Ballons und Kinderprogramm organisiert. Diese Form spricht offenkundig Frauen als Zielgruppe an, denn ihre Beteiligung an diesen Demonstrationen ist deutlich höher als etwa bei den zunehmend martialischen Aufmärschen von PEGIDA mit überwiegend männlichen Teilnehmenden[24].

Doch Beatrix von Storch ist in der AfD nicht allein gegen Gender aktiv. Auch die AfD-Vorsitzende Frauke Petry hat Kritik an Gender und Gender-Mainstreaming von Anfang an vertreten und äußert sie vielfältig in Talkshows und Interviews: »Wir wollen nicht, dass alles gleich ist«, sagte sie etwa in einer TV-Talkshow. Deshalb solle es keine homosexuellen Ehen oder gar Eltern geben dürfen und Sexualthemen in der Schule weniger vorkommen.[25] Interessant dabei unter Genderaspekten: Aktivismus gegen Gleichstellung und für eine traditionelle Frauenrolle ist in anderen Bewegungen oft Sache von männlichen Antifeministen, innerhalb der AfD aber vor allem den Frauen vorbehalten. Selbst eine Anti-Feminismus-Kampagne der AfD-Jugend im März 2014 wurde nur von Mädchen betrieben, die Schilder wie »Ich bin keine Feministin, weil mein Mann mein Fels in der Brandung ist und nicht mein Klassenfeind« oder »Ich bin keine Feministin, weil ich selbst was in der

23 Zu sehen etwa auf der Facebookseite der »Demo für alle« (https://www.facebook.com/demofueralle/photos/pb.1487616731457354.-2207520000.1444731927./1639206122965080/?type=3&theater [13.10.2015]) oder auf netz-gegen-nazis.de (http://www.netz-gegen-nazis.de/artikel/besorgte-eltern-%E2%80%93-wer-sie-sind-und-was-wie-wollen-10130).

24 Vgl. Sina Doughan: »Demo für Alle« gegen alles »Andere«: Frauen in Führungsrollen. Netz-gegen-Nazis.de, 28.4.2015, http://www.netz-gegen-nazis.de/artikel/die-%E2%80%9Edemo-f%C3%BCr-alle%E2%80%9C-gegen-alles-%E2%80%9Eandere%E2%80%9C-10318 [17.09.2015]; Mareike Trawnik: Pegida – Proteste von Männern? Netz-gegen-Nazis.de, 03.02.2015, http://www.netz-gegen-nazis.de/artikel/pegida-%E2%80%93-proteste-von-m%C3%A4nnern-10027 [17.9.2015].

25 Vgl. etwa »Anne Will«, 10.6.2015, gesehen auf YouTube: https://www.youtube.com/watch?v=S5gAG74uNuU [16.9.2015].

Birne habe« in die Kamera hielten.[26] Allerdings entspricht all dies zwar dem unter Rechtspopulist_innen idealisierten Frauenbild, dass Frauen vor allem die Familie als hauptsächliches Feld für ihr Engagement zuweist, aber offenbar nicht den Interessen der (potenziellen) Wählerinnen: Die AfD ist bisher eine Partei männlicher Wähler, woran (bislang) auch die prominenten Frauen in Führungspositionen der Partei nichts ändern konnten.[27]

Abschließend sei erwähnt, dass das Thema Gender in der im Juli 2015 gegründeten Alternative zur Alternative für Deutschland, der von Bernd Lucke angeführten »Allianz für Fortschritt und Aufbruch« (ALFA), bisher keine Bedeutung hatte. Nur die Rolle der Familie als Keimzelle der Gesellschaft findet sich hier – bisher – auch.[28]

5 PEGIDA, der »Genderwahn« und die strategische Einsetzung von Gender

Bei PEGIDA, den »Patriotischen Europäern gegen Islamisierung des Abendlandes«, hatte die Argumentation gegen den »Genderwahn« eine besonders interessante Komponente: Sie war der erste Hinweis auf die rechtspopulistische Gedankenwelt der Bewegung. Als PEGIDA im Dezember 2014 erstmals breitere mediale Aufmerksamkeit erhielt, überwog in der Berichterstattung die Wahrnehmung der »besorgten Bürger_innen«, deren islamfeindliche Plakate man nicht rassistisch nennen wollte, weil sie doch vielleicht Ausdruck seien von »Ängsten«, die gegenüber dem Islam bestünden. Die PEGIDA-Organisator_innen, von denen zumindest Lutz Bachmann und später Tatjana Festerling das PR- beziehungsweise Marketing-Handwerk professionell gelernt und betrieben haben, wurden zu dieser Zeit noch als eher schlichter

26 Vgl. Merle Stöver: Genderwahn und Gleichmacherei – die »Junge Alternative« der AfD offenbart ihr Frauenbild. Netz-gegen-Nazis.de, 28.03.2014: http://www.netz-gegen-nazis.de/artikel/genderwahn-und-gleichmacherei-die-afd-offenbart-ihr-frauenbild-9367 [17.9.2015].

27 Vgl.: Daniel Deckers: AfD scheiterte an der Ablehnung durch Frauen. F.A.Z., 28.1.2014, online unter: http://www.faz.net/aktuell/politik/inland/wahlstatistik-afd-scheiterte-an-der-ablehnung-durch-frauen-12774000.html [17.9.2015].

28 Vgl. das Parteiprogramm der Allianz für Fortschritt und Aufbruch, online hier http://alfabund.de/wp-content/uploads/2015/08/Parteiprogramm-ALFA.pdf [16.9.2015].

»Freundeskreis« beschrieben, der sich im Internet organisiert hatte. Dabei gab und gibt es gerade im Internet schon seit Jahren gut funktionierende Netzwerke von Rechtspopulist_innen, Islamfeind_innen, selbsternannten Patriot_innen und Neonazis, die maßgeblich zum sprunghaften Aufstieg von PEGIDA beitrugen, als deren Erfolgschancen sichtbar wurden. Sie sahen die Chance, bislang wenig konsensfähige rechtspopulistische Argumentationen in die Öffentlichkeit zu tragen – und haben diese Chance auch genutzt.[29]

Im Dezember 2014 – damals hatten die Demonstrationen etwa 10.000 Teilnehmer_innen – veröffentlichten die PEGIDA-Macher_innen ein »Positionspapier« auf ihrer Facebookseite als ideologische Grundlage von PEGIDA, auf deren Frontbanner ein Hakenkreuz, eine Antifafahne, eine kommunistische sowie eine islamistische Fahne in den Müll geworfen und damit suggeriert wird, sie würden sich außerhalb politisch extremer Richtungen positionieren wollen. Dieses Manifest offerierte viele erwartbare Punkte – und unter Nummer 17 hieß es: »Pegida ist gegen dieses wahnwitzige ›Gender Mainstreaming‹, auch oft ›Genderisierung‹ genannt, die nahezu schon zwanghafte, politisch korrekte Geschlechtsneutralisierung unserer Sprache!«[30]

Für alle, die vor PEGIDA wirklich nichts mit rechtspopulistischen Blogs, Websites, Gruppen oder Demonstrationen zu tun hatten, war dies eine Verblüffung, denn das hatte nichts mit der im Vordergrund der Argumentation stehenden angeblichen Angst vor dem Islam sowie um die Demokratie zu tun, auch nicht mit klassischem Rassismus. Doch passen der Sexismus und die Homosexuellenfeindlichkeit der Anti-Gender-Debatte gut in das rechtspopulistische Weltbild, was auch Untersuchungen zum Syndrom der Gruppenbezogenen Menschenfeindlichkeit bestätigen[31]. Die Aufnahme des Genderthemas zeigt dabei, wie sehr die PEGIDA-Macher_innen in rechtspopulistischen Diskurse und Kreise involviert waren, die ihnen später zu den

29 Vgl. no-nazi.net: Enorme Erfolgsgeschichte: Pegida in den Sozialen Netzwerken. Netz-gegen-Nazis.de, 12.02.2015, http://www.netz-gegen-nazis.de/artikel/pegida-in-den-sozialen-netzwerken-10054 [17.9.2015].

30 Zitiert nach: Maik Söhler: Positionspapier der Pegida: Pegidisch für Anfänger. In: taz, 11.12.2015, Online: http://www.taz.de/!5026420/.

31 Vgl. Andreas Zick/Anna Klein: Fragile Mitte – Feindselige Zustände. Rechtsextreme Einstellungen in Deutschland 2014. Hg. v. d. Friedrich-Ebert-Stiftung, Bonn 2014, online: http://www.fes-gegen-rechtsextremismus.de/pdf_14/FragileMitte-FeindseligeZustaende.pdf.

enormen Besucher_innenzahlen verhalfen. Mit spontan organisierten »besorgten Bürger_innen« hatte das nichts zu tun.

Einmal mehr zeigt sich an den Forderungen von PEGIDA, dass die rechtspopulistische Szene in ihrer Ideologie Widersprüche aushalten muss: Einerseits argumentierten PEGIDA-Redner und -Demonstranten gegen Muslime, diese würden ihre Frauen unterdrücken, schon deshalb passe der Islam nicht zu Europa.[32] Anderseits wird mit der Kritik am Gender-Mainstreaming automatisch gegen die Gleichstellung der »eigenen« Frauen argumentiert. Eine gewisse gesellschaftliche Blindheit – zumindest Sehschwäche – in Bezug auf Frauenrollen und -rechten kann aber der Ideologie der Bewegung durchaus nützen.

Denn noch immer werden in unserer Gesellschaft Frauen als das friedfertige und harmlosere Geschlecht wahrgenommen, dem man politische Überzeugung oder gar Verbohrtheit kaum unterstellen mag. Dies war auch in Bezug auf PEGIDA zu beobachten, als Kathrin Oertel gewissermaßen als PEGIDA-»Pressesprecherin« zur TV-Talkshow »Günther Jauch« geschickt wurde.[33] Und statt über ihre kruden politischen Ansichten oder schlechten Argumentationen zu sprechen, wurden Witze über ihre Augenbrauen und ihren schwankenden Gang in hohen Absätzen gemacht, also Äußerlichkeiten gegenüber dem politischen Gehalt bevorzugt.[34] Oertel selbst argumentierte mit ihrer Mutterrolle – sowohl, als es darum ging, warum sie sich gegen die »Islamisierung« einsetzte als auch bei der Begründung, warum sie später PEGIDA den Rücken kehrte: weil ihre Kinder in der Schule gemobbt würden.

Schließlich überrascht es nicht, dass PEGIDA bei der Bürgermeister_innen-Wahl in Dresden wieder auf die Sexismus-Karte setzte: Tatjana Festerling ist zwar eine hetzerische, aggressive und rhetorisch niveauarme Rednerin, zum Genderthema etwa sagte sie: »Terror der schwul-lesbisch-queeren intersexuellen Minderheit – willkommen in der Freiluftpsychiatrie Deutschland« und

32 Vgl. ebenfalls das PEGIDA-Positionspapier, Punkt 10: »Pegida ist für den Widerstand gegen eine frauenfeindliche, gewaltbetonte politische Ideologie aber nicht gegen hier lebende, sich integrierende Muslime!« Zitiert nach: Maik Söhler: Positionspapier der Pegida: Pegidisch für Anfänger. In: taz, 11.12.2015, Online: http://www.taz.de/!5026420/.

33 Vgl. Mathias Zschaler: Pegida-Talk bei Günther Jauch: Sarrazin lässt grüßen. Spiegel Online, 19.2.2015, online: http://www.spiegel.de/kultur/tv/pegida-frontfrau-kathrin-oertel-erinnert-bei-guenther-jauch-an-sarrazin-a-1013637.html [17.9.2015].

34 Vgl. Pegida Make-Up Tutorial: Kathrin Oertel, YouTube, 19.1.2015, https://www.youtube.com/watch?v=5Zv-cN9-ea4 [17.9.2015].

rief zum Kampf gegen »verkorkste Gender-Tanten, die mit überzogenem Sexualscheiß unsere Kinder traumatisieren und frühsexualisieren« wollen auf.[35] Doch sieht sie durch ihre Kleidung, aber auch ihre selbstgemalten Schilder aus wie eine biedere Mutti, nicht wie eine rechte Hetzerin. Dies trug ohne Zweifel zu dem guten Wahlergebnis von fast 10 Prozent der Stimmen bei der Bürgermeister_innenwahl in Dresden bei.[36]

6 Fazit: Warum funktioniert das Thema Genderhass so gut?

Am Thema »Genderwahn« lässt sich exemplarisch erkennen, wie verzahnt konservative, rechtspopulistische und rechtsextreme Szenen sein können. Und es ist ein Thema, mit dem sich menschenfeindliche Ideologien weit in den gesellschaftlichen Mainstream tragen lassen. Warum klappt das bei diesem eigentlich doch recht abstrakten Themenkomplex so gut?

6.1 Emotionen

Familie und Kinderschutz ist eines der sensibelsten Debattenthemen überhaupt. Vergleichsweise schnell wird vermeintlichen Argumenten Glauben geschenkt, die Unrecht gegen Kinder und Familien belegen sollen. Dies beobachten wir beim Monitoring im Internet nicht nur bei (Anti-)Gender-Themen, sondern auch beim Thema »Sexueller Missbrauch von Kindern«. Es ist kein Zufall, dass die quantitativ erfolgreichsten Onlinekampagnen der extremen Rechten die Einführung der Todesstrafe für Sexualstraftäter fordern. Ähnliches ist bei Feindlichkeit gegenüber Flüchtlingen zu beobachten: Die rechtsextreme Argumentation, dass der Schulsport ausfalle, weil Turnhallen beschlagnahmt würden, bis hin zu angeblichen »Erlebnisberichten«, dass

35 Vgl. Alan Posener: Dresdens »Lady Bitch Rechts". Die Welt, 20.4.2015, online: http://www.welt.de/politik/deutschland/article139743636/Dresdens-Lady-Bitch-Rechts.html [17.9.2015]; Video auf Youtube: https://www.youtube.com/watch?v=jBrBRY56Uys.

36 Vgl.: Simone Rafael: Videoreihe: Frauen bei Pegida und im Rechtspopulismus (3). Netz-gegen-Nazis.de, 26.8.2015, online: http://www.netz-gegen-nazis.de/artikel/videoreihe-frauen-bei-pegida-und-im-rechtspopulismus-3-10554.

Flüchtlinge sich aggressiv oder sexualisiert Kindern näherten, sind vergleichsweise erfolgreich, sie werden vielfach in sozialen Netzwerken geteilt – auch wenn sie sich später als unwahr herausstellen. Das zeigt: Wenn es um Kinder geht, wird der Wahrheitsgehalt von vielen Menschen kaum noch hinterfragt, die Empörung ist programmiert.

6.2 Ängste

Die Gegnerschaft zum Genderthema spricht offenbar grundlegende, populäre Ängste an: Die Ängste von Männern, durch die Gleichstellung von Frauen würden sie Privilegien verlieren, oder gar ebenso diskriminiert werden, wie es Frauen jahrhundertelang wurden. Die Ängste von Eltern, ihre Kinder würden homosexuell, wenn sie hören, dass es so etwas gibt. Die Ängste von Eltern, ihre Kinder würden ein ausschweifendes Sexualleben aufnehmen, sobald sie aufgeklärt sind. Kurzum: Angst davor, dass die Welt sich ändert, Angst davor, dass die eigene Erziehung nicht genug wirkt und die eigenen Kinder später etwas anders machen werden als man selbst beziehungsweise die Angst vor der latenten Ahnung, dass freiheitliche und diskriminierungsfreie Modelle für Kinder eventuell doch attraktiver sein könnten als stärker reglementierte Erziehungsangebote.

6.3 Vielfalt der Sender_innen

Ein »Erfolgsrezept« ist zweifelsohne, dass die Themen Gender und Gender-Mainstreaming nicht nur in rechtsextremen, gesellschaftlich eher geächteten Kreisen diskreditiert werden. Auch in den großen Print- und TV-Medien mit Breitenwirkung machen sich Journalist_innen wie auch Komiker_innen lustig über Gleichstellung und Geschlechtervielfalt, bekommen Genderkritiker_innen eine Bühne, und oft genug ist die Auswahl der Gesprächspartner_innen inhaltlich unglücklich, etwa wenn Drag Queens oder Schauspielerinnen ideologisch geschulten Gender-Kritiker_innen gegenüber sitzen. Ein besonders großes Forum bekommen dabei stets Frauen, die sich gegen Geschlechtergerechtigkeit aussprechen. Sie werden als Kronzeuginnen vorgeführt, ähnlich wie Menschen mit Migrationshintergrund, die Rassismus in einer Gesellschaft verneinen.

6.4 Argumentationsstrategien

Die Komplexität des »Genderwahn«-Themas ist gut für rechtspopulistische Argumentationsstrategien geeignet – besonders für die des sogenannten Themenhoppings: Als Reaktion auf ein nicht zu entkräftendes Sachargument wird einfach eine andere argumentative Baustelle eröffnet. Bei einem derart komplexen und vieldiskutierten Themenfeld werden sich immer Beispiele finden lassen, die – vor allem aus dem Zusammenhang gerissen – für viele absurd klingen und Aufregung erzeugen.[37] Oft wird bei einer Diskussion mit wenigen Nachfragen schnell klar, wer wirklich an einem Gedankenaustausch interessiert ist und wer einfach Beispiele auflistet, um den Gesprächspartner zu diskreditieren und lächerlich zu machen.

Dazu kommt die in rechtspopulistischen Kreisen gern genutzte Perfidie, den Einsatz für Freiheitsrechte und gegen Diskriminierung als Bedrohung von Freiheitsrechten und Diskriminierung darzustellen. Wer sich für Geschlechtergerechtigkeit einsetzt, ist in der »Genderwahn«-Welt jemand, der Männer diskriminiert. Wer sich für eine gendergerechte und nicht diskriminierende Sprache einsetzt, erteilt Sprechverbote im Sinne der zum Schimpfwort mutierten »Political Correctness«. Wer möchte, dass Kinder die eigene Sexualität angstfrei und selbstbestimmt entwickeln können, »sexualisiert« sie angeblich. Wer möchte, dass auch Homosexuelle heiraten und Kinder adoptieren können, zerstört damit die Familie. Das illustriert das Grundproblem der rechtspopulistischen Weltsicht: Wer selbst ständig andere mit seiner Haltung dominieren will und offen diskriminiert, kann sich anscheinend nicht vorstellen, dass es auch möglich ist, anderen mehr Freiheiten zu ermöglichen, ohne dass die eigenen Freiheiten davon betroffen sind.

---

37 Großartig dazu: Reportage zu einem Vortrag von Beatrix von Storch (AfD) in Berlin: http://www.zeit.de/2015/10/geschlechtergleichstellung-afd-gender-politik.

»Sozialschmarotzer« – der marktförmige Extremismus der Rechtspopulisten

Andreas Hövermann · Eva Groß · Andreas Zick

Moderne Gesellschaften, wie die Bundesrepublik Deutschland, sind in nahezu allen Bereichen nach ökonomischen Kriterien geordnet. Leistung, Wettbewerb und Gewinn sind auch im Sozialbereich ein wichtiges Kriterium. Das ist nicht neu. Eine Reihe bedeutsamer gesellschaftlicher Analysen beschreiben diese Ökonomisierung der Gesellschaft.[1] Spätestens seit der neoliberalen Wende in der Sozial- und Wirtschaftspolitik in den frühen 1990er-Jahren durchzieht die mehr oder minder explizite Bemessung der Gesellschaft nach den Prinzipien des Marktes alle Bereiche der Gesellschaft, auch jene, die vormals nicht nach Profiten und Gewinnen beurteilt wurden. Als Indizien dafür lassen sich zum Beispiel originär unökonomische Institutionen wie Krankenhäuser, Schulen, Universitäten und Kitas nennen, die vermehrt auf Gewinn ausgerichtet sind und nach rein wirtschaftlichen Kriterien gesteuert werden. Oder anders ausgedrückt: Es werden keine nichtwirtschaftlichen Kriterien mehr zu Bemessung von Förderungen und Anerkennungen hinzugezogen.

1 Siehe z. B. Ulrich Bröckling: Das unternehmerische Selbst. Soziologie einer Subjektivierungsform, Suhrkamp, Frankfurt a. M. 2007; Uwe Schimank/Ute Volkmann: Ökonomisierung der Gesellschaft. in: Andrea Maurer (Hg.), Handbuch der Wirtschaftssoziologie. Wiesbaden, VS Verlag für Sozialwissenschaften 2008; Gerd-Günter Voß/Hans J. Pongratz 2004: Der Arbeitskraftunternehmer. Eine Grundform der Ware Arbeitskraft?, in: Kölner Zeitschrift für Soziologie und Sozialpsychologie, 50 (1998), S. 131-158; Sighard Neckel: Flucht nach vorn. Die Erfolgskultur der Marktgesellschaft, Frankfurt a. M./New York 2008; Jürgen Habermas: Theorie des kommunikativen Handelns, Bd. 2: Zur Kritik der funktionalistischen Vernunft, Frankfurt a. M. 1995; Pierre Bourdieu: Gegenfeuer. Wortmeldungen im Dienste der des Widerstandes gegen die neoliberale Invasion. Konstanz 1998; Wilhelm Heitmeyer/Kirsten Endrikat: Die Ökonomisierung des Sozialen. Folgen für »Überflüssige« und »Nutzlose«. in: Wilhelm Heitmeyer (Hg.), Deutsche Zustände, Folge 6. Frankfurt a. M. 2008, S. 55-73; Ulrich Bröckling/Susanne Krasmann/Thomas Lemke: Gouvernementalität der Gegenwart. Studien zur Ökonomisierung des Sozialen. Frankfurt a. M. 2000.

Neben dieser institutionellen ökonomischen Durchdringung nimmt die Entwicklung auch direkten Einfluss auf das Leben von Individuen. Soziale Unsicherheiten und Prekarisierung nehmen mit der Dominanz eines »neoliberalen Paradigmas«[2] schrittweise zu[3], da die Lebensbedingungen der Menschen durch Mobilisierung zu umfassender Selbstverantwortung in allen Lebenslagen in Kombination mit Abbau von Standards in der Alterssicherung und der Absicherung bei Arbeitslosigkeit immer stärker den Kräften des mehr oder minder freien Marktes ausgeliefert sind. Diese fortschreitende gesellschaftliche Individualisierung verlangt, Eigenverantwortung, Eigeninitiative, Aktivität und Flexibilität als unternehmerische Tugenden in der eigenen – auch privaten – Lebensweise auszubilden, um den »Kampf um Anerkennung«[4] zu bestehen.[5] Die Ursache für weniger erfolgreiche oder unterbrochene Phasen wird dabei vornehmlich bei den Individuen selbst gesucht. Das Ausmaß, in dem Arbeitslose die Schuld für ihre Lage bei sich selbst suchen, zeugt davon.

Die Ökonomisierung der Gesellschaft hat problematische Folgen für das soziale Zusammenleben in einer Gesellschaft. Sie nutzt vorhandene Stereotype, Vorurteile und Ungleichwertigkeitsideologien, die einer Marktlogik folgen und soziale Gruppen nach einer kalten Kosten-Nutzen-Berechnung diskriminieren. Das ist aktuell besonders gut sichtbar an der Unterscheidung zwischen ökonomisch wertvollen, »benötigten« und ökonomisch vermeintlich weniger nützlichen Einwanderern und der Diskussion um die Frage, wer zahlt in die Sozialkassen und wer ist nur Belastung. In den Debatten zeigte sich, wie stark eine rein ökonomisch orientierte Betrachtung von Menschen Verbreitung findet und Legitimationen dafür anbietet, bestimmte Gruppen auszuschließen. Auch und insbesondere in der Agitation der PEGIDA-De-

---

2 Klaus Dörre/Kerstin Jürgens/Ingo Matuschek: Arbeit in Europa. Marktfundamentalismus als Zerreißprobe. Campus, Frankfurt a. M. 2014.

3 Siehe z. B. Ulrich Beck: Risikogesellschaft: Auf dem Weg in eine andere Moderne, Frankfurt a. M. 1986; Zygmunt Bauman: Flüchtige Zeiten. Leben in der Ungewissheit, Hamburg 2008.

4 Axel Honneth: Kampf um Anerkennung. Zur moralischen Grammatik sozialer Konflikte. Suhrkamp, Frankfurt a. M. 1992.

5 Siehe z. B. Thomas Lemke: Eine Kritik der politischen Vernunft, Hamburg 1997; Nicolas Rose: Das Regieren von unternehmerischen Individuen, in: Kurswechsel, in: Zeitschrift für gesellschafts-, wirtschafts- und umweltpolitische Alternativen, 2 (2000), S. 8-27; Bröckling 2007 (siehe Fußnote 1).

monstrationen wurde gefordert, zwischen politisch Verfolgten und »Sozialschmarotzern« zu unterscheiden, wobei die Anhänger selbst definierten, wer »Sozialschmarotzer« beziehungsweise »Wirtschaftsflüchtling« sei. Dabei beriefen sich die PEGIDA-Anhänger auf Bücher, wie »Deutschland schafft sich ab« von Thilo Sarrazin, das nach scheinbar rationalen, eben wirtschaftlichen Kriterien, unnütze Gruppen zum Beispiel nach rassistischen Intelligenzkriterien unterschied. Auch ein Neoliberalismus à la AfD ließ sich ohne Probleme mit einer Verdächtigung und Diskriminierung von Immigranten vereinbaren.

In der letzten Mitte-Studie der Friedrich-Ebert-Stiftung (»Fragile Mitte – Feindselige Zustände«) konnten wir zeigen, wie sehr mit einer unternehmerischen Selbstoptimierungsnorm (»sei erfolgreich«) scharfe Wettbewerbsideologien und ausgrenzende, ökonomistische Bewertungen von Menschen einhergehen.[6] Das haben wir als *marktförmigen Extremismus*[7] bezeichnet. Drei Facetten beschreiben dieses Phänomen: ein *unternehmerischer Universalismus*, eine *Wettbewerbsideologie* und *ökonomistische Werthaltungen*. Die Analyse dieses Extremismus, der geradezu unpolitisch erschien, zeigt deutlich, wie eng er mit rechtsextremen Orientierungen und mit Abwertungen gegenüber Gruppen verbunden ist, die als unprofitabel oder gar nutzlos im ökonomischen Sinne erscheinen.[8]

Im folgenden Beitrag vertiefen wir diese Untersuchung zum marktförmigen Extremismus. Wir konzentrieren uns dabei auf die Frage, in welchen Bevölkerungsgruppen die drei Einzelfacetten verteilt sind. Wo sind welche Konstellationen ökonomisierter Einstellungen in der Gesellschaft zu finden?

---

6 Eva Groß/Andreas Hövermann: Marktförmiger Extremismus – ein Phänomen der Mitte?, in: Andreas Zick/Anna Klein, Fragile Mitte – Feindselige Zustände, hg. f. d. Friedrich-Ebert-Stiftung v. Ralf Melzer, Bonn 2014a, S. 102-118.

7 Von Extremismus wird gesprochen, da es sich in dieser Kombination um eine extreme Form marktförmigen Denkens handelt, die neben der unternehmerischen Selbstoptimierungsnorm auch die explizite Verehrung von Wettbewerb als Motor gesamtgesellschaftlichen Fortschritts, wie auch eine direkte Bewertung anderer Menschen nach reinen Kosten-Nutzen Kalkülen beinhaltet.

8 Eva Groß/Andreas Hövermann: Die Abwertung von Menschen mit Behinderung – Ein Element der Gruppenbezogenen Menschenfeindlichkeit im Fokus von Effizienzkalkülen, in: Behindertenpädagogik, 2 (2014b), S. 117-129; Eva Groß/Andreas Hövermann: Die Gefährdung des Sozialen im hochentwickelten Kapitalismus. Inklusion, Abwertung und Ausgrenzung im Namen neoliberaler Leitbilder, in: Jahrbuch für Pädagogik 2015. Frankfurt a. M., i. Dr.

Können wir Milieus unterscheiden? Nachdem sich marktförmiger Extremismus in bisherigen Studien (vgl. Groß/Hövermann 2014a) bereits in Form starker empirischer Zusammenhänge als Einfallstor für abwertende und rechtsextreme Einstellungen erwies, wird hier in einem abschließenden empirischen Schritt geprüft, inwieweit unterschiedliche Ausdrucksformen von marktförmigem Extremismus mit dem Teilen rechtspopulistischer Einstellungen einhergehen.[9]

1 Marktförmiger Extremismus in der deutschen Bevölkerung

Die drei Facetten des marktförmigen Extremismus werden theoretisch unterschieden und konnten in den Daten der Studie »Fragile Mitte – Feindselige Zustände« im Sommer 2014 anhand verschiedener Messinstrumente erfasst werden.[10]

Der *unternehmerische Universalismus* beschreibt eine verallgemeinerte neoliberale Norm der Selbstoptimierung, die auf scheinbar für alle verfügbare unternehmerische Tugend wie Kreativität, Flexibilität, Risikofreude, Innovation, Aktivität und Eigenverantwortung als Charaktereigenschaften baut. Sie zielt vor allem auf eine mangelnde Solidarität und eine Schuldzuschreibung bei fehlender Selbstoptimierung, ganz nach dem Motto »jeder ist seines eigenen Glückes Schmied.«[11] Groß und Hövermann zeigen, dass die Bevölkerung der verallgemeinerten neoliberalen Norm der Selbstoptimierung in weiten Teilen zustimmt.[12] Allerdings ist die Zustimmung stärker

9 Groß/Hövermann 2014a (siehe Fußnote 6).

10 Groß/Hövermann 2014a (siehe Fußnote 6); Dabei zeigte sich empirisch, trotz der unterschiedlichen Verbreitung in gesellschaftlichen Schichten ein Gesamtkonstrukt des marktförmigen Extremismus in der Bevölkerung: Personen, die der einen Facette zustimmten, stimmten tendenziell auch den anderen Facetten zu.

11 Zur Entwicklung der empirischen Messung siehe Eva Groß/Julia Gundlach/Wilhelm Heitmeyer: Die Ökonomisierung der Gesellschaft. Ein Nährboden für Menschenfeindlichkeit in oberen Status- und Einkommensgruppen, in: Wilhelm Heitmeyer (Hg.), Deutsche Zustände, Folge 9. Berlin 2010, S. 138-157.

12 Groß/Hövermann 2014a (siehe Fußnote 6).

in der mittleren und insbesondere der oberen sozialen Schicht.[13] Die *Wettbewerbsideologie* umfasst die Forderung nach einem allgegenwärtigen Wettbewerb, um Fortschritt und Erfolg zu erzielen. Diese Ideologie scheint mit Zustimmungsraten zwischen 50 und 60 Prozent in der deutschen Bevölkerung ebenfalls eine fest verankerte, über verschiedene Schichten verbreitete Norm zu sein.[14] *Ökonomistische Werthaltungen* beurteilen Menschen in einer Gesellschaft generell nach ökonomischen Kriterien, wie ihrer Nützlichkeit.[15] Zwischen 11 und 18 Prozent der Befragten stimmen dieser Facette zu, wobei hier insbesondere Personen zustimmen, die selbst einer unteren sozialen Schicht angehören.[16]

2 Eine detaillierte Betrachtung der Verbreitung des marktförmigen Extremismus

Den bisherigen Beobachtungen zufolge lassen sich im Hinblick auf die Verbreitung und die Kombination der Facetten des marktförmigen Extremismus unterschiedliche Milieus beschreiben. Dies haben wir nun noch einmal mit Hilfe einer spezifischen Methode an den Daten der Studie »Fragile Mitte – Feindselige Zustände« geprüft. Mit der Methode der latenten Klassenanalyse (LCA) können wir nachzeichnen, welche Kombinationen der drei Facetten in der deutschen Bevölkerung in welchen Subpopula-

13 Die drei Items, denen auf einer 5-stufigen Skala (1 = »stimme überhaupt nicht zu« bis 5 = »stimme voll und ganz zu«) zugestimmt werden konnte, lauten (prozentuale Zustimmung Gesamtbevölkerung): »Wer nicht bereit ist, was Neues zu wagen, der ist selber schuld, wenn er scheitert« (62,1 Prozent); »Wer keine Ideen hat, wie er sich gut verkaufen kann, der ist selber schuld wenn er scheitert« (37,5 Prozent); »Wer sich nicht selbst motivieren kann, der ist selber schuld, wenn er scheitert« (56,0 Prozent).

14 Die beiden Items (5-stufig) lauten: »Der Schlüssel zum Erfolg ist, besser als die Anderen zu sein« (56,8 Prozent); »Fortschritt gibt es nur durch Wettbewerb« (61,8 Prozent).

15 Jürgen Mansel/Kirsten Endrikat: Die Abwertung von »Überflüssigen« und Nutzlosen als Folge der Ökonomisierung der Lebenswelt. Langzeitarbeitslose, Behinderte und Obdachlose als Störfaktor, in: Soziale Probleme, 18 (2) (2007), S. 163-185.

16 Die beiden Items (5-stufig), lauten: »Menschen, die wenig nützlich sind, kann sich keine Gesellschaft leisten« (10,9 Prozent); »Menschliche Fehler können wir uns nicht mehr leisten« (17,5 Prozent).

tionen auftreten.[17] Die Analyse ergibt fünf verschiedene Gruppen, die wir später danach untersuchen können, wie sehr sie sich in ihren rechtspopulistischen Orientierungen unterscheiden (zur Erfassung rechtspopulistischer Orientierung siehe den Beitrag von Küpper/Zick/Krause in diesem Band). In Abbildung 1 sind die fünf Gruppen anhand der unterschiedlichen Ausprägungen der Einzelfacetten des marktförmigen Extremismus aufgeführt (➠ siehe rechts Abb. 1).[18]

Die erste Gruppe – beziehungsweise im genauen methodischen Terminus »Klasse« – bezeichnen wir als »Nicht-Marktförmige«. Rund 12 Prozent der Befragten können dieser Klasse zugeordnet werden. Die dazu gehörenden Personen stimmen mit Abstand am wenigsten den drei Facetten des marktförmigen Extremismus zu. Die nächsten drei Klassen teilen relativ stark die Normen der Selbstoptimierung und des Wettbewerbs, aber sie lassen sich anhand der Facette der ökonomistischen Werthaltungen unterscheiden. Die Klasse der »Marktförmigen ohne ökonomistische Werthaltungen« ist die größte Klasse (30,1 Prozent). Diese Gruppe teilt zwar die ökonomischen Normen der Selbstoptimierung und vor allem des allgegenwärtigen Wettbewerbs, jedoch werden diese Ideale nicht auf die Bewertung ganzer Bevölkerungsgruppen übertragen. Die Klasse der »Marktförmigen mit leicht ökonomistischen Werthaltungen« ist mit knapp 31 Prozent der Befragten ähnlich groß und unterscheidet sich von der vorherigen Klasse vor allem darin, dass

17 Die LCA ist ein Klassifikationsverfahren, mit dem beobachtbare diskrete Variablen zu latenten Variablen zugeordnet werden, indem Typologien entwickelt werden, die empirisch überprüft werden. Der Vorteil gegenüber klassischen Methoden der Clusteranalyse liegt in der modellbasierten und Messfehler berücksichtigenden Technik, bei der zum Schätzen von Clusterzentren ein wahrscheinlichkeitsbasierter Ansatz anstelle von Ad-hoc-Kriterien verwendet wird. Zwei Arten von Informationen bezüglich der Klassenzugehörigkeit der Befragten werden von LCA-Verfahren geliefert: Wahrscheinlichkeiten der Zuordnung der Befragten zu den verschiedenen Klassen und eine Variable, die die wahrscheinlichste latente Klassenzugehörigkeit für eine Person angibt. Basierend auf letzterer Variablen erfolgen die folgenden Analysen; Paul F. Lazarsfeld/Neil W. Henry: Latent structure analysis. Boston 1968.

18 Anhand verschiedener Schwellenwerte lässt sich in LCAs erkennen, welche Anzahl an Klassen am besten zu den Daten passt. Im vorliegenden Fall kann anhand des VLMR (Vuong-Lo-Mendell-Rubin)-Tests sowie des Entropy-Werts eine Entscheidung für fünf Klassen gefällt werden. Dabei gibt der VLMR-Wert die Wahrscheinlichkeit dafür an, ob eine Erhöhung der Anzahl der Klassen die Klassifizierung verbessert.

Übersicht über die verschiedenen Klassen[19] **Abb. 1**

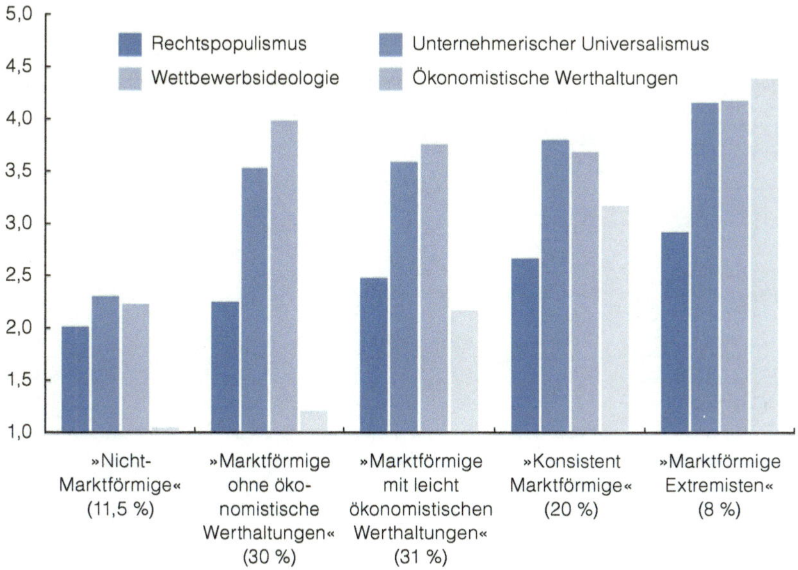

sie durchaus eine leichte Bereitschaft zur Bewertung von Gruppen unter Kosten-Nutzen-Kalkülen teilen. Die dritte Klasse – die »konsistent Marktförmigen« – umfasst knapp 20 Prozent der Befragten. Sie präferiert eine Bemessung der Gesellschaft nach einem unternehmerischen Universalismus, fordert eine Wettbewerbsideologie, vertritt aber auch überdurchschnittlich stark ökonomistische Werthaltungen. Die letzte Klasse vertritt alle Facetten des marktförmigen Extremismus besonders stark. Bei diesen immerhin knapp 8 Prozent der Befragten sind die Zustimmungen zu allen Aussagen höher, als in den anderen Klassen. Diese Gruppe vertritt ein klares marktförmiges Denken, auch in Bezug auf die Bewertung von Menschen.

19 Gebildet auf Basis latenter Klassenanalysen. In der Abbildung sind die Facettenmittelwerte der Klassenmitglieder abgetragen. Ein Klassenmittelwert von 5,0 für eine Facette würde somit bedeuten, dass alle der Klasse zugeordneten Befragten allen Aussagen der Facette voll und ganz zustimmen.

Soziodemografische Merkmale der Klassen **Abb. 2**

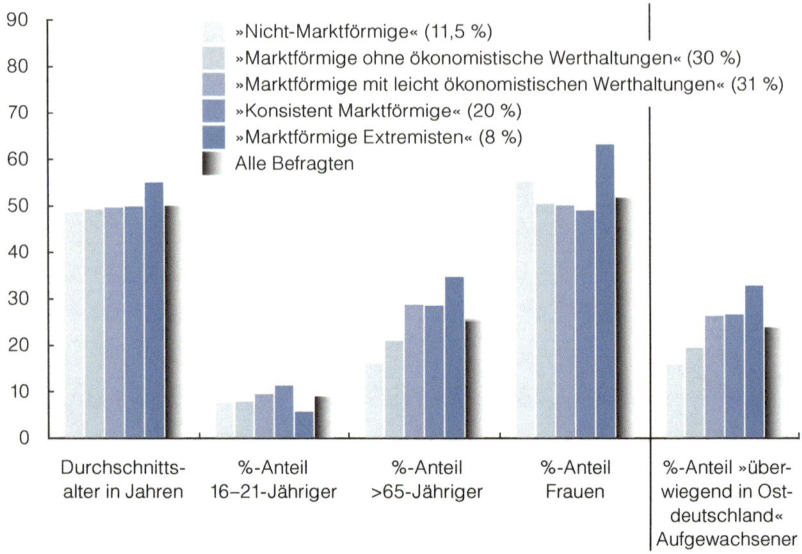

Die fünf Klassen können soziodemografisch über Alter, Geschlecht, Einkommen, den Bildungsstand sowie die ost- oder westdeutsche Herkunft weiter unterschieden werden (siehe Abb. 2 u. 3).

»Nicht-Marktförmige« sind im Durchschnitt jünger als alle anderen. Das liegt weniger daran, dass vor allem junge Befragte nicht-marktförmig orientiert sind, sondern nur sehr wenige Befragte über 65 Jahren dieser Klasse zugeordnet werden. Zudem sind überdurchschnittlich viele Frauen sowie in Westdeutschland aufgewachsene Befragte hier zuzuordnen, ebenso wie Befragte mit sehr hohem Einkommen und hohem Bildungsniveau.[20] Anders formuliert: Unter den »Nicht-Marktförmigen« sind besonders wenig alte Befragte und Ostdeutsche sowie viele Befragte mit hohem Einkommen. Der marktförmige Extremismus wird also gerade nicht von jenen getragen, die gemessen an Einkommen und Bildung besonders erfolgreich sind.

20 Interessant ist jedoch, dass zudem auch der Anteil der Befragten mit eher niedrigem und mittlerem Einkommen in dieser Klasse leicht erhöht ist.

Schichtmerkmale der Klassen **Abb. 3**

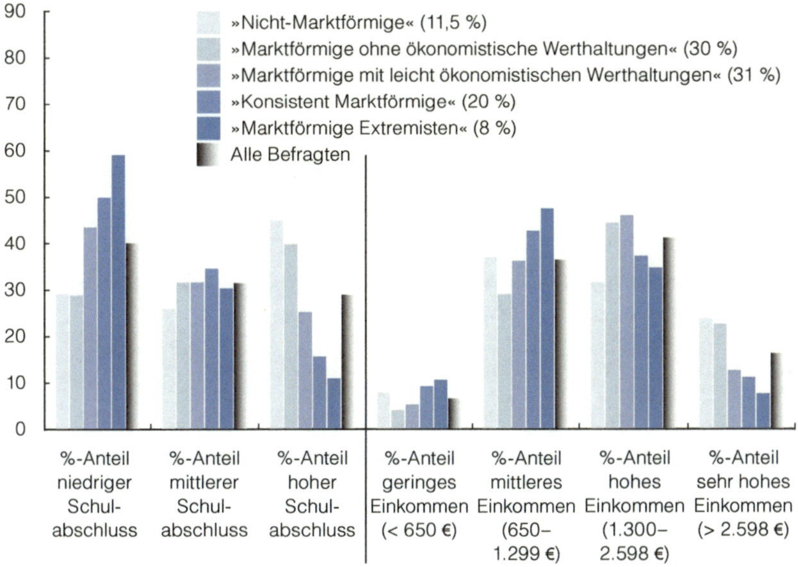

Die »Marktförmigen ohne ökonomistische Werthaltungen« setzen sich ebenso aus eher jüngeren Befragten und Westdeutschen zusammen. Hier finden sich besonders häufig Personen mit höherem oder mittlerem Schulabschluss, sowie Personen mit hohem und sehr hohem Einkommen.

Den »Marktförmigen mit leicht ökonomistischen Werthaltungen werden häufig weniger gebildete, jedoch gut verdienende männliche Befragte zugeordnet.

Die »konsistent Marktförmigen« sind von einer Alterspolarisierung geprägt. Besonders viele eher Jüngere und auch Ältere vertreten dieses Einstellungsmuster. Zudem vertreten eher Männer und leicht erhöht Ostdeutsche dieses Einstellungsmuster. Der Schulabschluss der Befragten und das Einkommen sind hier eher unterdurchschnittlich. Die »marktförmigen Extremisten« haben mit Abstand das höchste Durchschnittsalter mit einem sehr hohen Anteil an Personen über 65 Jahren. Dazu sind es außergewöhnlich viele Frauen und Befragte, die überwiegend in Ostdeutschland aufgewachsen sind. Schließlich ist der Anteil der Befragten mit niedrigem Schulabschluss sowie mit niedrigem oder mittlerem Einkommen am größten.

Die Analyse des marktförmigen Extremismus brachte fünf Gruppen hervor, die sich auch demografisch unterscheiden lassen. Gemessen an den zentralen drei Facetten lassen sich gewissermaßen auf einem Kontinuum jene, die nicht anfällig für einen marktförmigen Extremismus sind, von Personen unterscheiden, die sich in allen drei Facetten durch extrem marktförmiges Denken auszeichnen. Bei den PEGIDA-Spaziergängen liefen besonders viele Personen mit, die sich in unserer Analyse durch marktförmige Forderungen auszeichnen.[21] Im nächsten Schritt untersuchen wir das Ausmaß, in welchem die Gruppen rechtspopulistische Orientierungen aufweisen, wie sie bei PEGIDA und ihren Ablegern auch vertreten waren.

3 Der Rechtspopulismus der marktförmigen Extremisten

Eine rechtspopulistische Orientierung wird hier als Einstellungsmuster bestehend aus Demokratiemisstrauen, autoritärer Orientierung sowie der Abwertung von Minderheiten definiert (siehe dazu den Beitrag von Küpper/Zick/Krause in diesem Band). In Abbildung 4 ist abgebildet, wie stark der Rechtspopulismus in den fünf dargestellten Klassen verbreitet ist. Es wird unmittelbar klar, wie sehr eine generell stärkere Zustimmung zum marktförmigen Extremismus mit einem höheren Ausmaß an Rechtspopulismus einhergeht. Die Befragten, die extrem marktförmige Einstellungsmuster haben, weisen den stärksten Zuspruch zu rechtspopulistischen Meinungen auf. Dem marktförmigen Extremismus entspricht ein Rechtspopulismus, der autoritär, demokratiemisstrauisch und menschenfeindlich ist.

21 Hans Vortländer: Wer geht zu Pegida und warum? Eine empirische Untersuchung von PEGIDA-Demonstranten in Dresden, in: Schriften zur Verfassung und Demokratieforschung, 1 (2015); Lars Geiges/Stine Marg/Franz Walter: Pegida. Die schmutzige Seite der Zivilgesellschaft? Bielefeld 2015.

Durchschnittliches Ausmaß an Rechtspopulismus bei Befragten in den jeweiligen Klassen (abgetragen sind Skalenmittelwerte) **Abb. 4**

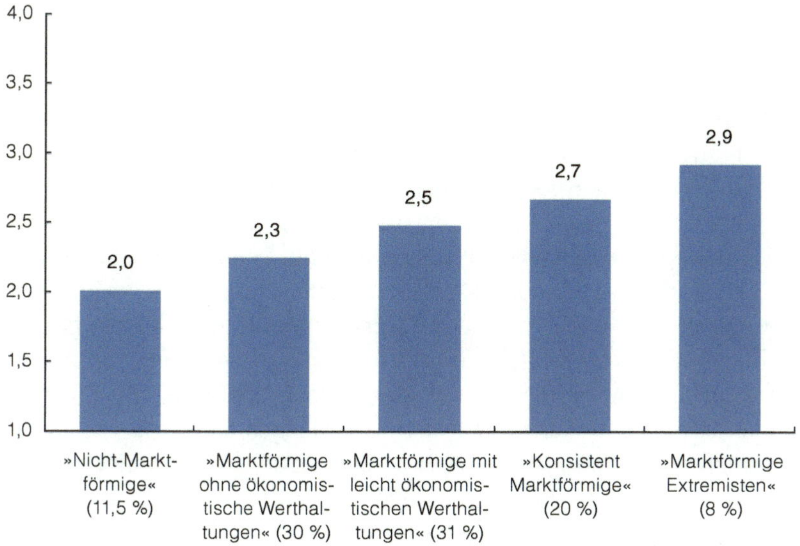

4 Marktförmiger Extremismus und Rechtspopulismus in verschiedenen soziodemografischen Untergruppen

Ökonomistische Einstellungen lassen sich in weiten Teilen der Bevölkerung aufzeigen. Die Norm der Selbstoptimierung wird einheitlich mit der Wettbewerbsideologie in vier der fünf Klassen geteilt und von knapp 90 Prozent der Befragten geäußert. Generell erweisen sich die ökonomistischen Werthaltungen, also die Frage inwieweit zusätzlich zu den Normen auch eine Bereitschaft dahingehend besteht, Menschen ökonomisch abzuwerten, als Hauptunterscheidungsmerkmal für die Klassenzuordnung. Ökonomistische Werthaltungen sind bei den »konsistent Marktförmigen« bereits hoch, bei den »marktförmigen Extremisten« jedoch nahezu durchgängig verbreitet. Knapp

28 Prozent der Befragten lassen sich diesen beiden Klassen zuordnen. Dort sind ökonomisierte Einstellungen so klar vertreten, dass dies schwache Gruppen in der Gesellschaft, also jene die als unprofitabel diskriminiert werden, massiv durch Abwertung gefährdet. Zählt man die Gruppe der »Markförmigen mit leicht ökonomistischen Einstellungen« noch dazu, so beobachten wir bei mehr als der Hälfte der Befragten (58,4 Prozent) Einstellungsmuster, bei denen sich in die scheinbar unverdächtigen neoliberalen Normen der Selbstoptimierung und des Wettbewerbs übergreifende Kosten-Nutzen-Bewertungen von Menschen einschleichen.

Genau diese Zusammensetzung marktförmigen Denkens ist problematisch für den gesellschaftlichen Zusammenhalt. Denn je stärker Personen die Gesellschaft – und andere Menschen – unter ökonomistischer Prämisse beurteilen, desto anfälliger sind sie für rechtspopulistische Meinungen beziehungsweise umgekehrt, bieten sich ökonomistische Argumente als Legitimation für die Abwertung schwacher sozialer Gruppen an.

Es fällt auf, dass gerade jene an den Markt glauben, die hier selbst schlechte Karten haben: Personen mit niedriger Bildung und geringem Einkommen. Denn je niedriger das Bildungsniveau der Befragten ist, desto stärker betrachten sie die Gesellschaft nach Marktgesetzen. Ähnlich, wenn auch weniger eindeutig, verhält es sich bei jenen mit niedrigem Einkommen.

Bei den extrem Marktförmigen beobachten wir neben einem relativ hohen Anteil an Niedrigverdienern auch den höchsten Anteil an Personen mit mittlerem Einkommen. Zudem gehören der Klasse der »Nicht-Marktförmigen« auch überdurchschnittlich viele Personen mit geringem Einkommen an. Anhand des Einkommens lässt sich also der Schichteffekt – je niedriger die Schicht, desto extremer die marktförmigen Einstellungen – wie in der Verteilung der Bildung zwischen den Gruppen angedeutet, nicht eindeutig bestätigen. Vielmehr ließe sich auch von einem Phänomen der Einkommensmitte sprechen. Von einfachen linearen Interpretationen des Einflusses von Schicht auf marktförmigen Extremismus muss hier also abgesehen werden.

Auch das Geschlecht spielt eine Rolle bei der Beurteilung. Frauen fallen mit hohen Werten in den Extremgruppen auf. Unter den »marktförmigen Extremisten« sind vor allem in Ostdeutschland lebende niedriggebildete und eher alte Frauen auffällig. Zum anderen jedoch auch höher gebildete, in den Arbeitsmarkt integrierte Westdeutsche in der Klasse der »Nicht-Marktförmigen". Männer finden sich eher in den Zwischenklassen, in denen die ökonomisierten Normen geteilt werden, diese jedoch nicht ganz so stark mit einer Abwertungsbereitschaft gegenüber Gruppen verbunden werden.

Mit Blick auf die Ost-West-Herkunft der Befragten ist der Befund relativ eindeutig: Befragte, die im Osten aufgewachsen sind, teilen deutlich stärker extremere Formen marktförmigen Denkens als Befragte aus dem Westen. Dies ist unseres Erachtens auf eine schwächere Integrationskraft von demokratischen Institutionen in Ostdeutschland zurückzuführen, sodass Instanzen fehlen, die nicht-marktförmige Wertmuster vermitteln.[22]

Abschließend betonen wir noch einmal die Erkenntnisse bezüglich des Alters. Einerseits fallen bei den extremen Formen marktförmigen Denkens die älteren Befragten besonders auf. Andererseits folgen gerade die jüngsten Befragten zwischen 16 und 21 Jahren auffallend häufig einem extrem marktförmigen Denken. Dies erscheint vor dem Hintergrund bedenklich, da gerade diese Paarung marktförmigen Denkens – neoliberale Wettbewerbs- und Selbstoptimierungsnormen mit der ökonomistischen Bewertung von Bevölkerungsgruppen –, wie sie bei den marktförmigen Extremgruppen anzufinden ist, ein Einfallstor für Menschenfeindlichkeit im Namen von Effizienz darstellt.[23] Hinzu kommt, wie hier gezeigt werden konnte, dass diese Form marktförmigen Denkens eng mit rechtspopulistischen Einstellungen zusammenhängt. Ob sich die ökonomistischen Bewertungen dann auf zuwandernde, flüchtende oder aber alteingesessene vermeintlich »nutzlose« Gruppen beziehen, hängt von dem sozialen Kontext und den Stimmungen in der Bevölkerung ab.

Insgesamt machen die Analysen deutlich, wie eng der Zusammenhang zwischen der Anfälligkeit für Rechtspopulismus und extremen Vorstellungen ist, wonach Marktgesetze alle gesellschaftlichen Bereiche durchdringen sollten. Dabei ist der Rechtspopulismus attraktiv für Menschen, die selbst Gefahr laufen, den Marktkriterien nicht zu genügen. Der Hass, die Wut und

22 Andreas Hövermann: Anomia, institutionelle Anomie und Vorurteile – Der Beitrag ausgewählter anomietheoretischer Ansätze zur Erklärung von Gruppenbezogenen Menschenfeindlichkeit. Dissertation an der Fakultät für Soziologie, Bielefeld. 2015.

23 Groß/Hövermann 2014a (siehe Fußnote 6), Groß/Hövermann 2014b (siehe Fußnote 8), Groß/Hövermann im Druck (siehe Fußnote 8).

die Abwertung der Anderen, der Abweichenden und Nicht-Konformen dient der Demonstration der eigenen Integration in eine nach Leistung beurteilende Gesellschaft und suggeriert dabei zugleich die eigene Leistungsfähigkeit: Wer dazu gehört, muss ja leistungsfähig sein. Vielleicht sind PEGIDA und die AfD auch deshalb erfolgreich, weil ihr Rechtspopulismus die Verheißung verspricht, dass die Abwertung anderer nicht nur legitim sei, sondern auch zur Durchsetzung der Besten führe, zu denen man selbst gerne gehören würde.

Die Veränderungen der Parteienlandschaft durch das Aufkommen der AfD – ein dauerhaftes Phänomen?

Frank Decker

1 Entstehungsursachen und -hintergründe der AfD

Auf der Landkarte des europäischen Rechtspopulismus war die Bundesrepublik Deutschland lange Zeit ein weißer Fleck. Zwar hat es auch hier seit Mitte der 1980er-Jahre gelegentliche Wahlerfolge verschiedener rechtspopulistischer und rechtsextremer Gruppierungen gegeben – von den Republikanern über die Schill-Partei bis hin zur NPD. Diese blieben aber im Wesentlichen auf die regionale Ebene der Landtagswahlen beschränkt und führten nicht zur dauerhaften Etablierung einer Rechtsaußenpartei im nationalen Rahmen.[1] Mit dem Aufkommen der euro(pa)kritischen Alternative für Deutschland (AfD) änderte sich das. Bei der Bundestagswahl 2013 noch knapp an der Fünf-Prozent-Marke gescheitert, gelang dem Neuankömmling ein gutes Jahr nach seiner Gründung bei den Europawahlen Ende Mai 2014 mit 7,1 Prozent der Stimmen ein medienwirksamer Erfolg. Noch bessere Ergebnisse erzielte die AfD bei den im Spätsommer folgenden Landtagswahlen in den ostdeutschen Ländern Sachsen, Brandenburg und Thüringen. Etwas geringer blieb der Zuspruch bei den Bürgerschaftswahlen in Hamburg (Februar 2015: 6,1 Prozent) und Bremen (Mai 2015: 5,5 Prozent), was jedoch ausreichte, um erstmals auch im Westen in Landesparlamente einzuziehen.

Stellt die Ankunft des neuen Rechtspopulismus im deutschen Parteiensystem eine Annäherung an den (west)europäischen Normalzustand dar, bleibt die Frage, warum das Phänomen erst seit jüngster Zeit so lautstark auftritt und organisatorische Strukturen ausbildet. Aus der vergleichenden

1 Vgl. Frank Decker, Warum der parteiförmige Rechtspopulismus in Deutschland so erfolglos ist, in: Vorgänge Nr. 1 (2012), S. 21-28.

Forschung weiß man, dass es in der Regel einer bestimmten gesellschaftlichen Krisenkonstellation bedarf – der amerikanische Historiker Lawrence Goodwyn[2] spricht von »populistischen Momenten« –, um solche Parteien und Bewegungen hervorzubringen. Im Falle der AfD war dies die Finanz- und Eurokrise. Sie öffnete das Gelegenheitsfenster für eine neue EU-kritische Partei, deren programmatische Kernforderungen – kontrollierte Auflösung der Währungsunion und Absage an eine weitere Vertiefung des europäischen Integrationsprozesses – geeignet waren, um daran eine breitere rechtspopulistische Plattform anzudocken.[3]

Betrachtet man die Entstehungsgeschichte der Partei genauer, zeigt sich, dass sie dabei auf ein bereits vorhandenes Netzwerk an gesellschaftlichen und politischen Strukturen zurückgreifen konnte. Die AfD fing also bei ihrer offiziellen Gründung im April 2013 durchaus nicht bei null an.[4] Als Vorläufer und Sammlungsbewegungen im Vorfeld sind unter anderem zu nennen: die im Gefolge des Maastricht-Vertrags 1993 entstandene und 2000 wieder aufgelöste europakritische Partei Bund freier Bürger, die Hayek-Gesellschaft, die Initiative Neue Soziale Marktwirtschaft, das Bündnis Bürgerwille, die Wahlalternative 2013 und das von Beatrix von Storch initiierte fundamentalchristliche Kampagnennetzwerk Zivile Koalition. Letzteres weist darauf hin, dass die Verbindung von wirtschaftlich liberalen und gesellschaftlich konservativen beziehungsweise nationalen Positionen in der politischen Stoßrichtung der Partei von Beginn an angelegt war.[5]

Neue Parteien entstehen entweder aus der Gesellschaft heraus oder als Abspaltung von bestehenden Parteien. Auch das letztere trifft auf die AfD mit gewissen Einschränkungen zu. Viele ihrer Führungsfiguren stammten und stammen aus dem bürgerlichen Lager von Union und FDP, hier allerdings

---

2 Lawrence Goodwyn, Democratic Promise. The Populist Moment in America, New York 1976.

3 Bei den etablierten rechtspopulistischen Parteien in Europa war es umgekehrt: Hier wurde die bestehende programmatische Formel durch die euro(pa)skeptischen Positionen erweitert und aktualisiert. Vgl. Frank Decker, Europäische Wutbürger. Welche Folgen für die EU hat das Erstarken des Rechtspopulismus?, in: MUT. Forum für Kultur, Politik und Geschichte Nr. 560 (September 2014), S. 6-15.

4 Vgl. David Bebnowski, Die Alternative für Deutschland. Aufstieg und gesellschaftliche Repräsentanz einer rechten populistischen Partei, Wiesbaden 2015, S. 19 ff.

5 Vgl. Sebastian Friedrich, Der Aufstieg der AfD. Neokonservative Mobilmachung in Deutschland, Berlin 2015.

nur aus der »zweiten Reihe«. So kehrte beispielsweise Bernd Lucke, der bis zu seinem Austritt im Juli 2015 das bekannteste Gesicht der Partei war und neben Alexander Gauland und Konrad Adam zu ihrem Gründungstrio gehörte, der CDU wegen deren Kurs in der Eurokrise den Rücken, während Gauland auf seine negativen Erfahrungen mit dem »Berliner Kreis« verweist – einem Zusammenschluss von Vertretern der Parteirechten innerhalb der CDU, der von der Vorsitzenden Angela Merkel und ihrem damaligen Generalsekretär Hermann Gröhe offen bekämpft wurde. (Gauland war 40 Jahre lang CDU-Mitglied und von 1987 bis 1991 Chef der hessischen Staatskanzlei.) Der frühere Industrieverbandspräsident Hans-Olaf Henkel fand wiederum – nach einem kurzen Umweg über die Freien Wähler – von der FDP zur AfD.

Die Abspaltungstendenzen lassen sich nachvollziehen, wenn man die Entwicklung bedenkt, die CDU und FDP in den letzten eineinhalb Jahrzehnten genommen haben. Die CDU hat sich unter Merkels Führung einerseits wirtschaftspolitisch »sozialdemokratisiert« und der von Merkel zu Beginn selbst noch favorisierten liberalen Reformagenda abgeschworen. Andererseits ist sie kulturell immer mehr in die Mitte gerückt, indem hergebrachte Positionen in der Familien- und Gesellschaftspolitik reihum aufgegeben wurden – von der Anerkennung gleichgeschlechtlicher Lebenspartnerschaften über die Einführung einer gesetzlichen Frauenquote in Unternehmen bis hin zur Öffnung für ein modernes Einwanderungsrecht liegt die Partei heute ganz auf der Linie des Zeitgeistes.[6] Der FDP gelang es unterdessen nicht, in der gemeinsamen Regierung ein Gegengewicht zur Union zu bilden. Als euroskeptische Stimme fiel sie aus, nachdem sich die Parteibasis in dem von Frank Schäffler angestrengten Mitgliederentscheid mit knapper Mehrheit für eine Unterstützung der Rettungspolitik ausgesprochen hatte. Und ihre Forderung nach Steuersenkungen konnte sie in der Koalition gegen den Widerstand der CDU/CSU nicht durchsetzen. Beide bürgerliche Parteien haben also durch ihren programmatischen Kurs und ihr Regierungshandeln eine Nische im Parteiensystem geöffnet, in die die AfD erfolgreich hineingesprungen ist.

6 Vgl. Frank Decker, Wenn die Populisten kommen. Beiträge zum Zustand der Demokratie und des Parteiensystems, Wiesbaden 2013, S. 82 ff.

Bei der Suche nach den Ursprüngen und Erfolgsursachen der Partei darf schließlich die Sarrazin-Debatte nicht unerwähnt bleiben. Die in Buchform[7] veröffentlichen Thesen des SPD-Politikers und früheren Bundesbankvorstands zum angeblichen Scheitern der Einwanderungs- und Integrationspolitik, die die Bundesrepublik im Sommer 2010 für mehrere Monate in Atem hielten, haben maßgeblich dazu beigetragen, den diskursiven Raum für den Rechtspopulismus zu öffnen. Dies gilt zumal, als Sarrazin dessen Programmformel mit Büchern zur Eurokrise[8] und Political Correctness[9] weiter ausbuchstabierte. Insofern könnte man ihn als eine Art *Spiritus Rector* der AfD bezeichnen und sich fragen, warum er nicht längst von der SPD zu den Rechtspopulisten übergewechselt ist.

2 Ideologische Einordnung und Programmatik

Im Falle der AfD war die Einordnung als rechtspopulistisch von Beginn an umstritten – auch in der wissenschaftlichen Diskussion. Dass die Partei selbst sich gegen das Etikett entschieden verwahrt hat, mag aus ihrer Sicht verständlich sein.[10] So setzte sie zum Beispiel alles daran, nach ihrem Einzug ins Europaparlament von der Fraktion der Konservativen aufgenommen zu werden, die mehrheitlich aus britischen Toryabgeordneten und Vertretern der polnischen Partei Recht und Gerechtigkeit besteht – gegen den Widerstand von Angela Merkel, die diesbezüglich sogar beim britischen Premierminister David Cameron intervenierte. Mit Parteien wie UKIP, die einen ge-

---

7 Thilo Sarrazin, Deutschland schafft sich ab. Wie wir unser Land aufs Spiel setzen, München 2010.

8 Thilo Sarrazin, Europa braucht den Euro nicht. Wie uns politisches Wunschdenken in die Krise geführt hat, München 2012.

9 Thilo Sarrazin, Der neue Tugendterror. Über die Grenzen der Meinungsfreiheit in Deutschland, München 2014.

10 Im Vorfeld der Europawahl kam es zu einer Kontroverse zwischen AfD-Sprecher Lucke und der Bundeszentrale für politische Bildung, nachdem diese in einem Parteienporträt auf ihrer Internetseite die Feststellung verbreitet hatte, die AfD »werde von weiten Teilen der Politikwissenschaft als rechtspopulistisch bezeichnet.« Verfasser des Artikels war der Duisburger Politikwissenschaftler Karl-Rudolf Korte. Lucke sah in der Formulierung eine Verletzung der Neutralitätspflicht der Behörde. »AfD empört über Bundeszentrale für politische Bildung«, Frankfurter Allgemeine Zeitung vom 7. Mai 2014.

nerell europafeindlichen Kurs vertraten, wollte die AfD keinem Fall in Verbindung gebracht werden – geschweige denn mit dem harten Kern der europäischen Rechtspopulisten (Front National, Lega Nord, FPÖ, Vlaams Belang, Partij voor de Vrijheid).

Das Problem des Rechtspopulismusbegriffs liegt darin, dass er nicht nur eine wissenschaftliche Analysekategorie darstellt, sondern zugleich als wertgeladener Kampfbegriff in der politischen Auseinandersetzung herhalten muss.[11] Letzteres kann jedoch kein Grund sein, ihn in der Wissenschaft zu umgehen. Manche Beobachter wollten der Verlegenheit, die AfD als rechtspopulistisch einzustufen, entkommen, indem sie unter Verweis auf die Personalquerelen und Richtungskonflikte in der Partei behauptet haben, diese bestehe aus drei im Grunde unverträglichen Strömungen: einer wirtschaftsliberalen, einer national-konservativen und einer rechtspopulistischen.[12] Darin liegt aber ein Missverständnis, denn die Strömungen sind nicht nur miteinander vereinbar, sondern in gewisser Hinsicht sogar aufeinander bezogen. Zusammen bilden sie die programmatische und elektorale »Gewinnerformel« der neuen Rechtsparteien, in die sich auch die euroskeptischen Positionen problemlos einfügen.[13] Der Populismus fungiert dabei als übergreifendes Scharnier. Er steht für die Anti-Establishment-Orientierung der Partei, die bereits im Namen »Alternative« zum Ausdruck kommt, und für ihren Anspruch, das »eigentliche« Volk beziehungsweise dessen schweigende Mehrheit zu vertreten. Dafür lassen sich in den Wahlkampfäußerungen der AfD zahlreiche Belege finden, worüber das an dieser Stelle eher zurückgenommen klingende Programm bewusst oder unabsichtlich hinwegtäuscht. Des Weiteren teilt die AfD mit dem Mainstream des europäischen Rechtspopulismus die – aus der Systemkritik abgeleitete – Forderung nach mehr direktdemokratischen Beteiligungsrechten, die sich laut ihren politischen Leitlinien am »Schweizer Vorbild« orientieren sollen.

Die wirtschaftsliberalen und konservativen Positionen der Partei stellen ebenfalls keinen Gegensatz dar. Sie werden in einem nationalen »Besitzstands- oder Wettbewerbspopulismus« zusammengeführt, der die Überle-

11 Vgl. Frank Decker, Der neue Rechtspopulismus, 2. Aufl., Opladen 2004, S. 21 ff.

12 Vgl. z. B. Alban Werner, Vor der Zerreißprobe: Wohin treibt die AfD? In: Blätter für deutsche und internationale Politik 60 (2015) H. 2, S. 85 f.

13 Vgl. F. Decker (Anm. 3).

genheit des eigenen Wirtschaftsmodells gegenüber anderen Ländern und Kulturen betont. Die aktuelle Misere der Südländer im Euroraum spielt dieser Argumentation in die Hände, lässt sie sich doch mit der vermeintlichen deutschen Tugendhaftigkeit unmittelbar verknüpfen. Dasselbe gilt für das von der AfD gegen den bestehenden Sozialstaat hochgehaltene Bild einer »Leistungsgesellschaft«, das sich zum Beispiel in der Konzeption einer ausschließlich auf Nützlichkeitsüberlegungen beruhenden Zuwanderungspolitik niederschlägt. Dies schließt sowohl an christlich-konservative als auch ordoliberale Ordnungsvorstellungen an.[14]

In der heutigen Politikwissenschaft fasst man die politischen Streitfragen in der Regel zu zwei gesellschaftlichen Grundkonflikten zusammen: dem sozioökonomischen Verteilungs- und dem soziokulturellen Wertekonflikt. Im ersten Falle stehen sich die Grundpositionen der Markfreiheit und sozialen Gerechtigkeit als rechte und linke Pole gegenüber, im zweiten Falle konservativ-autoritäre und libertäre Werthaltungen. Legt man dieses Schema zugrunde, lässt sich die AfD in beiden Fällen eindeutig auf der Rechten verorten.[15] Wirtschaftspolitisch liegt sie mit ihren liberalen Positionen in etwa auf derselben Linie wie die FDP[16], gesellschaftspolitisch rangiert sie deutlich rechts von der CDU und etwas weniger deutlich rechts von der CSU. Die starke Betonung der Marktfreiheit unterscheidet die AfD vom harten Kern des europäischen Rechtspopulismus, der heute eher sozialprotektionistische und somit wirtschaftspolitisch linke Positionen vertritt. Andererseits wirken die konservativ-autoritären Positionen der Rechtspopulisten in der Gesellschaftspolitik auch auf linke Wähler anziehend, da diese in den kulturellen Fragen häufig weiter rechts stehen als die von ihnen eigentlich bevorzugten sozialdemokratischen oder sozialistischen Parteien (»*working-class authoritarianism*«).

14 Vgl. David Bebnowski/Lisa Julika Förster, Wettbewerbspopulismus. Die Alternative für Deutschland und die Rolle der Ökonomen, Frankfurt a. M. 2014 (Otto-Brenner-Stiftung).

15 Vgl. Oskar Niedermayer, Eine neue Konkurrentin im Parteiensystem? Die Alternative für Deutschland, in: ders. (Hg.), Die Parteien nach der Bundestagswahl 2013, Wiesbaden 2015, S. 192 ff.

16 Dies gilt auch für die Forderung nach einer kontrollierten Auflösung der Währungsunion, die in der Konsequenz, aber nicht in ihrer wirtschaftspolitischen Begründung von einigen linken Autoren wie z. B. Wolfgang Streeck geteilt wird. Vgl. ders., Gekaufte Zeit. Die vertagte Krise des demokratischen Kapitalismus, Berlin 2013, S. 237 ff.

Schwieriger zu beantworten ist die Frage, ob die AfD eher zu den radikalen oder zu den gemäßigten Vertretern des Rechtspopulismus zählt.[17] In Europa kommen beide Spielarten vor, wie die Beispiele des französischen Front National auf der einen und der norwegischen Fortschrittspartei auf der anderen Seite zeigen. In der AfD haben die verschiedenen Ausrichtungen von Beginn an miteinander gerungen. Während der Ökonomenflügel um Bernd Lucke und Hans-Olaf Henkel den Hauptakzent auf das Eurothema legte und eine wirtschaftsliberale Ausrichtung der Partei präferierte, setzte der von Frauke Petry und Alexander Gauland angeführte »nationalkonservative« Flügel stärker auf die »identitätspolitischen« Themen und eine aggressive populistische Wähleransprache. Neben der Zuwanderung nahmen dabei auch familien- und geschlechterpolitische Fragen[18] relativ prominenten Raum ein, was einen gewissen Unterschied zu den meisten anderen rechtspopulistischen Parteien in Europa markiert.[19]

Weil der wirtschaftsliberale Flügel in der Führung personell dominierte, trägt die offizielle Programmatik der AfD, die in ihren politischen Leitlinien und den Programmen zur Bundestags- und Europawahl niedergelegt wurde, bis heute dessen Handschrift.[20] In den Wahlkampagnen waren allerdings von Beginn an andere Töne zu vernehmen. Das galt insbesondere für die neuen Bundesländer, wo das Thema nationale Identität, gepaart mit fremdenfeindlichen Positionen und einem rigorosen Anti-Establishment-Diskurs, mehr Resonanz versprach als im Westen. Weil sich die gemäßigten Vertreter um Bernd Lucke in diesen Sog freiwillig hineinziehen ließen, konnte man ihnen später den Vorwurf machen, zum Erstarken der radikalen Kräfte in der AfD selbst beigetragen zu haben.

---

17 Vgl. Robert Grimm, The Rise of the German Eurosceptic party Alternative für Deutschland between ordoliberal critique and popular anxiety, in: International Political Science Review 36 (2015) H. 3, S. 264-278.

18 Vgl. Andreas Kemper, Keimzelle der Nation? Familien- und geschlechterpolitische Positionen der AfD – eine Expertise, Berlin 2014 (Friedrich-Ebert-Stiftung).

19 Vgl. Inken Behrmann, D-Mark, Familie, Vaterland: Die AfD nach Lucke, in: Blätter für deutsche und internationale Politik 60 (2015) H. 8, S. 99-107.

20 Vgl. Simon Tobias Franzmann, Die Wahlprogrammatik der AfD in vergleichender Perspektive, in: Mitteilungen des Instituts für Parteienrecht und Parteienforschung 20 (2014), S. 115-124.

Schon bei der Bundestagswahl 2013 zeigte sich, dass die kritische Haltung der Wähler gegenüber der Zuwanderung ein wichtigeres Motiv für die Wahl der AfD abgab als deren euroskeptische Positionen, die im Mittelpunkt des Wahlprogramms standen.[21] Bei der Europawahl wurde die Einwanderung von den AfD-Wählern genauso häufig als ausschlaggebendes Thema für ihre Wahlentscheidung genannt wie die Stabilität der Währung (40 gegenüber 41 Prozent). In der Gesamtwählerschaft waren es nur 13 gegenüber 29 Prozent. Andere Untersuchungen zeigen, dass die AfD-Wähler stark von Protestmotiven geleitet werden, die sich aus der Unzufriedenheit mit der bestehenden Demokratie speisen. Fast die Hälfte von ihnen stimmt der These zu, dass »Deutschland eine starke Führungspersönlichkeit (braucht), die schnell über alles entscheiden kann«.[22] Das Überwiegen rechter Einstellungsmuster in der AfD-Wählerschaft lässt sich auch an ihrer Unterstützungsbereitschaft der Dresdner PEGIDA-Bewegung ablesen. Obwohl diese wegen ihrer fremdenfeindlichen und rechtsextremen Tendenzen von den AfD-Offiziellen – allerdings mit erkennbaren Akzentunterschieden[23] – auf Distanz gehalten wurde, äußerten 76 Prozent der AfD-Wähler Verständnis für die Proteste. Von allen Wählern wollten dies nur 22 Prozent so sehen; selbst unter den Nichtwählern lag der Wert mit 36 Prozent deutlich darunter.[24]

Dass sich die Gewichte vom wirtschaftsliberalen zum nationalkonservativen Flügel allmählich verschoben und die Zeichen nach der Europawahl 2014 auf eine Radikalisierung hindeuteten, lag nicht zuletzt am Wegbrechen des für die AfD bis dahin zentralen Eurothemas. Die Krise der Währungsunion, aus der man vorher Kapital schlagen konnte, hatte sich inzwischen weitgehend auf das Problem Griechenland reduziert. Dessen Austritt aus dem Euro, der »Grexit«, wurde nun als Szenario auch offiziell erwogen, weil man von ihm keine Ansteckungsgefahr mehr für die übrigen Krisenländer und die EU

21 Vgl. Rüdiger Schmitt-Beck, Euro-Kritik, Wirtschaftspessimismus und Einwanderungsskepsis: Hintergründe des Beinahe-Erfolgs der Alternative für Deutschland (AfD) bei der Bundestagswahl 2013, in: Zeitschrift für Parlamentsfragen 45 (2014) H. 1, S. 94-112.

22 Nicole Berbuir/Marcel Lewandowsky/Jasmin Siri, The AfD and its Sympathisers: Finally a Right-Wing Populist Movement in Germany?, in: German Politics 24 (2015) H. 2, S. 168 f.

23 Vgl. Lars Geiges/Stine Marg/Franz Walter, Pegida. Die schmutzige Seite der Zivilgesellschaft?, Bielefeld 2015, S. 151 ff.

24 Zahlen von TNS Infratest.

als ganze befürchtete. Die Kernforderung der AfD war damit im Grunde Teil der Regierungspolitik geworden – symbolisiert in der Person des christdemokratischen Finanzministers Wolfgang Schäuble. Selbst in ihrem Hamburger Wahlkampf im Januar/Februar 2015 spielte das Thema Griechenland für die AfD nur noch eine Nebenrolle, obwohl die Diskussion um die Rettungsmaßnahmen nach dem Machtwechsel in Athen zu diesem Zeitpunkt wieder voll im Gange war. Stattdessen rückte durch die terroristischen Bedrohungen des Islamischen Staates und den starken Zustrom von Asylbewerbern und Flüchtlingen das rechtspopulistische Hauptanliegen der (nationalen) Identität immer mehr in den Vordergrund. Von daher war es absehbar, dass sich die Aufmerksamkeit der Partei eher diesem Komplex zuwenden würde, zumal dieser auch im Zentrum der mittlerweile entstandenen PEGIDA-Bewegung stand.

3 Innere Entwicklung und Spaltung der Partei

Dass es innerhalb der AfD unterschiedliche Auffassungen über die Akzentuierung und thematische Aufhängung der rechtspopulistischen Ideologie gegeben hat, ist nichts Ungewöhnliches. Das Ringen verschiedener Strömungen um den richtigen Kurs gehört zum Wesen jeder Partei. Gut fliegen kann nur, wer starke Flügel hat. Das Bild mag zwar etwas abgegriffen sein; es erinnert aber daran, dass Parteien, die eine breite Wählerschaft erreichen wollen, auch programmatisch eine bestimmte Bandbreite benötigen. Dies funktioniert allerdings nur bis zu einer gewissen Grenze. Zum einen gilt, es die unterschiedlichen Positionen zu inhaltlich vernünftigen Kompromissen und einem strategischen Gesamtkonzept zusammenzuführen. Zum anderen müssen die darüber entstehenden Konflikte so ausgetragen werden, dass sie nicht in personelle Machtkämpfe ausarten und das im Wählerwettbewerb notwendige geschlossene Auftreten der Partei gefährden. Die AfD ist an beiden Herausforderungen gescheitert. Zur Entwicklung einer stabilen programmatischen Formel und gemeinsam getragenen Wettbewerbsstrategie war sie nicht in der Lage, weil die von den Vertretern des nationalkonservativen Flügels propagierten Positionen unvermeidlich dazu führen mussten, dass sie ein Problem mit der Abgrenzung zur rechtsextremen

Szene bekommen würde. Und zum friedlich-schiedlichen Konfliktaustrag fehlte es ihren Funktionären und Mitgliedern an der nötigen Erfahrung und Professionalität.

Ob es einen anderen Weg gegeben hätte, ist schwer zu sagen. Ein Teil des Problems lag sicher in der Person Bernd Luckes begründet, der weder willens noch fähig war, den Zusammenhalt der Partei über die ideologischen Trennlinien hinweg zu gewährleisten. Lucke hatte sich nicht nur ganz dem wirtschaftsliberalen Flügel verschrieben; er pflegte zugleich einen autoritären Führungsstil, der auf die Einbindung anderer Positionen wenig Wert legte und deshalb als selbstherrlich kritisiert wurde. Als Kopfmensch fehlte es ihm zudem an persönlicher Ausstrahlung und Charisma. Beides sollte aber in der Bedeutung nicht überbewertet werden. Auch in den anderen europäischen Ländern ist der charismatische Typus unter den Anführern der Rechtspopulismus heute längst nicht mehr so stark verbreitet wie vermutet. Er kennzeichnet vor allem die Entstehungsphase der Parteien. In der nachfolgenden Phase der Verstetigung haben sich diese meistens aus der Abhängigkeit von ihren Gründern (und deren charismatischen Eigenschaften) befreit und ihre Organisation den Mainstreamparteien angepasst.[25]

In der Bundesrepublik ist die Institutionalisierung durch die starke Verrechtlichung des Parteiwesens ohnehin vorgegeben. Rechtspopulisten hätten hierzulande also gar nicht die Möglichkeit, eine Partei nach dem »Führerprinzip« zu errichten, da Grund- und Parteiengesetz strenge demokratische Anforderungen an deren »innere Ordnung« stellen. Dass die so generierten Teilhabeansprüche der Basis einen kontrollierten Aufbau der Parteiorganisation erschweren, lässt sich an der Eskalation der personellen und Machtkonflikte in der AfD ablesen, die der Spaltung vorausgingen. Im Gebot innerparteilicher Demokratie liegt insofern ein größeres Erfolgshemmnis für die Rechtspopulisten als im Wahlrecht oder den Regeln der Parteienfinanzierung. Verschärft wird das Problem durch das von ihnen selbst propagierte plebiszitäre Demokratieverständnis, das sie konsequenterweise auch in der eigenen Organisation gelten lassen müssen. Dies zeigt sich zum Beispiel darin, dass die AfD häufig Mitgliederversammlungen anstelle von Delegierten entscheiden lässt. Mit ihrem Modell einer gleichberechtigten

25 Vgl. F. Decker (Anm. 11), S. 34 f.

Dreier- beziehungsweise Doppelspitze in der Führung weist sie zudem Organisationselemente auf, die wir in der Bundesrepublik bisher nur von den linken Parteien (Grüne und Die Linke) kannten.

Der Rechtsruck der AfD wurde dadurch begünstigt, dass nach den erfolgreich verlaufenen Bundestags- und Europawahlen im Spätsommer 2014 drei Landtagswahlen in Ostdeutschland anstanden. Die Partei erzielte dort bessere Ergebnisse als im Westen, was die Landesverbände als Bestätigung ihrer Linie auffassten, die bisherige Fixierung der AfD auf das Eurothema zugunsten einen breiteren rechtspopulistischen Plattform zu überwinden. Ehemalige Mitglieder der Republikaner, der Schill-Partei und der Partei »Die Freiheit« traten der AfD reihenweise bei und drangen nach und nach in ihre Vorstände ein. In fast allen Landesverbänden kam es darüber zu zum Teil heftig ausgetragenen Konflikten. Der Bundesvorstand versuchte dem durch eine Erweiterung seiner eigenen Befugnisse zu begegnen, was aber den Widerstand an der Basis erst recht provozierte.[26]

Spätestens Anfang 2015 zeichnete sich ab, dass die mehrheitlich aus Vertretern der Gemäßigten bestehende Parteiführung den Rückhalt der Funktionäre und Mitglieder der AfD verloren hatte. Lucke versuchte die Kontrolle über die Partei durch eine Satzungsänderung zurückgewinnen, nach der die AfD nach einer kurzen Übergangsphase nur noch von einem einzigen Vorsitzenden – ihm selbst – geführt werden sollte. Obwohl ihm der Bremer Parteitag Ende Januar 2015 darin folgte, erwies sich der Beschluss als Pyrrhussieg, da er weder die Zuspitzung des nun immer erbitterter ausgetragenen innerparteilichen Machtkampfes noch Luckes Niederlage gegen Frauke Petry bei der Wahl des/der Vorsitzenden auf dem Essener Parteitag Anfang Juli 2015 verhindern konnte.[27] Lucke stemmte sich gegen die Abwahl, indem er im Vorfeld des Parteitages seine Anhänger in einem eigenen Verein, dem »Weckruf 2015« versammelte. Dieser nahm die Spaltung der AfD vorweg. Bis Mitte Juli verließen mehr als 2.000 Mitglieder der AfD, darunter neben Lucke selbst mit Hans-Olaf Henkel, Ulrike Trebesius, Bernd Kölmel und Joachim Starbatty fast alle Protagonisten des wirtschaftsliberalen Flügels. Die Mitglieder des Weckrufs befürworteten mit großer Mehrheit die Gründung

26 Vgl. O. Niedermayer (Anm. 15), S. 201 ff.

27 »Flugversuche mit nur einem Flügel«, Frankfurter Allgemeine Zeitung vom 6. Juli 2015.

einer neuen europakritischen Partei unter Luckes Führung, die den Namen »Allianz für Fortschritt und Aufbruch« (ALFA) tragen soll.[28]

Die Chancen für die Neugründung sind gering. Denn wo sollte das Potenzial für eine solche »Luckepartei« liegen, die politisch zwischen der Rest-AfD und der FDP zu verorten wäre? Dies gilt zumal, wenn sich die letztere nach den für sie erfreulichen Wahlergebnissen in Hamburg und Bremen regeneriert. Als Hauptproblem dürfte sich erweisen, dass der Partei ihr wichtigstes Thema – die Kritik an der Währungsunion – aus den Händen rinnt, ohne dass andere Themen, die einen nennenswerte Wählermobilisierung versprechen, in Sicht sind. Von der FDP könnte sie sich zwar durch eine konservative Linie in der Rechts- und Gesellschaftspolitik abheben, die sie dann aber in unmittelbarer Konkurrenz zur Rest-AfD vertreten müsste.

Auch für diese dürften sich die Aussichten nach der Spaltung eintrüben. Blickt man auf die Motive, um derentwillen die AfD bisher gewählt worden ist, scheint der Abgang der gemäßigteren Teile der Partei zwar verschmerzbar. Dies gilt jedoch nur für die östlichen Landesverbände, die im Unterschied zu den Parteigliederungen im Westen kaum Austritte verzeichnen, weil sie sich längst zu einem Sammelbecken für den rechten Rand entwickelt haben. Ausgerechnet der sächsische Landesverband von Frauke Petry spielt hier eine unrühmliche Vorreiterrolle.[29] Die Wahrscheinlichkeit, dass sich die AfD unter diesen Vorzeichen zu einer Regionalpartei des Ostens entwickelt, ist hoch. Auch hier wird sich für die neue Führung um Petry aber das Problem der Abgrenzung nach ganz rechtsaußen unweigerlich stellen. An der Frage, wie man mit den rechtsextremen Kräften umgeht, sind in der Bundesrepublik in der Vergangenheit alle rechtspopulistischen Neugründungen gescheitert – von den Republikanern über den Bund freier Bürger bis hin zur Schill-Partei. Bei der AfD könnte sich diese Geschichte jetzt wiederholen.

28 »Ein Dokument der Abschreckung«, Frankfurter Allgemeine Zeitung vom 20. Juli 2015.
29 »Sing, mei Sachse, sing!«, Frankfurter Allgemeine Zeitung vom 21. Juli 2015.

4 Schlussbemerkungen

Bleibt der parteipolitische Rechtspopulismus damit einmal mehr eine bloße Episode? Diese Frage lässt sich auch nach der Spaltung der AfD nicht sicher beantworten. Die kurze Geschichte der Partei hat eindrucksvoll gezeigt, warum es den rechten Herausforderern hierzulande nach wie vor schwerer fällt, Fuß zu fassen, als in anderen europäischen Ländern. Zum einen ist die Gefahr, am eigenen organisatorischen Unvermögen zu scheitern, ohnehin stets gegeben. Zum anderen wird sie durch die restriktiven Bedingungen befördert, unter denen die Newcomer in der Bundesrepublik agieren müssen. Als »Hauptproblem« erweist sich dabei die Stigmatisierung des Rechtsextremismus infolge des nachwirkenden NS-Erbes. Parteien wie die AfD, die sich einen gemäßigten Anstrich geben, werden von rechtsextremen Kräften als Trittbrett genutzt, um eben diese Stigmatisierung zu überwinden. Damit stehen ihnen unweigerlich interne Konflikte über den Umgang mit den unerwünschten Unterstützern ins Haus, die ihr Ansehen und ihren Zusammenhalt früher oder später zu ruinieren drohen.[30]

Die Wahrscheinlichkeit, dass der AfD dasselbe Schicksal blüht, hat mit dem Abgang des Luckeflügels eher zugenommen. Die Partei wird dadurch zwar ideologisch homogener, was die Intensität der Richtungsstreitigkeiten vermindern und zu einer besseren, weil geschlosseneren Außendarstellung beitragen könnte. Andererseits dürfte der Rechtsruck ihre Sogwirkung im rechtsextremen Lager und damit die Gefahr einer Unterwanderung weiter erhöhen. Welche Folgen das hat, bleibt abzuwarten.

Rosiger sind die Aussichten für den Rechtspopulismus, wenn man den Blick von der Angebotsseite weg auf die Nachfrageseite lenkt. Die Motivlagen der AfD-Wähler lassen sich vielleicht mit dem Begriffspaar Unsicherheit und Unbehagen am besten umschreiben. Unsicherheit bezieht sich dabei mehr auf die soziale Situation, also die Sorge vor Wohlstandsverlusten, während Unbehagen auf kulturelle Entfremdungsgefühle abzielt, den Verlust vertrauter Ordnungsvorstellungen und Bindungen.[31] Dass die Angst vor den Fremden nicht unbedingt dort am größten ist, wo die meisten Fremden

30 Vgl. F. Decker (Anm. 1).
31 Vgl. L. Geiges/St. Marg/F. Walter (Anm. 23), S. 179 ff.

leben, ist keine neue Erkenntnis, ebenso wenig die Verbreitung rechtsextremer Einstellungsmuster bis in die Mitte der Gesellschaft.[32] Durch die Wahlerfolge der AfD im Osten und die PEGIDA-Demonstrationen wurde diese Angst jetzt wieder ins Bewusstsein gerückt. Vergegenwärtigt man sich die immensen Herausforderungen und den Veränderungsdruck, mit denen die europäischen Gesellschaften in den kommenden Jahren und Jahrzehnten konfrontiert sein werden – von der demografischen Entwicklung über die ökonomischen und ökologischen Probleme bis hin zu den anhaltenden Bedrohungen durch Terrorismus und Krieg – besteht kein Grund anzunehmen, dass sich an dieser Motivlage grundsätzlich etwas ändern könnte. Dem Rechtspopulismus werden also die Themen nicht ausgehen.

Die Analyse ihrer bisherigen Wahlergebnisse belegt, dass die AfD von allen anderen Parteien (und aus dem Lager der Nichtwähler) Stimmen abgezogen hat – ihre Verortung im rechten politischen Spektrum findet insofern keine Entsprechung auf der Wählerebene. Besonders ausgeprägt zeigt sich dieser Effekt in Ostdeutschland: So sind bei der Landtagswahl in Thüringen im September 2014 insgesamt mehr Wähler von den drei linken Parteien (Linke, SPD und Grüne) zur AfD übergelaufen als von CDU und FDP. Und in Brandenburg war es ausgerechnet die Linkspartei, die den größten Abfluss in Richtung der Rechtspopulisten hinnehmen musste.[33]

Dass die Wähler linker Parteien für konservativ-autoritäre Wert- und Ordnungsvorstellungen durchaus empfänglich sind, weiß man in den Sozialwissenschaften seit langem. Wahlerfolge der Rechtspopulisten tragen insofern dazu bei, dass sich die Achse des Parteiensystems insgesamt nach rechts verschiebt. Dies ist einerseits eine schlechte Nachricht für die deutsche Sozialdemokratie, weil es ihre Chancen für eine Rückeroberung des Kanzleramtes von der Union weiter vermindert. Andererseits schadet es CDU und CSU, die zumindest mittelfristig kein Interesse daran haben können, mit der AfD eine wie immer geartete Zusammenarbeit einzugehen. Deren Präsenz erhöht also sowohl die Polarisierung als auch die Segmentierung des Parteiensystems. Koalitionspolitisch könnte das bedeuten, dass neben einer

32 Vgl. Andreas Zick/Anna Klein, Fragile Mitte – Feindselige Zustände. Rechtsextreme Einstellungen in Deutschland 2014, hg. für die Friedrich-Ebert-Stiftung von Ralf Melzer, Bonn 2014.

33 TNS Infratest.

Großen Koalition in den alten Ländern und auf Bundesebene womöglich nur noch schwarz-grüne und in den neuen Ländern rot-rote beziehungsweise rot-rot-grüne Bündnisse mehrheitsfähig sind. Wie realistisch ein solches Szenario ist, wird sich schon im kommenden Frühjahr bei den Landtagswahlen in Baden-Württemberg, Rheinland-Pfalz und Sachsen-Anhalt andeuten.

Zwischen Euro-Kritik und rechtem Populismus: Merkmale und Dynamik des Rechtsrucks in der AfD

Alexander Häusler · Rainer Roeser

1 Einleitung

Der Aufstieg der »Alternative für Deutschland« (AfD) vollzog sich im Kontext der Eurokrise sowie der Sarrazin-Debatte in Deutschland, welche gleichermaßen die günstige politische Gelegenheit für die Herausbildung einer neuen rechtspopulistischen Partei offenbarten.[1] Trotz erheblicher innerparteilicher Konflikte gelang es der AfD, eine in Deutschland bis dato existente rechtspopulistische Lücke zu füllen und in politische Wahlerfolge umzumünzen. Doch ihre Erfolge verdankte die AfD dem konfliktreichen Zusammenwirken unterschiedlicher rechter Milieus: Neben ihrem wirtschaftsliberal-eurokritischen Flügel prägten zugleich ein nationalkonservativer und ein deutlich rechtsaußen affiner Flügel das politische Erscheinungsbild der AfD. Das Zusammenkommen dieser rechten Milieus unter einem parteipolitischen Dach erklärt sowohl deren bisherige politische Durchschlagskraft wie zugleich ihr inneres Konfliktpotenzial.

Der medial breit rezipierte Führungsstreit und die daraus erfolgte Abspaltung und Parteineugründung der Allianz für Fortschritt und Aufbruch (ALFA) durch den früheren AfD-Gründer Bernd Lucke stellt die bisherige Erfolgsgeschichte der jungen AfD in Frage. Offen ist bislang, ob nun AfD und ALFA in ihrer Konkurrenz zueinander ihren beiderseitigen Niedergang einleiten oder ob sich ein Konkurrent gegenüber dem anderen behauptet. Ebenfalls unklar ist, ob es der Neuausrichtung der AfD als »PEGIDA-Partei«

1 In einer früheren Publikation haben wir diese Entwicklung ausführlich beschrieben. (Alexander Häusler, Rainer Roeser: Die rechten »Mut«-Bürger. Entstehung, Entwicklung & Positionen der Alternative für Deutschland, Hamburg 2015).

gelingen kann, sowohl das steigende fremdenfeindliche Wählerpotenzial in Deutschland zu bündeln, ohne die Fehler vorangegangener erfolgloser Rechtsaußenparteien zu wiederholen.[2] In diesem Beitrag werden die aktuellen Entwicklungen der AfD im Kontext ihrer innerparteilichen Spaltung sowie die Merkmale eines Rechtsrucks im Kontext aktueller Debatten erläutert.

2 Innerparteilicher Machtwechsel und Abspaltung

Der innerparteiliche Machtwechsel war das Resultat einer spätestens Anfang des Jahres 2015 zutage tretenden Unzufriedenheit mit dem innerparteilichen Gebaren des früheren AfD-Vorsitzenden Bernd Lucke. Er büßte dramatisch an Vertrauen ein: zwischen Ende Januar/Anfang Februar, als ein Parteitag noch eine Satzung ganz nach seinem Geschmack beschlossen hatte, und dann Anfang Juli. Deutlich setzt sich danach seine Gegenkandidatin bei der Sprecherwahl auf dem Parteitag in Essen im Juli 2015 durch. 60 Prozent der anwesenden Mitglieder votieren für Petry, nur 38 Prozent für Lucke. Drei Gruppen bilden die neue Mehrheit, wobei die Übergänge oft fließend sind.[3] Vornweg das Lager um Petry und den immer mächtiger gewordenen NRW-Landeschef Marcus Pretzell, das für rechtspopulistische Töne sorgt. Rechts von ihnen trat ein radikaleres Lager mehr und mehr in die Öffentlichkeit. Es orientiert sich an der »Neuen Rechten« und klingt nicht selten völkisch-nationalistisch. Thüringens AfD-Landesvorsitzender Björn Höcke, der in Essen auf eine Kandidatur für den Vorstand verzichtete, gehört dazu, aber auch das neue Bundesvorstandsmitglied Andre Poggenburg oder gewichtige Teile der »Jungen Alternative«, der Nachwuchsorganisation der Partei, die nun mit Julius Flak im Vorstand vertreten ist.

Der Essener Parteitag vom ersten Juliwochenende 2015 versinnbildlichte somit den Rechtsruck der Partei – ein Rechtsruck, den die ursprüngliche Programmatik der AfD von 2013 sowie ihr Gründungspersonal nie

2 Zwar wurde auf einer PEGIDA-Demonstration Mitte September 2015 die Gründung einer PEGIDA-Partei angekündigt, was allerdings den inhaltlichen Schnittmengen zwischen PEGIDA-Demonstranten und AfD-Wählern keinen Abbruch tut.

3 Rainer Roeser: Pegida-Partei AfD, blick nach rechts, vom 6.7.2015. http://www.bnr.de/artikel/hintergrund/pegida-partei-afd, abgerufen am 4.9.2015.

ausgeschlossen hatten, der 2014 durch die Wahlerfolge in drei östlichen Bundesländern an Dynamik gewann und der schließlich in den ersten Monaten des Jahres 2015 deutlich an Tempo und Breite zunahm. Erkennbar wurde dies vor allem daran, dass nunmehr auch die westlichen Landesverbände – zuvor auf Luckelinie – sich offen für die rechtspopulistischen Themen der Partei zeigten. In seinem Grußwort zum Parteitag erklärte der NRW-Vorsitzende der Partei, Marcus Pretzell, dass die AfD nicht nur das Euro-Thema behandle, sondern ebenfalls eine »Pegida-Partei« sei.[4] Diese Äußerung ist im Kontext der vorhergegangenen Debatte um die Positionierung der Partei zu den rechtsgerichteten PEGIDA-Aufmärschen zu verstehen: Während sich Vertreter der ostdeutschen AfD-Landesverbände positiv zu den Inhalten von PEGIDA äußerten und den Dialog der sächsischen AfD mit den »besorgten Bürgern« guthießen, hatte sich das frühere AfD-Vorstandsmitglied Hans-Olaf Henkel als Vertreter des wirtschaftsliberalen Flügels dagegen ausgesprochen. Die beiden konkurrierenden Lager versuchten im Vorfeld des entscheidenden Parteitages, mit Erklärungen und Positionspapieren ihre Position zu festigen. Mit einer als »Weckruf« bezeichneten Unterschriftensammlung versuchte das Luckelager, die wirtschaftsliberalen Anhänger der Partei zu sammeln und gegen den konkurrierenden Rechtsaußenflügel in Frontstellung zu bringen. Allerdings erfuhr diese Initiative gegenteilige Wirkung, da sie von der Mehrheit der AfD-Mitglieder als parteispaltend wahrgenommen wurde. Daraus resultierend unterlag Bernd Lucke seiner Konkurrentin Frauke Petry im Kampf um die Führungsrolle deutlich. Aufgrund des Machtwechsels traten Lucke und Teile seiner Anhängerschaft aus der AfD aus – laut AfD-eigenen Informationen ungefähr zwanzig Prozent der Parteimitglieder. Die formale organisatorische Trennung erfolgte im Juli 2015 in Kassel, wo der unterlegene Luckeflügel die Gründung der AfD-Abspaltung Allianz für Fortschritt und Aufbruch (ALFA) verkündete. ALFA mit ihrem gewählten Vorsitzenden Lucke versucht nun, sich als AfD-Abspaltung flächendeckend neu aufzustellen und sich von der jetzigen AfD zu distanzieren. So erklärte Bernd Lucke auf dem Gründungsparteitag von ALFA-Baden-Württemberg, dass die AfD eine Partei geworden sei, »in der Demagogie, Islamfeindlichkeit, Ver-

4 Rainer Roeser, Pegida-Partei AfD, in: Blick nach rechts v. 6.7.2015. http://www.bnr.de/print/14461, abgerufen am 6.7.2015.

schwörungstheorien und Antiamerikanismus zum guten Ton gehören« und die sich »anschickt, den Republikanern, der Freiheit und den Pro-Parteien die Wähler abspenstig zu machen«.[5]

Um das für Petry strategisch wichtige Lager der sogenannten »Gemäßigten« ringt die AfD nun mit der AfD-Abspaltung. Teils aus Opportunismus, teils aber auch aus Enttäuschung über ihren ehemaligen Vormann Lucke haben sich einige Vertreter dieses Flügels nun Petry zugewendet. Prominentester AfD-»Liberaler« ist hierbei Prof. Jörg Meuthen, Petrys neuer Ko-Sprecher. Den Anspruch, »Liberaler« zu sein – abgesehen von ordoliberalen Vorstellungen zur Wirtschaftspolitik – erhob Meuthen in seiner vor dem Parteitag eingereichten Kandidatenvorstellung freilich nicht einmal selbst: »Gesellschaftspolitisch vertrete ich die in unserer Partei glücklicherweise stark vertretenen konservativen und auch aufgeklärt christlichen Positionen«, schrieb er dort.[6]

3 Die AfD-Landtagswahlprogramme

Bis in die ersten Monate des Jahres 2014 wurde die AfD in der Öffentlichkeit insbesondere als Anti-Euro- und »EU-skeptische« Partei wahrgenommen – auch wenn erste programmatische Aussagen wie das vom Sprecherrat der AfD-Vorläuferorganisation *Wahlalternative 2013* im Februar dieses Jahres vorgelegte »Programm der Alternative für Deutschland«[7] sowie das beim Gründungsparteitag Mitte April 2013 beschlossene Wahlprogramm zur Bundestagswahl[8] bereits über die Themen Euro und Europäische Union hinausreichten. Mit ihren Landtagswahlprogrammen formulierten die drei Landes-

---

5 Bernd Lucke: Rede auf dem Gründungsparteitag von ALFA-Baden-Württemberg am 24.8.2015, http://bernd-lucke.de/rede-gruendungsparteitag-alfa-baden-wuerttemberg/abgerufen am 25.8.2015.

6 Rainer Roeser: AfD auf Rechtskurs, blick nach rechts, vom 20.7.2015, http://www.bnr.de/artikel/hintergrund/afd-auf-rechtskurs, abgerufen am 4.9.2015.

7 Bundeswahlleiter: Alternative für Deutschland, http://www.bundeswahlleiter.de/de/parteien/downloads/parteien/Alternative_fuer_Deutschland.pdf, abgerufen am 10.2.2015.

8 Alternative für Deutschland: Wahlprogramm, Parteitagsbeschluss 14.4.2013, https://www.alternativefuer.de/wp-content/uploads/2014/07/AfD_Wahlprogramm-BTW-2013-kurz.pdf, abgerufen am 10.2.2015.

verbände Sachsen[9], Brandenburg[10] und Thüringen[11] von Frühjahr bis Sommer 2014 ihre Ziele, die erkennen ließen, dass zumindest diese drei Landesverbände sich deutlich weiter rechts positionierten, als es die Bundespartei bis dato getan hatte.

Insbesondere das Programm für Sachsen konnte als Hinweis auf einen Rechtstrend gelesen werden. Einleitend werden in der Präambel Verbindungslinien zwischen den Jahren 1989 und 2014 geknüpft. Mutige Bürger seien vor 25 Jahren nicht dafür aufgestanden, »dass wir nun, unter anderem Vorzeichen, wieder aufpassen müssen, was wir sagen«. Sie seien auch nicht dafür aufgestanden, »dass die strangulierende Ideologie des Marxismus-Leninismus durch neue und nicht weniger menschenfeindliche Ideologien wie den verqueren Genderismus ersetzt wird, der uns mit aller Macht aufgezwungen werden soll«. Zur grundsätzlichen Orientierung der Partei heißt es: »Das Wertesystem, an dem wir uns dabei orientieren, leitet sich aus den Werten des christlichen Abendlandes ab.«

Für die AfD zentrale Themen, an denen die stark konservative bis rechtspopulistische Ausrichtung deutlich werden, sind die Familienpolitik, die Zuwanderung, Kritik am Islam und die Forderung nach mehr direkter Demokratie, um den »Volkswillen« deutlich zu machen. Beklagt wurde etwa eine »offen betriebene Herabsetzung und Verhöhnung der Familie«, der die Forderung entgegengesetzt wurde, »die wertestiftenden Funktionen der Familie zu stärken und die Geburtenrate zu erhöhen«. Die AfD wandte sich gegen eine »weitergehende Gleichstellung der sog. »Homoehe« sowie die Adoption von Kindern durch Homosexuelle«. Unter der Überschrift »Gegen eine Früh- und Hypersexualisierung in Kindergarten und Schule« hieß es unter anderem: »Lehr- und Lehrbuchinhalte haben sich an der Lebenswelt von Mehrheiten zu orientieren, nicht an der von Minderheiten.«

---

9 Alternative für Deutschland Sachsen: Wahlprogramm 2014, http://afdsachsen.de/download/AfD_Programm_Lang.pdf abgerufen am 19.1.2015.

10 Alternative für Deutschland Brandenburg: Bodenständig und frei leben. Das Programm der Alternative für Deutschland für die Landtagswahl am 14. September 2014 http://www.afd-brandenburg.de/wp-content/uploads/2014/04/Landtagswahlprogramm-komplett.pdf, abgerufen am 19.1.2015.

11 Alternative für Deutschland Thüringen: Aufbruch für Thüringen – Wahlprogramm zur Landtagswahl 2014: http://afd-thueringen.de/wp-content/uploads/sites/2/2014/07/AfD_Thueringen_Wahlprogramm.pdf, veröffentlicht am 11.7.2014, zuletzt abgerufen am 19.1.2015.

Zu den Themen Zuwanderung und Integration hieß es, die »etablierten Parteien« hätten jahrzehntelang zwei Fehler begangen: Sie hätten bei Zuwanderung »nicht auf Qualifikation geachtet und Zuwanderung in einem Umfang zugelassen, der die Integrationskräfte der Gesellschaft überfordern musste«. Folgerichtig daher, dass die AfD eine sogenannte »Integrationsfolklore« ablehnte: »Gebraucht werden keine an die sächsische Bevölkerung gerichteten Kampagnen für Weltoffenheit oder gar Antidiskriminierungsschulungen, sondern eine an die Einwanderer gerichtete aktivierende Integrationspolitik.«

Aufsehen erregte die Forderung der sächsischen AfD nach »Volksabstimmungen über Moscheebauten mit Minaretten« – eine Forderung, die bis dahin zum Kanon rechtspopulistischer Parteien gehört hatte. Zwar bekenne sich die AfD zur Religionsfreiheit und lehne Moscheebauten nicht prinzipiell ab, schrieben die Autoren des Programms, um dann fortzufahren: »Allerdings ist die freie Religionsausübung für Muslime in Sachsen auch ohne Großmoschee gewährleistet.« Derartige Bauprojekte, die tief in das Stadtbild eingreifen würden, müssten von der »ansässigen Bevölkerung« akzeptiert werden.

4 Die ostdeutschen Landesverbände

Mit ihren deutlicher nationalkonservativen und in Teilen rechtspopulistischen Wahlaussagen erreichte die AfD in Sachsen 9,7, in Brandenburg 12,2 und in Thüringen 10,6 Prozent. Der Erfolg verlieh zum einen den drei Landesverbänden und ihren Spitzenleuten mehr Gewicht in der Partei, obwohl sie zusammengenommen nicht einmal ein Zehntel der gesamten Mitgliedschaft ausmachten. Zum anderen stellte er auch eine Ermutigung für jene Parteimitglieder dar, denen der Kurs von Parteisprecher Bernd Lucke zu »liberal« erschien und die einen klarer rechts beziehungsweise rechtspopulistisch geprägten Kurs bevorzugten.

Interessant sind hierbei die politischen Schwerpunktsetzungen der AfD-Fraktionen. Alle drei Fraktionen, für die die Themenkomplexe Zuwanderung, Asyl und Kriminalität Schwerpunkte der Parlamentsarbeit darstellen, suchten – auf durchaus unterschiedliche Art und Weise – die Nähe der sogenannten PEGIDA-Bewegung. Der Brandenburger Fraktionsvorsitzende Alexander Gauland sagte gegenüber der Süddeutschen Zeitung im Dezember 2014 gar: »Wir sind die ganz natürlichen Verbündeten dieser Bewegung.«[12] Nach einem Besuch in Dresden wurde er auf der Internetseite seiner Fraktion so zitiert: »Ja, wir stellen uns ganz klar hinter PEGIDA. Aber ich will auch ganz deutlich machen, dass wir uns nicht an die Spitze der Bewegung stellen. Wir sind ganz bestimmt nicht der ›parlamentarische Arm‹ der PEGIDA, wie vereinzelt schon vermutet wurde. Und doch sind wir mit vielen der Ziele weitgehend einverstanden. Wir verstehen die Furcht der Menschen vor islamistischem Terror auf deutschem Boden, wir verstehen die Furcht davor, dass sich unsere christlich-abendländisch-jüdische Gesellschaft in eine Richtung entwickelt, die die Menschen nicht haben wollen.«[13]

Die sächsische Fraktionsvorsitzende Frauke Petry erklärte ebenfalls im Dezember 2014 in einem Interview mit einem Videoportal der Jungen Freiheit ihre Zustimmung zu Forderungen von PEGIDA. Laut Petry veranschaulichten die Demonstranten »die große Sorge, die man im Osten vielleicht auch eher findet als im Westen, dass wir mit unserer eigenen Identität offensichtlich Probleme haben und gar nicht mehr wagen, drüber zu sprechen, wie es ist, als Deutscher in Deutschland zu leben und wie man dieses Land selbst gestalten möchte.«[14] Im Januar 2015 organisierte sie ein Treffen mit Vertretern ihrer Fraktion und der PEGIDA-Führung. »Wir haben festgestellt, dass es offensichtlich inhaltliche Schnittmengen gibt«, erklärte sie anschließend.[15]

Während die Kontakte der brandenburgischen und der sächsischen AfD zu den »Patriotischen Europäern gegen die Islamisierung des Abendlandes« öffentlich weithin thematisiert wurden, stieß der Besuch einer Delegation der Thüringer Landtagsfraktion bei einer der PEGIDA-Aktionen am 12. Januar

12 Jan Bielicki und Jens Schneider: AfD-Spitze stellt sich hinter »Pegida«, Süddeutsche Zeitung vom 9.12.2014, http://www.sueddeutsche.de/politik/reaktionen-auf-demos-afd-spitze-stellt-sich-hinter-pegida-1.2259371, abgerufen am 4.9.2015.

13 AfD-Fraktion Brandenburg: Pressemitteilung PEGIDA vom 9.12.2014, http://afd-fraktion-brandenburg.de/pressemitteilung-pegida/, abgerufen am 4.9.2015.

14 Frauke Petry: Interview in JF-TV Dokumentation über PEGIDA, Dresden, 8. Dez. 2014, online unter https://www.youtube.com/user/jungefreiheitverlag, abgerufen am 12.12.2014.

15 Spiegel online: AfD und Pegida: Landeschefin Petry sieht inhaltliche Schnittmengen, http://www.spiegel.de/politik/deutschland/pegida-afd-in-sachsen-strebt-zusammenarbeit-an-a-1011904.html vom 8.1.2015, abgerufen am 4.9.2015.

2015 in Dresden auf weniger Resonanz. Das Fazit der Delegation fiel erwartungsgemäß aus.[16] Der Fraktionsvorsitzende Björn Höcke erklärte: »Es ist für uns unverständlich, wieso die Altparteien und Medien gerade die PEGIDA-Demonstranten als Brandstifter und Schlimmeres verleumden. Historisch betrachtet waren es meist die Feinde der Demokratie, die glaubten, festlegen zu dürfen, wer die Feinde der Demokratie seien.« Sein parlamentarischer Geschäftsführer Stefan Möller wurde mit der Aussage zitiert, die drei AfDler seien sich einig gewesen, dass die anwesenden Bürger berechtigte Anliegen und Sorgen äußerten. Blockadeversuche von Gegendemonstranten kritisierte er »als Zeichen der Intoleranz gegenüber abweichenden Meinungen«. Ihr Fraktionskollege Stephan Brandner hatte sich schon vier Wochen zuvor, am 17. Dezember 2014, demonstrativ hinter die PEGIDA-Anhänger gestellt: Es könne nicht sein, »dass immer wieder über die Köpfe der Menschen in diesem Land hinwegentschieden wird und die Masse der Bevölkerung kaum eine Möglichkeit hat, Fehlentscheidungen und Irrsinn entgegenzutreten«.[17] Brandner: »Das Thema der unkontrollierten Zuwanderung und fortschreitenden Islamisierung ist brandaktuell und bedarf eines schnellen Umdenkens und Handelns.« Vielen Teilnehmern gehe es darum, »auch Kritik am Parteienfilz und dem Meinungsmonopol des GEZ-Fernsehens zu äußern und ihre Sorge um Identitätsverlust in die Öffentlichkeit zu tragen«. Der von PEGIDA behauptete Zusammenschluss von Politik und Medien (»Lügenpresse«) gegen die Interessen der Bevölkerung wird hier von der AfD nachvollzogen – und damit ein klassisches Element rechtspopulistischer Argumentationsweise.

5 Die rechten Netzwerke in der AfD

Neben den Parteiorganisationen auf Stadt- und Kreisebene, Bezirks- und Landesebene und schließlich dem Bundesverband existierten beziehungsweise existieren in und neben der AfD zahlreiche Gruppen und Vereine, aber

16 AfD Thüringen: AfD-Abgeordnete bei Pegida und Gegendemo, vom 13.1.2015, http://afd-thueringen.de/2015/01/afd-abgeordnete-bei-pegida-und-gegendemo/, abgerufen am 23.8.2015.

17 Stephan Brandner: Pressemitteilung: Keine Angst vor Pegida, http://www.brandner-im-landtag.de/artikel/pressemitteilung-keine-angst-vor-pegida.html, abgerufen am 22.8.2015.

auch Freundeskreise ohne feste Struktur, die Einfluss auf die Partei ausüben. Teils waren oder sind sie parteioffiziell anerkannt, teils arbeiten sie bewusst in eigenen, von der Partei unabhängigen Strukturen. Vertreter des wirtschaftsliberalen Flügels waren etwa bei »Kolibri« (»Konservative und Liberale in der AfD«), der »Liberalen Vereinigung«, der »Bürgerlichen Alternative« oder den »Transatlantikern in der AfD« aktiv. Vertreter des rechten Parteiflügels waren beziehungsweise sind bei der »Patriotischen Plattform«, der »Jungen Alternative«, der »Konservativen Agenda«, der »Initiative Bürgerliche AfD«, den »Christen in der AfD« oder der unter anderem vom Thüringer Landessprecher Björn Höcke gegründeten Gruppe »Der Flügel« engagiert.

5.1 Die Patriotische Plattform

Die »Patriotische Plattform« (PP) ist als Verein organisiert und in Sachsen, Baden-Württemberg, Bayern und Nordrhein-Westfalen mit eigenen »Landeskreisen« aktiv. Im Frühjahr 2015 wurde die Zahl der Mitglieder auf rund 700 geschätzt.[18]

Ihre sächsischen Protagonisten machten sich seit Beginn der Dresdner PEGIDA-Aufzüge für diese Bewegung stark. PEGIDA strahle »Ruhe und Disziplin, Unaufgeregtheit und Vernunft« aus, befand etwa Hans-Thomas Tillschneider, Mitglied im sächsischen AfD-Vorstand und Sprecher der PP. Für ihn gehe es nicht primär um radikale Islamisten, sondern um den Islam an sich. Das »wahre Problem« sei »der langsame und stete Prozess der Verwirklichung von mehr und immer mehr Islam, der eine Gesellschaft zum Ziel hat, in der niemand von uns leben will«. Dem Verdacht, die »Islamisierung« voranzutreiben, kann aus Sicht der PP kaum ein Muslim entgehen, auch nicht derjenige, der die Werte des Islam in und für mitteleuropäische Gesellschaften weiterentwickeln will: Der »Euro-Islam«, erklärte etwa der nordrhein-westfälische Plattform-Sprecher Alexander Heumann, sei »wichtiger Bestandteil des Dschihads und trojanisches Pferd zur Islamisierung Europas«. Die »unzureichend kontrollierte Massenzuwanderung« müsse gestoppt

18 Vgl. näher hierzu: Rainer Roeser: Richtungsweisender AfD-»Flügel«, blick nach rechts vom 10.6.2015, http://www.bnr.de/artikel/hintergrund/richtungsweisender-afd-fl-gel, abgerufen am 19.9.2015.

werden, »bevor ein point of no return in Richtung Scharia eintritt«, meint er. Wiederum findet sich hier mit der Verschwörungstheorie ein klassisch rechtspopulistisches Topos.

Gegenüber Parteisprecher Bernd Lucke forderte die »Plattform« wiederholt mehr innerparteiliche Demokratie. Er vor allem war gemeint, wenn Heumann kritisierte, die »einzige konsequent verfolgte Linie« der AfD sei eine »allergische Abgrenzeritis des Bundesvorstandes gegen alles im In- und Ausland, was nach ›Rechtspopulismus‹ riecht«.

In der Rechtsaußengruppe der AfD werden Burschenschaften zu »tragenden Säulen der freiheitlich-demokratischen Grundordnung«. Dort erscheint eine multikulturelle Gesellschaft nicht mehr zu sein als eine »Wahnvorstellung«. »Werden wir zur Volkspartei im besten Sinn, werden wir zur Partei, die aufgreift, was auf der Straße liegt, die dem Stammtisch zuhört und die Unzufriedenen repräsentiert«, notierte Tillschneider im März 2014.[19]

5.2 Die Junge Alternative

Die JA ist bisher von zehn AfD-Landesverbänden als Jugendorganisation der Partei anerkannt. Der konservativ-wirtschaftsliberale Flügel und insbesondere Lucke persönlich hatten bisher eine offizielle Anerkennung durch die Bundespartei ausgebremst. Was die »Junge Alternative« sagt, ist nicht ohne Gewicht, obwohl sie nur rund 800 Mitglieder zählen soll. In manchen Ländern haben sich ihre Akteure unentbehrlich gemacht: als Mehrheitsbeschaffer bei Parteitagen, als Widerpart gegen innerparteiliche Kontrahenten oder als Wahlkämpfer mit viel Zeit für die Teilnahme an Aktionen, wie etwa in NRW, wo sie den Landeschef und Luckeintimfeind Marcus Pretzell stützen. Anderswo, wie in Baden-Württemberg waren sie ein Quell ständiger Unruhe für den dortigen gemäßigten Landesvorstand.[20]

Der personelle Rechtsruck bei der »Jungen Alternative«, die mit ihren wenigen programmatischen Äußerungen zuvor bereits rechts von der offi-

19 Rainer Roeser: AfD-Rechtsaußen: Dem Stammtisch zuhören, blick nach rechts vom 5.1.2015, http://www.bnr.de/artikel/hintergrund/afd-rechtsau-en-dem-stammtisch-zuh-ren, abgerufen am 4.9.2015.

20 Spalter und Intimfeinde, Blick nach rechts vom 29.5.2105, http://www.bnr.de/artikel/hintergrund/spalter-und-intimfeinde, abgerufen am 6.9.2015.

ziellen Linie der Partei positioniert war, vollzog sich einen Monat vor dem der AfD. Beim JA-Bundeskongress Ende Mai 2015 in Karben wurden mit Markus Frohnmaier aus Baden-Württemberg und Sven Tritschler aus Nordrhein-Westfalen zwei ausgewiesene Luckegegner als neue Sprecher gewählt. Tritschler zeigte sich »guter Dinge«, dass der folgende AfD-Parteitag einen solchen Schritt nun auch auf Bundesebene vollziehen werde.[21] Welche Bedeutung die Fronde der Luckegegner der JA beimaß, wird an der Zahl prominenter Gäste aus der Mutterpartei deutlich: Mit von der Partie in Karben waren Parteisprecherin Frauke Petry, der stellvertretende Sprecher Alexander Gauland sowie die Landeschefs aus NRW und Thüringen, Marcus Pretzell und Björn Höcke.

Die JA rekrutiert ihren Anhang aus dem burschenschaftlichen Milieu und Vertretern der sogenannten »Neuen Rechten.« Unter der Neuen Rechten wird in der Forschung eine politische »Grauzone zwischen Konservatismus und Rechtsextremismus«[22] verstanden. Der Begriff ist zurückzuführen auf die Eigenbezeichnung extrem rechter Gruppierungen, die im Kontext des studentischen Aufbruchs von 1968 nachfolgend als rechtes Pendant zur Neuen Linken in Erscheinung traten.[23] Während die 1972 gegründete Aktion Neue Rechte als Abspaltung von der NPD in Erscheinung trat[24], entfaltete die Strömung der Neuen Rechten in der Folgezeit neben parteipolitischen Aktivitäten vor allem in Bewegungen, Theoriezirkeln im publizistischen Bereich politische Wirksamkeit. Sie stellt hierbei nicht nur auf organisatorischer Ebene einen Brückenkopf zwischen AfD und bislang noch parteipolitisch ungebundenen neurechten Szenen dar, sondern auch auf inhaltlicher. Hinsichtlich ihrer politischen Bedeutung scheint es daher angebracht, die Be-

---

21 Rainer Roeser: Rechter AfD-Flügel im Aufwind, blick nach rechts vom 1.6.2015, http://www.bnr.de/artikel/aktuelle-meldungen/rechter-afd-fl-gel-im-aufwind abgerufen am 4.9.2015.

22 Vgl. Susanne Martino: Die »Neue Rechte« in der »Grauzone« zwischen Rechtsextremismus und Konservatismus, Frankfurt a. M. 1992.

23 Vgl. Franz Greß/Hans-Gerd Jaschke/Klaus Schönekäs: Neue Rechte und Rechtsextremismus in Europa, Opladen 1990.

24 Gideon Botsch: Die extreme Rechte in der Bundesrepublik Deutschland 1949 bis heute, Darmstadt 2012, S. 66.

deutung der JA »im Kontext der strategischen Ausrichtung des Spektrums der Neuen Rechten zu betrachten.«[25]

5.3 Die Vereinigung »Christen in der AfD«

Gegründet wurde die Vereinigung »Christen in der AfD« (ChrAfD) zum Jahreswechsel 2014/2015.[26] Stark verankert sind die »Christen in der AfD« insbesondere in Baden-Württemberg. Dort hatte sich bereits im Juli 2013 ein »Arbeitskreis Christen in der AfD« gegründet.[27] Aus diesem Arbeitskreis heraus entwickelte sich vier Monate später der »Pforzheimer Kreis«. Unter diesem Label gewannen die »Christen in der AfD« in Baden-Württemberg einigen Einfluss. Der »Pforzheimer Kreis« legte eine umfangreiche Grundsatzerklärung vor. »Wir wollen alle zu einer wertkonservativen Politik beitragen und eine Liberalität, die sich in Beliebigkeit äußert, unter Kontrolle halten«, heißt es darin. Geklagt wird über Schwangerschaftsabbrüche (»Jährlich fällt eine Großstadt wie Ulm oder Jena der herrschenden Praxis von Abtreibungen zum Opfer«) und über »Versuche [...], die Bezeichnung ›Ehe‹ oder ›Familie‹ aus ideologischen Gründen umzudeuten, um damit anderen Formen des Zusammenlebens gleichzustellen«. Zur »Auseinandersetzung mit dem Islam in Deutschland« heißt es, diese sei »von einer Mischung aus Wunschdenken und Naivität geprägt. Es ist nicht einsehbar, dass der Islam, sollte er zu weiterem politischen Einfluss in Deutschland gelangen, sich gegenüber religiös Andersdenkenden anders verhalten sollte als in seinen Stammländern. Über diese bedeutsamen Sachverhalte muss endlich eine freie und vorurteilslose Diskussion möglich sein, bei der keinerlei Denk- und Sprechverbote angebracht sind«.

In Baden-Württemberg hatten die Vertreter des »Pforzheimer Kreises« beziehungsweise der »Christen in der AfD« zumeist den rechten Flügel der Partei gestärkt. So überraschte es kaum, dass »ChrAfD«-Bundeskoordinato-

25 Anna-Lena Herkenhoff: Nachwuchs für den rechten Flügel – die *Junge Alternative* (JA), in: Alexander Häusler (Hg.): Die Alternative für Deutschland. Programmatik, Entwicklung und politische Verortung, Wiesbaden 2015 (i. E.), S. 199-215.

26 Parteien, Verbände, Personen, in: Junge Freiheit Nr. 3/15 vom 9.1.2015.

27 Pforzheimer Kreis: Grundsatzerklärung vom 15.11.2013; Stand 23.1.2014, http://www.pforzheimerkreis.de/, abgerufen 5.9.2015.

rin Anette Schultner im Mai 2015 im Streit über die Führungsspitze der Partei gegen Lucke Position bezog: »Ich kenne niemanden aus den ›Christen in der AfD‹, der sich dem ›Weckruf‹ anschließen möchte«, erklärte sie.[28] Nach dem Essener Parteitag sagte sie, es gebe keine inhaltliche Neuausrichtung der Partei.[29] Martina Kempf, die stellvertretende Vorsitzende der »Christen in der AfD« in Baden-Württemberg, sekundierte ihr: »In der AfD hat sich kein Kurswechsel vollzogen, vielmehr kehrte die Partei zu dem auf Plakaten oft verwendeten Motto ›Mut zur Wahrheit‹ zurück, das schon das Buch Sirach Kapitel 4 Vers 20 anspricht.«[30] Was nun wegbreche, seien »diejenigen, die sich liberal nennen und in Wirklichkeit eine weltanschauliche Beliebigkeit vertreten«. Kempf: »Gerade diese Leute, die jetzt austreten, haben den Christen in der AfD vielfach das Leben schwer gemacht, sodass die Christen in der AfD nur dankbar sein können für das Ausscheiden dieser Störenfriede.«

Beim Essener Parteitag scheiterte Schultners Versuch, sich als Beisitzerin in den Vorstand wählen zu lassen. Allerdings dürften die »Christen in der AfD«, deren Einfluss deutlich über die im Arbeitskreis zusammengeschlossenen Mitglieder hinausgeht, dort mit der stellvertretenden Bundessprecherin und Europaabgeordneten Beatrix von Storch eine gewichtige Fürsprecherin in der AfD-Spitze haben. Die adelige Mitbegründerin der AfD ist die prominenteste Vertreterin des christlich-fundamentalistischen Flügels in der Partei.

5.4 Der Flügel/Erfurter Resolution

Als eigentlicher Initiator des »Flügels« darf Björn Höcke gelten, Fraktionsvorsitzender und einer der beiden Landessprecher in Thüringen. Mit seiner Mitte März veröffentlichten »Erfurter Resolution« befeuerte »Der Flügel« den Richtungsstreit in der Partei. Nicht zu Unrecht konnte Parteisprecher Lucke

28 kath.net, Katholische Nachrichten: »Christen in der AfD« rücken von Lucke ab, vom 25.5.2015, http://www.kath.net/news/50682, abgerufen 5.9.2015.

29 kath.net, Katholische Nachrichten: »Christen in der AfD«: Wahl von Petry keine inhaltliche Neuausrichtung, vom 8.7.2015, http://www.kath.net/news/51267, abgerufen 5.9.2015.

30 Christen in der AfD: Leserbrief von Martina Kempf, vom 15.7.2015, https://www.facebook.com/ChrAfD/photos/a.763862320366406.1073741828.542723889146918/857893720963265/?type=1, abgerufen am 5.9.2015.

das Papier als direkte Kampfansage verstehen. Die AfD passe sich »ohne Not mehr und mehr dem etablierten Politikbetrieb an: dem Technokratentum, der Feigheit und dem Verrat an den Interessen unseres Landes«, wurde in der Resolution gewarnt.[31] Offenkundig mit Blick auf PEGIDA hieß es, die AfD habe sich »von bürgerlichen Protestbewegungen ferngehalten und in vorauseilendem Gehorsam sogar distanziert, obwohl sich tausende AfD-Mitglieder als Mitdemonstranten oder Sympathisanten an diesen Aufbrüchen beteiligen«. Als »Bewegung unseres Volkes gegen die Gesellschaftsexperimente der letzten Jahrzehnte« und als »Widerstandsbewegung gegen die weitere Aushöhlung der Souveränität und der Identität Deutschlands« wollten die Erstunterzeichner – neben Höcke unter anderem seine Sprecherkollegen aus Sachsen-Anhalt und Brandenburg, Andre Poggenburg und Alexander Gauland – die AfD verstehen.

Hinter der Resolution versammelten sich in der Folge Vertreter der verschiedenen rechten Gruppen in der Partei. Besonders deutlich wurde das bei einem Treffen des »Flügels« am Kyffhäuser-Denkmal im Sommer 2015. Dort sprachen Höcke und Poggenburg als Initiatoren, Andreas Kalbitz als Vertreter von Gaulands Brandenburger AfD, Markus Frohnmaier, einer der beiden Sprecher der »Jungen Alternative«, Hans-Thomas Tillschneider von der »Patriotischen Plattform«, sowie Prof. Günter Scholdt.[32] Der Literaturwissenschaftler Scholdt war bis zu seiner Pensionierung 2011 Leiter des »Literaturarchivs Saar-Lor-Lux-Elsass« in Saarbrücken. Er ist Autor in Götz Kubitscheks neurechtem Magazin »Sezession« und veröffentlichte Bücher in dessen Verlag Antaios. Am Kyffhäuser sagte er, die »Bruchlinie« in der AfD verlaufe nicht zwischen »Konservativen« und »Liberalen«, sondern »zwischen denen, die in kritischer Distanz zum Establishment stehen, und denen, die um jeden Preis dazu gehören wollen«.[33]

31 Erfurter Resolution/derfluegel.de: Die »Erfurter Resolution« – Wortlaut und Erstunterzeichner, vom 14.3.2015, http://derfluegel.de/die-erfurter-resolution-wortlaut-und-erstunterzeichner/, abgerufen 5.9.2015.

32 Hans-Thomas Tillschneider: Ein Fest der Vaterlandsliebe und ein Zeichen der Einigkeit – Kyffhäusertreffen voller Erfolg, vom 7.6.2015, http://derfluegel.de/ein-fest-der-vaterlandsliebe-und-ein-zeichen-der-einigkeit-kyffhaeusertreffen-voller-erfolg/, abgerufen am 5.9.2015.

33 Rainer Roeser: Richtungsweisender AfD-Flügel, blick nach rechts vom 10.6.2015, http://www.bnr.de/artikel/hintergrund/richtungsweisender-afd-fl-gel, abgerufen am 4.9.2015.

6 Politischer Wandel in den AfD-Landesverbänden

Zwar wurde der Rechtsruck in der AfD maßgeblich durch die rechten Netzwerke in den ostdeutschen Landesverbänden betrieben. Dennoch wäre es falsch, den aktuellen Rechtsruck der AfD als Ergebnis eines vom Osten errungenen Sieges in einem AfD-Ost-West-Konflikt zu interpretieren. Deshalb wird der erfolgte Rechtsruck der Partei nun anhand der Entwicklungen in drei westdeutschen AfD-Landesverbänden exemplarisch dargestellt.

6.1 Baden-Württemberg

Baden-Württemberg galt lange Zeit als ein nach AfD-Maßstäben »liberaler« Landesverband. Gleichwohl wurde auch dort der rechte Flügel der Partei immer stärker. Bei einem Landesparteitag im Januar 2015 war der Luckeanhänger und Europaabgeordnete Bernd Kölmel nur mit schwachen 62 Prozent der Stimmen als Landesvorsitzender wiedergewählt worden.[34] Erwehren musste er sich einerseits des christlich-fundamentalistischen »Pforzheimer Kreises«, andererseits der »Patriotischen Plattform«. Kölmels Gegenkandidatin Christina Baum, die in ihrer Rede vor einem »schleichenden Genozid der deutschen Bevölkerung« gewarnt hatte, zog zwar den Kürzeren, konnte sich aber trotz oder wegen solcher Aussagen auf den Rückhalt von immerhin 37 Prozent der Mitglieder stützen.

Kölmel verließ die AfD nach dem Essener Bundesparteitag. Bei einem Ende Juli folgenden Landesparteitag wurde beschlossen, dass die AfD in Baden-Württemberg künftig nicht mehr nur von einem Vorsitzenden, sondern von drei gleichberechtigten Sprechern angeführt wird. Gewählt wurden Jörg Meuthen, Ko-Sprecher von Petry auf Bundesebene, Lothar Maier, Gemeinderatsmitglied in Stuttgart, sowie Bernd Grimmer.[35] Insbesondere Grimmer dürfte für neue Töne sorgen. Der Sprecher des Kreisverbands Pforzheim/Enzkreis gehörte zu den Unterzeichnern der »Erfurter Resolution«.

---

34 Rainer Roeser: Flügelstreit in der AfD, blick nach rechts, vom 29.1.2015, http://www.bnr.de/artikel/hintergrund/fl-gelstreit-in-der-afd, abgerufen 6.9.2015.

35 Rainer Roeser: Die »neue« AfD: »Ganz liebe Menschen« von Rechtsaußen, blick nach rechts, vom 27.7.2015, http://www.bnr.de/artikel/hintergrund/die-neue-afd-ganz-liebe-menschen-von-rechtsau-en, abgerufen am 4.9.2015.

Zur Riege der drei stellvertretenden Sprecher zählen mit Rüdiger Klos und Christina Baum gleich zwei weitere AfDler, deren Namen sich unter der »Erfurter Resolution« finden. Baum, Vorsitzende im Main-Tauber-Kreis, gehörte gar zu den 23 Erstunterzeichnern. In einem Statement, nachzulesen auf einer Internetseite des rechten Flügels der Partei, warnte sie vor einer Entwicklung der AfD hin zu einer »beliebigen Systempartei«.

Mit Grimmer, Baum und Klos war der rechte Durchmarsch im Südwesten noch nicht komplett. Zu den sechs Beisitzern zählen mit Alfred Bamberger, Markus Frohnmaier und Carola Wolle mindestens drei weitere »Erfurter«. Als Schriftführer arbeitet zudem Joachim Kuhs im Vorstand mit. Er ist Vorstandsmitglied der »Patriotischen Plattform«.

Einer, der sich über die Entwicklung der AfD in Baden-Württemberg uneingeschränkt freuen dürfte, ist der Stuttgarter Gemeinderat Heinrich Fiechtner, einer der rechten Flügelleute im Südwesten. Über Fiechtner, der den Stuttgarter Oberbürgermeister Fritz Kuhn einen »miesen faschistoid-populistischen Scharfmacher« genannt hatte, schwebte seit Monaten das Damoklesschwert eines Parteiausschlussverfahrens. Der alte Landesvorstand wollte ihn loswerden, nachdem er den Koran mit Hitlers »Mein Kampf« verglichen hatte. Die neue Führungsriege stoppte nun das Parteiordnungsverfahren. »Fiechtner hat zwar eine gewisse Neigung, im politischen Diskurs verbal auch mal über das Ziel hinaus zu schießen«, sagte der Bundes- und Landesvorsitzende Meuthen im Gespräch mit den »Stuttgarter Nachrichten«. Er schätze ihn aber gleichzeitig »für vieles, was er tut, und wer ihn etwas besser kennt, der weiß, dass das eigentlich ein ganz lieber Mensch ist«.[36]

Schlagzeilen machte die Partei in Baden-Württemberg vor allem mit dem in Pforzheim einstimmig gefassten Beschluss gegen Gender-Mainstreaming.[37] Gefordert wurde, »›Gender Mainstreaming‹ als durchgängiges politisches

36 Rainer Wehaus: Doch kein Parteiausschluss – Stadtrat Fiechtner darf bei AfD bleiben, Stuttgarter Nachrichten, vom 23.7.2015, http://www.stuttgarter-nachrichten.de/inhalt.doch-kein-parteiausschluss-stadtrat-fiechtner-darf-bei-afd-bleiben.ff9ec0cc-3c41-4488-abf8-9ff6fff2ddac.html, abgerufen am 6.9.2015.

37 Die Themenkomplexe Familie und Sexualaufklärung sowie die Ablehnung des Gender-Mainstreaming gehören zu den zentralen Kampagnenthemen der AfD. Siehe näher hierzu: Andreas Kemper: Keimzelle der Nation?: Familien- und geschlechterpolitische Positionen der AfD – eine Expertise/Andreas Kemper. – Berlin: Friedrich-Ebert-Stiftung, Forum Politik und Gesellschaft, 2014. http://library.fes.de/pdf-files/dialog/10641-20140414.pdf.

Leitprinzip ›auf allen Ebenen unverzüglich und ersatzlos zu beenden‹«.[38] Zum Forderungskatalog der baden-württembergischen AfD gehörte in diesem Zusammenhang auch die »ersatzlose Rücknahme« des Bundesgleichstellungsgesetz und des Allgemeinen Gleichbehandlungsgesetzes.[39] »Gender Mainstreaming zielt auf einen permanenten »Kampf der Geschlechter« ab und führt damit zu einer schleichenden Vergiftung des gesellschaftlichen Klimas«, hieß es in der Begründung des Antrags. Zudem sei »die gegen die Natur des Menschen gerichtete Gender-Ideologie [...] der wichtigsten bevölkerungspolitischen Herausforderung, vor der Deutschland steht, nämlich die Geburtenrate signifikant zu steigern, in extremer Weise abträglich«.

6.2 Nordrhein-Westfalen

Der NRW-Landesverband und insbesondere sein Vorsitzender Marcus Pretzell gehörten früh zum Unterstützerkreis von Frauke Petry im AfD-internen Machtkampf. Aus diesem Grund, aber auch wegen Kritik an der Person des Landesvorsitzenden verließ annähernd die Hälfte seiner Mitglieder in den ersten sieben Monaten des Jahres 2015 den Landesvorstand.

Nicht nur auf Landesebene vollzog sich ein Rechtsruck. Der Essener Stadtverband etwa wählte im März 2015 Stefan Keuter als neuen Sprecher.[40] Keuter zählte in den Wochen zuvor zu den Organisatoren und Rednern von PEGIDA-Veranstaltungen in Duisburg. Einer der drei stellvertretenden Sprecher wurde der langjährige »Republikaner«-Stadtrat Günter Weiß. Als Beisitzer wurde mit Ken Anders ein weiterer ehemaliger »Republikaner« und mit Nicolai Boudaghi ein früheres Mitglied der rechtspopulistischen Kleinpartei »Die Freiheit« vorgestellt.

---

38 AfD Baden-Württemberg: Bildungsplan 2015: AfD-Parteitag bezieht klar Stellung gegen »Gender Mainstreaming«, vom 27.7.2015, http://alternativefuer-bw.de/2015/07/bildungsplan-2015-afd-parteitag-bezieht-klar-stellung-gegen-gender-mainstreaming/, abgerufen 6.9.2015.

39 AfD Baden-Württemberg: GM-Erklärung, http://alternativefuer-bw.de/wp-content/uploads/2015/07/GM_Erklaerung.pdf, abgerufen 6.9.2015.

40 Rainer Roeser: Abendlandretter und Ex-»Republikaner« bei der AfD, blick nach rechts vom 1.4.2015, http://www.bnr.de/artikel/aktuelle-meldungen/abendlandretter-und-ex-republikaner-bei-der-afd, abgerufen am 4.9.2015.

Der Rechtsruck der AfD machte auf Landesebene zudem das Comeback eines Mitbegründers der Partei möglich, der schon abgeschrieben schien. Martin E. Renner, der im Herbst 2013 auf Betreiben des »liberalen« Flügels wegen permanenter Konflikte mit dem damaligen NRW-Vorsitzenden Alexander Dilger und insbesondere wegen seines Versuchs, die AfD auf einen deutlich rechtspopulistischen Kurs zu bringen, als Landesvize abgewählt worden war, wurde Ende August 2015 von den Delegierten eines Landesparteitags zum gleichberechtigten Landessprecher neben Pretzell gewählt. Knapp 60 Prozent der Delegierten votierten für ihn, nachdem er, wie der WDR beobachtete, »den Saal zuvor mit markigen Worten zum Toben gebracht« und am Ende seiner Vorstellungsrede stehenden Applaus geerntet hatte.[41]

An der Basis der Partei war es angekommen, wenn Renner im Vorfeld des Landesparteitags sich bei Vortragsveranstaltungen in den Kreisverbänden der Partei freute, dass die AfD nach Essen die »Bremser« und »Systemlinge« endlich losgeworden sei.[42] Dort kam es auch an, wenn Renner über »70 Jahre des linksideologischen Grauens« klagte – über »70 Jahre Dekonstruktion unserer Gesellschaft«, die seiner Ansicht nach mit der Reeducation nach dem Zweiten Weltkrieg (»ein Teil der psychologischen Kriegsführung«) ihren Anfang nahmen. Ziel der Europäischen Union sei es, »die Nationalstaaten ihrer nationalen Identitäten zu entkleiden«, erklärte Renner etwa und wetterte gegen die »zerstörerischen Kräfte der Linken und der Internationalisten«. Auch die »Islamisierung der Gesellschaft« hat es ihm angetan: Für belegbar hält er es, »dass ein zunehmender islamischer Teil der Gesellschaft niemals in eine freiheitlich-demokratische Grundordnung einzugliedern und zu integrieren wäre«. Eine multikulturelle Gesellschaft sei »der Gegenentwurf einer deutschen Staatsgrundeinstellung« und werde zu Chaos sowie Barbarei führen, so Renner, der eine »Transkulturation von Deutsch zum Islam« beklagt.

---

41 Nina Magoley: AfD Landesparteitag – »Wir wollen nicht nur die ›netten Nazis‹ sein«, WDR, vom 31.8.2015, http://www1.wdr.de/themen/politik/afd-landesparteitag-104.html, abgerufen am 6.9.2015.

42 Rainer Roeser: Rechter Klartext in der NRW-AfD, blick nach rechts, vom 31.8.2015, http://www.bnr.de/artikel/aktuelle-meldungen/rechter-klartext-in-der-nrw-afd, abgerufen am 4.9.2015.

6.3 Rheinland-Pfalz

Die AfD in Rheinland-Pfalz zählte Anfang September 2015 noch »an die tausend Mitglieder«.[43] Damit hätte sie seit dem Essener Parteitag zwei Monate zuvor rund ein Fünftel ihrer Mitgliedschaft verloren. Ausgetreten ist auch der vormalige Landesvorsitzende Uwe Zimmermann, ein Luckeanhänger. Als sein Nachfolger wurde bei einem Parteitag Ende Juli 2015 Uwe Junge gewählt, ein früheres Mitglied der rechtspopulistischen Kleinpartei »Die Freiheit«.

Zum Landesvorstand zählt auch Andreas Bleck aus Neuwied, der einem Bericht des SWR zufolge ebenfalls Verbindungen im Umfeld der islamfeindlichen Partei »Die Freiheit«, der Bürgerbewegung »Pax Europa« und dem Internet-Portal »Politically Incorrect« (PI) pflegt. Bleck, der zusätzlich in der »Jungen Alternative« aktiv sei, trete mit seinen »islamkritischen« Reden auch öffentlich in einem erkennbar islamfeindlichen Umfeld auf. Junges erste Stellvertreterin ist Christiane Christen. Sie hatte bei einem vorhergehenden Parteitag im Mai als Vertreterin des rechten Flügels selbst nach dem Landesvorsitz gegriffen, war aber gegen Zimmermann unterlegen. In einem Gespräch mit der Tageszeitung »Die Rheinpfalz« wurde die Chefin der Partei im Rhein-Pfalz-Kreis Mitte Juli mit den Aussagen von drei Parteifreunden konfrontiert und nach ihrer Meinung dazu befragt: Peter Streichan, der auf der Bühne des Essener Parteitags als Kandidat für den Bundesvorstand unter dem lauten Jubel von großen Teilen des Publikums die Grünen als »pädophile Genderfaschistentruppe« tituliert hatte; Dubravko Mandic, Kandidat für das Bundesschiedsgericht, der in Essen seine Aussage verteidigte, Obama sei ein »Quotenneger«; schließlich der Stuttgarter Gemeinderat Fiechtner mit seinem bereits erwähnten Vergleich von Koran und »Mein Kampf«. Sie wisse, »dass diese Zitate kursieren«, sagte Christen im Rheinpfalz-Interview, kenne aber »kein einziges dieser Mitglieder, die Sie zitiert haben«. Und im Übrigen,

---

43 Thomas Leif: Designierter Spitzenkandidat in RP – AfD-Parteichef war in islamfeindlicher Partei, SWR, vom 3.9.2015, http://www.swr.de/landesschau-aktuell/rp/designierter-spitzenkandidat-in-rp-afd-parteichef-war-in-islamfeindlicher-partei/-/id=1682/did=16083990/nid=1682/19hfqvw/, abgerufen am 6.9.2015.

so Christen: »In jeder Partei gibt es Leute, die sich außerhalb des politischen Mainstreams äußern.«[44]

7 Ausblick

War zur Gründungszeit der AfD das Euro-Thema die Initialzündung, so scheint im Kontext des aktuellen Flüchtlingsdramas das Spiel mit der Angst vor dem Fremden das zentrale politische Kapital für erfolgversprechende Wahlkämpfe zu sein. Ebenso versucht auch ALFA als neue Partei ebenso wie die AfD, mit dem Flüchtlingsthema zu punkten: »Wir können ein Sozialstaat sein oder ein Staat mit offenen Grenzen«, zitierte Lucke hierzu sein wirtschaftspolitisches Vorbild Milton Friedmann. »Aber nicht beides.«[45] Mit einem vom baden-württembergischen Europaabgeordneten Bernd Kölmel verfassten Thesenpapier stellte ALFA ihre Vorstellungen zur künftigen Asyl- und Flüchtlingspolitik vor. Dort werden unter dem Titel »Hilfskultur statt Willkommenskultur« vor allem repressive Maßnahmen wie schnellere Abschiebungen sowie Streichung der Kinderbetreuung und Schulbesuche von Kindern von Asylbewerbern in laufenden Verfahren gefordert. Sogar eine Forderung nach Rückabwicklung des Schengen-Abkommens wird dort erhoben, um »eine Rechtsgrundlage dafür zu schaffen, dass jeder Staat Grenzkontrollen an seinen Grenzen durchführen kann«, so die ALFA-Position.[46] Dies klingt nahezu deckungsgleich mit dem Positionspapier des AfD-Bundesvorstandes zur Asyl- und Flüchtlingspolitik, in dem »eine sofortige Aussetzung des Schen-

44 Zitiert nach: Christiane Christen, vom 18.7.2015, https://www.facebook.com/christiane.christen.rlp/posts/852218841535167, abgerufen am 6.9.2015.

45 Bernd Lucke: Rede auf dem Gründungsparteitag von ALFA-Baden-Württemberg v. 24.8.2015, http://bernd-lucke.de/rede-gruendungsparteitag-alfa-baden-wuerttemberg/abgerufen am 25.8.2015.

46 Allianz für Fortschritt und Aufbruch, Bundesvorstand: Asyl und Flüchtlingsbereich in Abgrenzung zum Zuwanderungsbereich in Deutschland, S. 21,http://alfa-bund.de/blog/alfa-hilfskultur-statt-willkommenskultur, abgerufen am 6.9.2015.

gen-Abkommens für die Grenzen nach Polen, der Tschechischen Republik und Österreich« gefordert wird.[47]

Im aktuellen Konflikt zwischen AfD und ALFA ist die AfD aufgrund ihrer finanziellen und organisatorischen Situation besser politisch aufgestellt. Die kommenden Landtagswahlen im Frühjahr 2016 in Baden-Württemberg, Rheinland-Pfalz und in Sachsen-Anhalt werden zeigen, ob einer der Konkurrenten – und falls ja, wer – sich politisch festigen kann. Ob es Lucke mit ALFA wirklich gelingt, bis Ende des Jahres 2015 in allen Bundesländern einen Landesverband zu gründen und auch personell schlagkräftig aufzustellen, erscheint fraglich. Die geringe Personaldecke und die bislang geringe öffentliche Wahrnehmung von ALFA deuten darauf hin, dass die selbstgesetzten Aufgaben wahrscheinlich nicht erfüllt werden können. Zudem ist zu konstatieren, dass bei einer erfolgreichen politischen Wiederbelebung der FDP die Chancen für ALFA, sich als Partei zwischen FDP und AfD zu etablieren, erheblich sinken werden. Für ein deutsches Pendant zur rechtspopulistischen FPÖ in Österreich scheint eine größere politische Leerstelle zu existieren, wenn man sich die PEGIDA-Demonstrationen und Anti-Flüchtlingskampagnen vor Augen führt. Alle Anzeichen sprechen dafür, dass die AfD unter Petry diese politische Lücke besetzen will. So kündigte die Partei unter dem Motto »Herbstoffensive 2015« eine bundesweite Kampagne an, die mit dem Slogan beworben wird: »Es ist Zeit, die Karten auf den Tisch zu legen! – Asylchaos und Eurokrise stoppen!«[48] Ziel der Kampagne sei, der AfD damit wieder mehr an öffentlicher Aufmerksamkeit zukommen zu lassen. Hinsichtlich dieses politischen Kurses deutet sich an, dass die neue AfD-Parteivorsitzende nun selbst zur Getriebenen des von ihr forcierten Rechtsrucks werden könnte. Denn die in diesem Beitrag beschriebenen rechen Netzwerke, die Petry zu ihrem Sieg über Lucke verholfen haben, drängen nun inhaltlich mehr und mehr in den Vordergrund. Dabei öffnen sich die Türen immer weiter nach Rechtsaußen. Wie sehr die AfD mittlerweile als politisches

47 Positionspapier des AfD-Bundesvorstandes zur Asyl- und Flüchtlingsproblematik v. 8.8.2015, http://www.alternativefuer.de/wp-content/uploads/2015/08/Positionspapier-des-AfD-Bundesvorstandes-zur-Asyl-und-Fl%C3%BCchtlingsproblematik3.pdf, abgerufen am 8.9.2015.

48 Herbstoffensive 2015, http://www.alternativefuer.de/herbstoffensive-2015/, abgerufen am 7.9.2015.

Instrument der Neuen Rechten angesehen wird, zeigt die Einschätzung des rechten Bewegungsunternehmers und PEGIDA-Redners Götz Kubitschek: »Sarrazin war ein Rammbock, die Identitären haben kurze Zeit für Panik im Establishment gesorgt, die AfD agiert, gemessen an den Wahlergebnissen und der Medienakzeptanz, erfolgreicher als je die Republikaner.«[49] Über Netzwerke wie die Patriotische Plattform haben diese neurechten Szenen auch organisatorischen Einfluss auf die politische Ausrichtung der AfD erhalten. Ob der rechtspopulistische Kurs sich zum Schaden oder Nutzen der Partei auswirkt, werden die Wahlergebnisse im Frühjahr 2016 zeigen.

49 Ellen Kositza/Götz Kubitschek (Hg.): Tristesse Droite. Die Abende in Schnellroda, Schnellroda 2015, S. 18.

Wie agiert die »Alternative für Deutschland« vor Ort? Das Fallbeispiel Brandenburg

Gideon Botsch · Christoph Kopke · Alexander Lorenz

Seit September 2014 ist mit der Alternative für Deutschland (AfD)[1] – nach dem Ausscheiden der rechtsextremen Deutschen Volksunion (DVU) im Jahr 2009 – erneut eine Partei rechts der Union im Brandenburgischen Landtag vertreten. Nach einem Jahr lohnt es sich, einen kompakten Über-

1 Vgl. zur AfD u. a. Andreas Kemper: Rechte Euro-Rebellion. Alternative für Deutschland und Zivile Koalition e. V., Münster i. Westf. 2013; Alexander Gallus: Dokumentation 2013: Alternative zur Alternativlosigkeit? Zum politischen Ort der neu gegründeten Partei »Alternative für Deutschland« (AfD), in: Jahrbuch für Extremismus & Demokratie [E&D] 26 (2014), S. 127-136; David Bebnowski/Lisa Julika Förster: Wettbewerbspopulismus. Die Alternative für Deutschland und die Rolle der Ökonomen, Frankfurt/Main 2014; Felix Korsch/Volkmar Wölk: Nationalkonservativ und marktradikal. Eine politische Einordnung der »Alternative für Deutschland«, Berlin 2014, aktual. u. erw. Neuaufl.; Deniz Anan: National, liberal, konservativ, populistisch? Die Programmatik der AfD, in: Mitteilungen des Instituts für Deutsches und Internationales Parteienrecht und Parteienforschung [MIP] 21 (2015), S. 61-71; Marcel Lewandowsky: Eine rechtspopulistische Protestpartei? Die AfD in der öffentlichen und politikwissenschaftlichen Debatte, in: Zeitschrift für Politikwissenschaft [ZPol] 1 (2015) 25, S. 119-134; David Bebnowski: Die Alternative für Deutschland. Aufstieg und gesellschaftliche Repräsentanz einer rechten populistischen Partei, Wiesbaden 2015; Alexander Häusler/Rainer Roeser: Die rechten »Mut«-Bürger. Entstehung, Entwicklung, Personal & Positionen der Alternative für Deutschland, Hamburg 2015; Sebastian Friedrich: Der Aufstieg der AfD. Neokonservative Mobilmachung in Deutschland, Berlin 2015; Alban Werner: Was ist, was will, wie wirkt die AfD?, Köln 2015; Jan Rohgalf: Subsidiarität als Kampfbegriff. Politik und Emotionalisierung am Beispiel der AfD, in: Karl-Rudolf Korte (Hg.), Emotionen und Politik. Begründungen, Konzeptionen und Praxisfelder einer politikwissenschaftlichen Emotionsforschung [= Veröffentlichungen der deutschen Gesellschaft für Politikwissenschaft (DGfP), Bd. 33], Baden-Baden 2015, S. 297-316; Alexander Häusler: Die AfD. Partei des rechten Wutbürgertums am Scheideweg [= Expertisen für Demokratie hg. v. d. Friedrich-Ebert-Stiftung, (2015) 1], http://library.fes.de/pdf-files/dialog/11390-20150911.pdf (Abruf v. 24.9.2015); Alexander Häusler/Rainer Roeser: Die »Alternative für Deutschland« – eine Antwort auf die rechtspopulistische Lücke?, in: Stephan Braun/Alexander Geisler/Martin Gerster (Hg.), Strategien der extremen Rechten. Hintergründe – Analysen – Antworten, Wiesbaden 2015, 2. aktual. u. erw. Aufl., S. 101-128.

blick über die politische Verortung des Landesverbandes zu geben, landestypische Auffälligkeiten zu thematisieren und eine kritische Bilanz seiner Entwicklung vor dem Hintergrund der Auseinandersetzungen in der Bundespartei zu ziehen.[2]

1 Die AfD im Land Brandenburg

Am 28. April 2013 gründete sich in Nauen mit 44 anwesenden Mitgliedern und unter Ausschluss der Öffentlichkeit der Landesverband Brandenburg der Alternative für Deutschland. Zu diesem Zeitpunkt verfügte die Partei in Brandenburg bereits über 280 Mitglieder.[3] Zur Bundestagswahl im September 2013 konnte die AfD in Brandenburg einen Stimmenanteil von 6 Prozent erzielen.[4] Auf einem außerordentlichen Landesparteitag am 4. Mai 2014 in Großbeeren wurde Alexander Gauland zum Landesvorsitzenden gewählt und auf dem Landesparteitag am 18. und 19. April 2015 in Pritzwalk nahezu geschlossen von den anwesenden Mitgliedern als Landeschef bestätigt. Bei den Kommunalwahlen im Mai 2014 errang die AfD 3,9 Prozent der Stimmen und 39 Sitze in den Kreistagen und Stadtverordnetenversammlungen.[5] Seitdem

2 Der vorliegende Artikel knüpft an folgende Studien an: Christoph Kopke/Alexander Lorenz: »Wenn ich benenne, was die Menschen umtreibt, bin ich Demokrat.« Der Wahlkampfauftritt der »Alternative für Deutschland« (AfD) zur Landtagswahl 2014 in Brandenburg, Potsdam 2014, http://www.dielinke-brandenburg.de/fileadmin/Newsletter/AFD-Studie_Endfassung_Aktualisiert__14.11.14.pdf (Abruf v. 14.8.2015) sowie: Christoph Kopke/Alexander Lorenz, »Ich kenne keine Flügel, ich kenne nur die Brandenburger AfD«. Die Alternative für Deutschland in Brandenburg im Frühjahr 2015, in: Alexander Häusler (Hg.), Die Alternative für Deutschland. Programmatik, Entwicklung und politische Verortung, Wiesbaden 2015, S. 219-232. Er basiert auf einer Analyse von Materialien der AfD sowie einer dichten Auswertung der medialen Berichterstattung über den Landesverband Brandenburg der AfD unter Einbeziehung regionaler Medien.

3 Vgl. Maik Baumgärtner: Wohin steuert die »Alternative für Deutschland«?, in: Aktionsbündnis Brandenburg 2013, http://www.aktionsbuendnis-brandenburg.de/sites/default/files/downloads/quo-vadis-afd_0.pdf (Abruf v. 1.4.2015).

4 Vgl. Kopke/Lorenz: »Wenn ich benenne …«, S. 9.

5 Die Fraktion im Kreistag Landkreis Märkisch-Oderland löste sich nach internen Streitigkeiten zu Beginn des Monats Juli 2015 auf; vgl. Ulf Grieger: AfD-Fraktion aufgelöst, in: Märkische Onlinezeitung vom 12.6.2015, http://www.moz.de/artikel-ansicht/dg/0/1/1397418 (Abruf v. 24.8.2015).

ist sie in allen Landkreisen und kreisfreien Städten Brandenburgs organisiert und unterschiedlich stark kommunalpolitisch aktiv. Von den etwas mehr als 190 ermittelten Funktionsträgerinnen und -trägern sind über 80 Prozent männlich, im Durchschnitt sind sie etwa 50 Jahre alt.[6] Vor der Landtagswahl 2014 sollen landesweit bis zu 570 Personen der Partei angehört haben.[7] Mitte Juli gründete sich auch ein Landesverband der »Jungen Alternative« (JA), der auf dem Landesparteitag im April 2015 als offizieller Jugendverband der Partei anerkannt wurde.[8] Nach eigenen Angaben sollen im August 2015 circa 630 bis 660 Mitglieder der Partei im Bundesland angehören.[9]

Entstammen Gauland und Teile der momentanen Bundesführungsriege der AfD »eindeutig dem gehobenen Bürgertum«[10], lässt sich die überwiegende Mehrheit der Mandatsträger in Brandenburg der Mittelschicht zuordnen. Viele sind als Selbstständige beziehungsweise Unternehmer tätig und üben mittelständische Berufe aus. Dies schlägt sich deutlich im Selbstverständnis des Landesverbandes nieder. Eigenen Aussagen zufolge sei »keine politische Partei mehr nachhaltig auf den Mittelstand ausrichtet und am Erhalt und den Ausbau der Rahmenbedingungen der Sozialen Marktwirtschaft orientiert.«[11]

---

6 Vgl. Kopke/Lorenz: »Wenn ich benenne …«, S. 33.

7 Sydney Gennies: Auf dem flachen Land ist die AfD kaum sichtbar, in: Tagesspiegel vom 29.8.2014, http://www.tagesspiegel.de/politik/brandenburg-auf-dem-flachen-land-ist-die-afd-kaum-sichtbar/v_print/10630082.html?p= (Abruf v. 29.8.2014).

8 Vgl. Presseinformation 5/2015 der Jungen Alternative Brandenburg: JA Brandenburg nun offizielle Jugendorganisation der AfD Brandenburg, http://www.ja-brandenburg.de/pm-ja-brandenburg-nun-offizielle-jugendorganisation-der-afd-brandenburg/(Abruf v. 22.4.2015).

9 Vgl. Redaktion: Ein repräsentativer Mitgliederparteitag – der Blick auf die Statistik, in: AfD kompakt. Informationsbrief des Bundesverbandes der Alternative für Deutschland 11 (2015), S. 4; dpa: AfD in Brandenburg verzeichnet nach Bundesparteitag 33 Austritte, in: Märkische Onlinezeitung vom 20.7.2015, http://www.moz.de/nachrichten/brandenburg/artikel-ansicht/dg/0/1/1407361/(Abruf v. 24.8.2015).

10 Wiegel: Aufstieg des Rechtspopulismus, S. 2. Zur Führungsebene der AfD (Stand April 2015) vgl. Werner: Was ist, was will …, S. 51-60.

11 Pressemitteilung des AfD-Landesverbandes Brandenburg vom 10.4.2015: Mittelstandsforum gegründet, http://www.afd-brandenburg.de/mittelstandforum-gegruendet/(Abruf v. 26.8.2015).

2 Die Landtagswahl 2014 – Personal, Wahlkampf und Ergebnisse

Am Abend des 14. September 2014 stand fest: Die AfD zieht mit elf Abgeordneten erstmalig in das Landesparlament ein.[12] Insgesamt 120.077 Zweitstimmen konnte die Partei für sich verzeichnen.[13] Mit 12,2 Prozent der abgegebenen Stimmen errang der Brandenburger Landesverband das bislang beste Ergebnis für die AfD bei einer Landtagswahl und stellte damit sogar noch die Ergebnisse der Landesverbände Sachsen (9,7 Prozent) und Thüringen (10,6 Prozent) in den Schatten. Möglich wurde dies durch eine geringe Wahlbeteiligung von rund 48 Prozent und durch die gezielte Abwerbung von Wählerinnen und Wählern anderer Parteien.

Dabei konnte die AfD offensichtlich aus der Wählerschaft der »etablierten« Parteien Stimmen gewinnen: Allein 20.000 Wählerinnen und Wähler hatten zuvor die Partei Die Linke gewählt, gefolgt von circa 18.000 bisherigen CDU-, 17.000 FDP-, 12.000 SPD- und 1.000 Grünen-Wählern. 12.000 Stimmen von »Nichtwählern« machten sich zwar in ihrer Wählerschaft deutlich bemerkbar, einen Einbruch ins große Lager der Nichtwähler konnte sie aber nicht verzeichnen. Somit können AfD-Wähler nicht einfach als »unpolitische« Wähler gelten.

In der Öffentlichkeit zumeist übersehen wird dabei, dass der größte Zulauf mit 27.000 aus dem Spektrum derjenigen kam, die zuvor andere, kleinere Parteien gewählt hatten. Hier lohnt es, genauer hinzuschauen: Während die Freien Wähler, die Piraten und die DKP in Brandenburg in absoluten Zahlen Zuwächse verbuchen konnten, waren es hierzulande vor allem rech-

---

12 Aktuell besteht die Landtagsfraktion aus zehn Mitgliedern. Der Abgeordnete Stefan Hein, der auf Platz zehn der Landesliste ins Parlament einzog, wurde am 6.10.2014 aus der AfD-Fraktion ausgeschlossen und nimmt sein Amt momentan als fraktionsloser Abgeordneter wahr. Ihm wurde vorgeworfen Parteiinterna an das Magazin *Der Spiegel* weitergegeben zu haben, vgl. Kopke/Lorenz: »Wenn ich benenne …«, S. 11 ff.

13 Vgl. Landeswahlleiter Brandenburg: Landtagswahl am 14.9.2014 im Land Brandenburg. Ergebnistabelle Land, https://www.wahlergebnisse.brandenburg.de/wahlen/LT2014/ergebnis/ergebLandBB.asp?sel1=1253&sel2=0661 (Abfrage v. 30.10.2014). – Zum Verlauf und zum Ergebnis der Landtagswahl 2014 in Brandenburg vgl. Oskar Niedermayer: Die brandenburgische Landtagswahl vom 14. September 2014: Die Linke wird abgestraft, bleibt aber Regierungspartei, in: Zeitschrift für Parlamentsfragen [ZParl] 1 (2015), S. 21-28.

te bis rechtsextreme Parteien, die Wählerstimmen im Umfang von ca. 40.000 freisetzten: Von der inzwischen aufgelösten DVU kamen allein 16.000 Wählerstimmen, die NPD verlor etwa 14.000 bisherige Wähler, die von den Republikanern (REP) abgespaltene Regionalpartei 50Plus trat ebenfalls nicht wieder an, wodurch etwa 8.000 Stimmen frei wurden. Die in Brandenburg kaum relevanten REP verloren 1.000 Stimmen.[14] Zwei nicht rechtsextreme Parteien verloren zusammen außerdem etwa 11.000 Stimmen. Diese Zahlen begründen die Annahme, dass ein erheblicher Teil der von den anderen Parteien bezogenen AfD-Stimmen frühere Rechtswählerstimmen darstellen und dass sich der AfD-Erfolg in Brandenburg zu einem relevanten Teil aus diesem Wählerpotential erklärt.[15]

Bezüglich der sozialen Verortung der Wählerschaft kam die Wahlanalyse des Amtes für Statistik Berlin-Brandenburg zu dem Ergebnis, dass die AfD »in Gebieten mit einem höheren Anteil mittlerer Altersjahrgänge und einer höheren Eigentümerquote« besser abschnitt, hingegen »in Gebieten mit vielen SGB-II-Empfängern weniger erfolgreich« war.[16] Diese Beobachtung hatte sich bereits während der Bundestagswahl 2013 abgezeichnet.[17] Der Wahlerfolg lässt sich folglich nicht einfach als Resultat einer »Frust- oder

---

14 Vgl. Der Landeswahlleiter Brandenburg: Landtagswahl am 14.9.2014 im Land Brandenburg, Erst- und Zweitstimmen im Land Brandenburg, https://www.wahlergebnisse.brandenburg.de/wahlen/LT2014/ergebnis/ergebLandBB.asp?sel1=1253&sel2=0661 (Abruf v. 20.8.2015).

15 Eigene Berechnung auf Grundlage der Zahlen von Infratest dimap. Für Sachsen und Thüringen lässt sich die Wählerwanderung von »den Anderen« zur AfD nicht mit derselben Eindeutigkeit auf vorherige Rechtswähler beziehen. Zu den Zahlen vgl. Tagesschau.de: Landtagswahl Brandenburg 2014, Analysen Wählerwanderung, http://wahl.tagesschau.de/wahlen/2014-09-14-LT-DE-BB/analyse-wanderung.shtml#16_Wanderung_AFDgl (Abruf v. 20.8.2015). Zu den Wählerklientel der AfD vgl. Friedrich: Der Aufstieg der AfD, S. 72-80.

16 Amt für Statistik Berlin-Brandenburg: Pressemitteilung Nr. 259 vom 15. September 2015, Wahlanalyse der Landtagswahlen 2014 im Land Brandenburg veröffentlicht, https://www.statistik-berlin-brandenburg.de/pms/2014/14-09-15.pdf (Abruf v. 25.8.2015). Dies betrifft vor allem den berlinnahen »engeren Verflechtungsraum«, den sogenannten »Speckgürtel«, sowie Wahlkreise südöstlich, entlang der deutsch-polnischen Grenze mit Schwerpunkt Frankfurt (O.).

17 Das Amt für Statistik Berlin-Brandenburg kam bereits 2013 zu der Einschätzung, die AfD in Brandenburg sei »eine Interessenvertreterin der Besitzstandswahrer« und erziele »besonders in einem begünstigten sozialen Umfeld« politische Erfolge, in: Kopke/Lorenz: »Wenn ich benenne …«, S. 9.

Protestwahl«[18] erklären, sondern ist deutlich in der Themensetzung im Wahlkampf und im politischen wie sozialen Profil der AfD in Brandenburg zu suchen.

Das Wahlprogramm der AfD Brandenburg unter dem Titel »Mut zu Brandenburg – bodenständig und frei leben!« charakterisiert Alban Werner als »stark vom Gedanken der Erhaltung oder Schaffung kleinteiliger, gemeinschaftlicher Strukturen beseelt, die der postmodernen, urbanen kapitalistischen Lebensweise entgegenstehen«. Auffällig orientiere es »sich damit eng an Leitbildern, die der Landesvorsitzende und Spitzenkandidat Alexander Gauland in seinen Texten entwickelt hat«.[19] Den Themenkomplexen Wirtschafts-, Finanz-, Bildungs- und Gleichstellungspolitik[20] kam im Wahlkampf vergleichsweise wenig Bedeutung zu. Öffentlichkeitswirksam wurden im Herbst 2014 die Programmpunkte Innere Sicherheit, Kriminalität sowie Asyl- und Einwanderungspolitik thematisiert.[21] Wie die Programmatik der ostdeutschen Landesverbände generell, war auch das Wahlprogramm der AfD in Brandenburg »wenig überraschend kaum europapolitisch geprägt, […] sondern plädierte […] für eine Förderung der ›kulturellen Identität‹ des Lan-

---

18 Vgl. Christina Elmer/Christina Hebel: Frust hat entschieden, in: Spiegel Online vom 15.9.2014, http://www.spiegel.de/politik/deutschland/thueringen-und-brandenburg-nichtwaehler-frust-und-afd-protestwaehler-a-991648.html (Abruf v. 21.8.2015).

19 Werner: Was ist, was will, wie wirkt die AfD, S. 83.

20 Zur Geschlechter- und Gleichstellungspolitik der AfD vgl. u. a. Kemper: Keimzelle der Nation? Familien- und geschlechterpolitische Positionen der AfD – eine Expertise, hg. v. d. Friedrich-Ebert-Stiftung, Berlin 2014. In den Bewerbungsprofilen der Brandenburger AfD-Kandidaten Andreas Galau und Thomas H. Jung wurde Gender-Mainstreaming als »Umerziehungswahn bei unsern Kindern« (Jung) und »Gender-Religion« als »Lieblingsprojekt linker Sozialromantik« (Galau) bezeichnet. Auffällig ist der aggressive und polemische Ton der AfD gegen Gender-Mainstreaming und gegen eine emanzipatorische Gleichstellungspolitik vgl. u. a. Regina Frey: Von Mythen und Vermischungen – Zur Konstruktion des »Genderismus«, in: dies./Marc Gärtner et al.: Gender, Wissenschaftlichkeit und Ideologie. Argumente im Streit um Geschlechterverhältnisse [= Schriften des Gunda-Werner-Instituts, Bd. 9], hg. v. d. Heinrich-Böll-Stiftung, Berlin 2014, 2. aktual. Aufl., S. 28-39; Thomas Gesterkamp: Männerpolitik und Antifeminismus, in: WSI-Mitteilungen. Zeitschrift des Wirtschaftlichen- und Sozialwissenschaftlichen Institut des Hans-Böckler-Stiftung (2015) 1, S. 59-61; Juliane Lang: Feindbild »Genderismus«. Antifeministische Diskurse in der extremen Rechten, in: Burschel (Hg.), Aufstand der »Wutbürger«, S. 27-31.

21 Zum Landtagswahlkampf der AfD vgl. Kopke/Lorenz: »Wenn ich benenne …«, S. 40 ff. Im Verhältnis zum Wahlkampf der anderen Parteien vgl. Niedermayer: Die brandenburgische Landtagswahl, S. 23 ff.

des […] und forderte zugleich eine höhere Integrationsbereitschaft von Zuwanderern«.[22] Im Vergleich zu Sachsen und Thüringen startete der Wahlkampf der AfD zur sechsten Legislaturperiode des Brandenburger Landtags mit Beginn des Monats August eher schleppend, entsprechende Wahlkampfveranstaltungen waren in der Regel spärlich besucht. Mit 44 dokumentierten Wahlkampfveranstaltungen[23] sowie der Unterstützung medienerfahrener Abgeordneter (z. B. Beatrix von Storch[24] u. a.), also medial bekannter »Parteiprominenz«, gelang es dem Landesverband hingegen, in der Zeit unmittelbar vor der Wahl Aufmerksamkeit auf sich zu ziehen. Zusätzlichen Auftrieb erhielt die Partei durch das Wahlergebnis in Sachsen zwei Wochen vor dem Brandenburgischen Wahltermin und die dadurch breit in Gang gesetzte mediale Diskussion um die Bedeutung der AfD in Ostdeutschland und deren Verbindungen zur politischen Rechten.[25]

Um dem Vorwurf des Rechtspopulismus zu entgehen und ihn von sich zu weisen, betonte der Landesvorsitzende Alexander Gauland medienwirksam im Wahlkampf in einem offenen Brief an potenzielle Wählerinnen und Wähler der Partei Die Linke eine vermeintliche politische Schnittmengen

22 Lewandowsky: Eine rechtspopulistische Protestpartei?, S. 127.

23 Davon 30 Veranstaltungen in der Endphase des Wahlkampfs Anfang September vgl. Kopke/Lorenz: »Wenn ich benenne …«, S. 40 ff.

24 Vgl. Beatrix von Storch: Restaurative Netzwerkerin, in: Bebnowski: Die Alternative für Deutschland, S. 25-27.

25 Vgl. Häusler/Roeser: Die rechten »Mut«-Bürger, S. 141-144. Vornehmlich zu den ostdeutschen AfD-Landesverbänden liegen kritische Beiträge und Publikationen vor, die ein wechselseitiges Verhältnis zur »Neuen Rechten« konstatieren vgl. u. a. Kerstin Köditz: Der rechte Überflieger? »Alternative für Deutschland« in Sachsen, Grimma 2014; Helmut Kellershohn: Die AfD, die jungkonservative Neue Rechte und die Demokratiekritik von rechts, in: Wolfang Kastrup/Helmut Kellershohn (Hg.), Kapitalismus und/oder Demokratie? Beiträge zur Kritik »marktkonformer« Demokratieverhältnisse, Münster i. Westf. 2014, S. 127-140; Thomas Behm: Auf rechtem Kurs? Die Alternative für Deutschland in Mecklenburg-Vorpommern [= Weiterdenken. Diskussionsimpulse des Landesbüros Mecklenburg-Vorpommern der Friedrich-Ebert-Stiftung, H. 3] Schwerin 2015; Andreas Kemper: »… die neurotische Phase überwinden, in der wir uns seit siebzig Jahren befinden«. Die Differenz von Konservativismus und Faschismus am Beispiel der »historischen Mission« Björn Höckes (AfD), Jena 2015, http://www.th.rosalux.de/fileadmin/ls_thueringen/dokumente/publikationen/RLS-Heft-MissionHoecke-F-web.pdf (Abruf v. 24.9.2015).

und warb, ohne einen negativen Ton anzuschlagen, für einen Wechsel zur AfD.[26]

Als Landesvorsitzender sowie als Stellvertreter der Bundespartei erhielt Gauland die größte mediale Aufmerksamkeit unter allen AfD-Kandidaten.[27] Seine Person verkörpert in den Medien das Wesen der Partei in Brandenburg. Bundesweit wurde er zunächst aufgrund seiner Positionen im parteiinternen Streit um die von ihm abgelehnte Sanktionspolitik gegenüber Russland im Zuge des Ukrainischen Bürgerkriegs wahrgenommen. Obwohl dies kein landespolitisches Thema darstellte, fand seine demonstrativ vom politischen und publizistischen Mainstream abweichende Haltung auch im Brandenburger Wahlkampf Resonanz.[28] Als einziger Landesverband ließ die AfD in Brandenburg ihr Wahlprogramm für die Landtagswahl ins Russische übersetzen.[29] Mögliche Gründe hierfür sind die vergleichsweise große Anzahl an Brandenburgern mit einem russischen Migrationshintergrund, die als potenzielle Wählergruppe angesprochen werden sollten, sowie die traditionell guten wirtschaftlichen Beziehungen ansässiger (mittelständischer) Betriebe in die Russische Föderation. Zudem prägte Gaulands Ruf als Publizist und politikerfahrener »intellektueller Konservativer«[30] seine (innerparteiliche)

26 Vgl. Gallus: Alternative zur Alternativlosigkeit?, S. 127; Kopke/Lorenz: »Wenn ich benenne …«, S. 48 f.; Werner: Was ist, was will …, S. 84.

27 Gauland ist seit seinem Einzug in den Brandenburger Landtag AfD-Fraktionsvorsitzender und Alterspräsident des Parlaments.

28 Nach Helmut Kellershohn stehe im nationalkonservativen Diskurs über Russland nicht Russland, sondern Deutschland im Mittelpunkt: »Alles Räsonnieren über russische Interessen verfolgt das Ziel, nach Wegen und Möglichkeiten zu suchen, wie Deutschland seine eigenen nationalen Interessen in Europa und gegenüber der Supermacht USA zu Geltung bringen kann.« Russland unter der Regierung Putin werde zur Projektionsfläche eigener politischer Wunschvorstellungen, »das russische Vorbild also als Impuls für die Umgestaltung der deutschen Verhältnisse.«, in: ders.: AfD-Sondierungen (4): Außenpolitische Sandkastenspiele: Die Russlandfrage aus der Sicht der jungkonservativen Neuen Rechten, in: Duisburger Institut für Sprach- und Sozialforschung vom 30.6.2015, http://www.diss-duisburg.de/2015/06/helmut-kellershohn-afd-sondierungen-4/(Abruf v. 1.7.2015), vgl. Alexander Gauland: Thesenpapier zur Außenpolitik vom 5.9.2013, http://www.alternativefuer.de/thesenpapier-aussenpolitik/(Abruf v. 24.8.2015).

29 Vgl. AfD Brandenburg: Wahlprogramm auf Russisch, http://www.afd-brandenburg.de/wahlprogramm-auf-russisch/(Abruf v. 2.4.2015).

30 Matthias Geis: Populist mit Stil, in: Zeit Online vom 3.7.2015, http://www.zeit.de/2015/27/alexander-gauland-afd-portraet (Abruf v. 4.7.2015).

Wahrnehmung im Wahlkampf und das Außenbild der AfD in Brandenburg. Seine Kandidatur für den Landesverband wurde bereits im Mai 2014 von Außenstehenden als »Glücksfall«[31] für die AfD betrachtet. Gaulands politische Vorgeschichte, etwa seine Kontakte ins Milieu der »Neuen Rechten« und die intensive Autorenschaft im vormals nationalkonservativen Leitmedium *Criticón*, fand im Vorfeld der Wahl keine nennenswerte Erwähnung in den örtlichen Medien.[32] Innerhalb der Partei wurden und werden seine rechtskonservativen Politikansichten und Aussagen sehr wohl wahrgenommen und wohlwollend rezipiert, so zum Beispiel von der Patriotischen Plattform des sächsischen Landesverbandes.[33]

In ihrer Studie *Rechtspopulismus in Europa und die rechtspopulistische Lücke in Deutschland* kamen Alexander Häusler und Rainer Roeser bereits im Sommer 2014 zu dem Schluss: »Die AfD wehrt sich gegen den Vorwurf, rechtspopulistische Positionen zu vertreten oder personell durch Rechtspopulisten beeinflusst zu sein. Tatsächlich übt die neue Partei nicht nur auf frühere Mitglieder der CDU und FDP sowie vormals nicht parteipolitisch gebundene Bürger, die Anstoß an der Eurorettungspolitik der Bundesregierung nahmen, eine besondere Anziehungskraft aus. Hoffnungen auf das neue Parteiprojekt setzten früh auch zwei Gruppen am rechten Rand des politischen Spektrums: Zum einen (frühere) Mitglieder und Anhänger bisher erfolgloser Kleinparteien. […] Zum anderen Mitglieder vom rechten Flügel

---

31 Martin Reeh: Der kluge Konservative, in: die tageszeitung Online vom 5.5.2014, http://www.taz.de/!5042954/(Abruf v. 19.8.2015).

32 Vgl. Friedemann Schmidt: Die Neue Rechte und die Berliner Republik. Parallel laufende Wege im Normalisierungsdiskurs, Wiesbaden 2001; Kopke/Lorenz: »Wenn ich benenne …«, S. 21 ff. – Astrid Lange konstatierte auch und gerade für die Zeit, in der Gauland für *Criticón* schrieb, dass sich der Unterschied zwischen demokratischen und »neurechten«, rechtsextremen Autoren dieser Zeitschrift »verwischt« habe, »denn auch die (nur) als konservativ ausgewiesenen Positionen befinden sich nicht durchgängig im Einklang mit unserer Verfassung« (Astrid Lange: Was die Rechten lesen. Fünfzig rechtsextreme Zeitschriften. Ziele, Inhalte, Taktik, München 1993, S. 62). Eine systematische Durchsicht der Beiträge Gaulands zu *Criticón* steht noch aus.

33 Häusler zufolge »weist die ›Patriotischen Plattform‹ deutliche Annäherungen an die programmatischen Forderungen von Rechtsaußenparteien wie etwa den Republikanern oder pro NRW/Deutschland auf«, in: Häusler/Roeser: Rechtspopulismus in Europa und die rechtspopulistische Lücke in Deutschland, Erfurt 2014, S. 40.

lokaler Wählergemeinschaften.«[34] Für Brandenburg kann dies insofern bestätigt werden, als auch hier zahlreiche Funktionäre und Akteure – neben denjenigen, die zuvor Mitglied in den Unionsparteien waren – vorher in rechten, zum Teil rechtsextremen Kleinparteien (Die Freiheit, Republikaner, Bewegung pro Deutschland, Allianz Unabhängiger Bürger – Brandenburg e. V., Bund freier Bürger) aktiv gewesen sind.[35] Diese »Parteiwechsler«, so Häusler und Roeser, hatten »zwei Vorteile gegenüber den AfD-Mitgliedern, die erstmals parteipolitisch aktiv geworden waren: Einerseits beherrschten sie dank ihrer Vorerfahrung bereits parteiinterne Instrumentarien, von der Satzung bis zur Geschäftsordnung. Anderseits wussten sie um die Wichtigkeit, Netzwerke zu bilden, um in einflussreiche Positionen zu gelangen.«[36] Neben den medial bekannt gewordenen früheren Partei- beziehungsweise Verbandsmitgliedschaften der Landtagsabgeordneten Thomas Jung, Rainer van Raemdonck, Steffen Königer, Andreas Galau und Andreas Kalbitz konnten noch zahlreiche weitere Kontakte anderer AfD-Funktionsträger ins rechtskonservative und einige ins rechtsextreme Milieu ermittelt werden. Dies betrifft nicht allein die Führungsspitze des Landesverbandes sondern auch Aktive in den Kreis- und Kommunalverbänden.[37]

Gerade bei der Abwehr von Kritik an der AfD weisen Häusler und Roeser auf die auffälligen Begrifflichkeiten hin, die durch die AfD allgemein wie auch in Brandenburg angewendet werden und die man aus dem rechten und rechtsextremen Spektrum kennt. Aus den Reihen der AfD ist von »Sprachpolizei« und »politischer Korrektheit« die Rede, welche zu einem »zentralen Feindbild hochstilisiert« werde.[38] »Geradezu leitmotivisch«, so bestätigt Rohgalf, »wird über eine neue Art der Zensur in Namen der ›political correctness‹ geklagt. [...] Die Rede von der linken Diktatur [...] wirkt als Rationalisierung eines Denkens und Handelns, das im Wesentlichen durch Ressenti-

34 Ebd., S. 48 f.

35 Vgl. Kopke/Lorenz: »Wenn ich benenne ...«, S. 31 ff.

36 Häusler/Roeser: Rechtspopulismus in Europa, S. 49.

37 Ausführlich zu den politischen Lebensläufen ausgewählter Akteurinnen und Akteure der Partei im Land Brandenburg vgl. Kopke/Lorenz: »Wenn ich benenne ...«, S. 19 ff.

38 Häusler/Roeser: Rechtspopulismus in Europa, S. 34 f. Zum rechten Kampfbegriff »political correctness« vgl. u. a. Andreas Waibel: Der Political-Correctness-Diskurs, in: Burschel (Hg.), Aufstand der »Wutbürger«, S. 83-96.

ments motiviert ist.«[39] Frühere Mitgliedschaften in rechten Vereinigungen werden relativiert oder bagatellisiert, ohne dass dazu eindeutig Stellung genommen wird: Man habe sich schließlich nur »politisch ausprobiert«[40] und »eine zweite Chance verdient«[41]. Soweit wir sehen können, reagierte die AfD nur auf den Fall Jan-Ulrich Weiß, in dem Antisemitismus im Mittelpunkt stand – ein Vorwurf, von dem Gauland seinen Landesverband unbedingt frei halten wollte und will.[42] Weiß, AfD-Kreischef in der Uckermark, hatte auf seiner Facebookseite eine antisemitische Karikatur veröffentlicht und den Münchner NSU-Prozess als »Schauprozess« bezeichnet.

Während auf der einen Seite demonstrativ und regelmäßig eine Abgrenzung von jeglichen »Formen von Extremismus und Fremdenfeindlichkeit«[43] postuliert wird und sich die AfD gegen »Nazi-Beleidigungen« juristisch zur Wehr setzt[44], fordert sie zugleich auf der anderen Seite – übrigens ähnlich wie die DVU im Jahr 2007 – finanzielle Zuschüsse des Landes im Kampf gegen Rassismus und Rechtsextremismus zu streichen, da es sich aus Sicht der AfD dabei um eine »ideologische Projektförderung ohne objektiven Nutzen« handle.[45]

---

39 Rohgalf: Subsidiarität als Kampfbegriff, S. 310, S. 312.

40 Alexander Fröhlich: Neonazi-Vorwürfe gegen die AfD, in: Potsdamer Neueste Nachrichten vom 20.10.2014, http://www.pnn.de/brandenburg-berlin/903176/(Abruf v. 25.8.2015).

41 Aktionsbündnis Brandenburg: AfD: »Viele rechte Einzelfälle«, in: Aktionsbündnis Brandenburg vom 16. Oktober 2014, http://www.aktionsbuendnis-brandenburg.de/aktuelles/afd-viele-rechtsextreme-einzelfaelle (Abruf v. 24.8.2015).

42 Vgl. Kopke/Lorenz: »Wenn ich benenne …«, S. 12 sowie den Beitrag von Gideon Botsch und Christoph Kopke über »Antisemitismus ohne Antisemiten« im vorliegenden Band.

43 Landtag Brandenburg: Drucksache 6/1760, Erschließungsantrag der AfD-Fraktion zum Antrag der SPD-Fraktion und der Fraktion DIE LINKE – DS 6/1601 »Toleranz und Weltoffenheit erhalten – Rechtsextremismus bekämpfen« vom 12.6.2015, http://afd-fraktion-brandenburg.de/wp-content/uploads/2015/08/Entschließungsantrag-Extremismus.pdf (Abruf v. 25.8.2015).

44 Henri Kramer: Nazi-Beleidigung mit Nachspiel, in: Potsdamer Neueste Nachrichten vom 12.5.2015, http://www.pnn.de/potsdam/966748/# (Abruf v. 24.8.2015).

45 Alexander Fröhlich: AfD: Kein Geld für Kampf gegen rechts – Partei im Landtag isoliert, in: Potsdamer Neueste Nachrichten vom 2.5.2015, http://www.pnn.de/titelseite/963386/ (Abruf v. 10.5.2015).

3 Gibt es ein »brandenburgisches Profil« der AfD?

Der inzwischen deutlich zu Tage getretene explizite Rechtskurs des Brandenburger AfD-Landesverbandes zeichnete sich bereits während des Wahlkampfes 2014 ab und macht sich vor allem an der Auseinandersetzung mit den sensiblen Themen Innere Sicherheit, Kriminalität, Asyl- und Einwanderungspolitik sowie Familienpolitik bemerkbar. Werden dezidiert landespolitische Fragen zur Kreisgebietsreform, zum Ausbau erneuerbarer Energien, zur Massentierhaltung oder zum Flughafen Berlin-Brandenburg (BER) nachrangig behandelt, so werden öffentliche Debatten zu den Schwerpunktthemen Asyl- und Einwanderungspolitik und Innere Sicherheit dafür äußerst emotional und ressentimentgeladen geführt. In den Wahlkampfreden des Jahres 2014 und in den Aussagen einzelner Parteimitglieder lässt sich eine starke Tendenz hin zur Nationalisierung und Ethnisierung sozialer und ökonomischer Problemlagen, etwa bei Fragen der Kriminalität, feststellen.

So wird im Wahlprogramm die Erfassung und Nennung der Staatsbürgerschaft eines Tatverdächtigen im Rahmen der polizeilichen Kriminalitätsstatistiken gefordert und davon gesprochen, dass der »Anteil der Ausländer am Gesamtaufkommen der Kriminalität [...] den Ausländeranteil an der Gesamtbevölkerung bei weitem« übertrifft. »In einzelnen Bereichen dominieren Ausländer als Täter deutlich«, so das Wahlprogramm. »Dies gilt etwa auch für Jugendgewalttaten. Die Kriminalitätsbelastung durch ausländische Täter ist daher weitaus mehr als nur besorgniserregend.«[46] Ähnlich wird das in Brandenburg problematische Phänomen der Kriminalität im deutsch-polnischen Grenzgebiet (»Grenzkriminalität«), das für alle Parteien im Wahlkampf von Relevanz war, populistisch aufgegriffen.[47]

---

46 Mut zu Brandenburg – Bodenständig und frei leben. Das Programm der Alternative für Deutschland für die Landtagswahl am 14. September 2014, S. 26 f, http://www.afd-brandenburg.de/wp-content/uploads/2014/04/Landtagswahlprogramm-komplett.pdf (Abruf v. 26.8.2015).

47 Vgl. AfD-Fraktion im Brandenburger Landtag: Pressemittel vom 10.7.2015: Polizeiführung übernimmt AfD-Forderung und setzt sich für dauerhafte Erhöhung der Grenzkontrollen ein, http://afd-fraktion-brandenburg.de/?wysija-page=1&controller=email&action=view&email_id=109&wysijap=subscriptions (Abruf v. 24.8.2015). Vgl. zur Grenzkriminalität: Manfred Rolfes: Kriminalität, Sicherheit und Raum: Humangeographische Perspektiven der Sicherheits- und Kriminalitätsforschung [= Sozialgeographie kompakt, Bd. 3], Stuttgart 2015.

In der Öffentlichkeit machte die AfD im Land in erster Linie jedoch mit Forderungen zur Asyl- und Migrationspolitik von sich reden. Beides wird vorrangig als Bedrohungsszenario wahrgenommen, dargestellt und schlagwortartig mit »Wirtschaftsflüchtlingen« und »Asylmissbrauch«[48] assoziiert: »Wer nicht politisch verfolgt ist, hat gar keinen Anspruch«, so Gauland.[49] Bereits während der Kommunalwahl im Mai 2014 forderte er: »Keine Zuwanderung in unsere Sozialsysteme.«[50] Der AfD-Kreisverband Dahme-Spreewald schlug vor, die Einrichtung von Asylbewerberheimen an »Volksentscheide« auf Gemeindeebene zu knüpfen.[51] Die auf dem Landesparteitag im April 2015 von Gauland versprochenen »scharfkantigen Meinungen«[52] zur Asylpolitik wurden besonders in den darauffolgenden Monaten offenbar, zu einem Zeitpunkt also, da in Brandenburg mehrere Tausend Flüchtlinge ankamen. So bezeichnete der Abgeordnete Steffen Königer Ende April 2015 Asylbewerberheime als »Fremdkörper in jeder Gemeinde«.[53] Im Sommer 2015 begrüßte die AfD einzelne, kontrovers diskutierte asylpolitische Vorschläge von Bundes- und Landespolitikern, griff sie auf und forderte eine weitere Verschärfung der Asylgesetze[54], die Rückkehr zum umstrittenen Gutscheinsystem für Asylsuchende[55], die Einrichtung von separaten Aufnahme- und Abschiebelagern

48 So etwa in der Rede Gaulands im Brandenburger Landtag vom 20.12.2014, https://www.youtube.com/watch?v=lHLsPUVux-k (Abruf v. 28.8.2015).

49 rbb: Sommerinterview: »Wer nicht politisch verfolgt ist, hat gar keinen Anspruch«, in: rbb Online vom 16.8.2015, http://www.rbb-online.de/politik/beitrag/2015/08/sommerinterview-alexander-gauland-gegen-Einwanderungsgesetz.html (Abruf v. 17.8.2015).

50 Alexander Gauland: Pressemitteilung vom 21.4.2014: Keine Einwanderung in unsere Sozialsysteme, http://www.alternativefuer.de/gauland-keine-zuwanderung-unsere-sozialsysteme/(Abruf v. 25.8.2015).

51 Vgl. Häusler/Roeser: Die rechten »Mut«-Bürger, S. 55.

52 Metzner: Gauland hält AfD auf Rechtskurs.

53 Zit. n. Alexander Fröhlich: AfD auf der schiefen Ebene nach rechts, in: Potsdamer Neueste Nachrichten vom 30.4.2015, http://www.pnn.de/brandenburg-berlin/962983/(Abruf v. 28.8.2015).

54 Vgl. AfD-Fraktion: Pressemitteilung vom 1.7.2015: Verschärfung des Asylgesetzes, http://afd-fraktion-brandenburg.de/afd-fraktion-pm-verschaerfung-des-asylgesetzes/(Abruf v. 2.7.2015).

55 Vgl. Alexander Gauland: »Gutscheinsystem für Asylbewerber«, Pressemitteilung der AfD-Landtagsfraktion vom 3.8.2015, http://afd-fraktion-brandenburg.de/gauland-gutscheinsystem-fuer-alle-asylbewerber/(Abruf v. 26.8.2015).

für Asylbewerber aus der Balkanregion.[56] Außerdem sprach sie sich für eine Aussetzung des Grundrechts auf Asyl aus[57], sollte die Zahl von ankommenden Flüchtlingen weiter ansteigen. Parallel zur medial ausgetragenen Debatte um die Asylpolitik nahm die Zahl rassistischer und rechtsmotivierter Angriffe gegen als »ausländisch« markierte Menschen und auf (potenzielle) Flüchtlingsunterkünfte in Brandenburg zu.[58] Nach einem Brandanschlag auf eine geplante Asylbewerberunterkunft in Nauen verurteilte AfD-Landeschef Gauland zwar den Gewaltakt, sah »die Verantwortung für solche Taten [...] in erster Linie [bei den; Anm. d. Ver.] Politiker[n] der Altparteien, die zur jetzigen Eskalation der Flüchtlingsproblematik beigetragen haben. Eine zügige Bearbeitung der Asylanträge und eine konsequente Abschiebung abgelehnter Asylbewerber hätten schon frühzeitig die Situation in Brandenburg und auch in Nauen entspannt.«[59] Die Zuwanderung soll nach dem Willen der Partei in erster Linie nicht nach humanitären beziehungsweise verfassungsrechtlichen Grundsätzen, sondern nach ökonomischen und kulturalistischen Kriterien erfolgen. Bestimmten Gruppen wird kollektiv »Integrationsunwilligkeit« und »Kulturfremdheit« zugeschrieben.

Besonders deutlich wurde diese Positionierung auch in der wohlwollenden Haltung Alexander Gaulands zu den Demonstrationen der »Patriotischen Europäer gegen die Islamisierung des Abendlandes« (PEGIDA) in Dresden

56 Vgl. Detlev Frye: Aufnahme und Abschiebereinrichtungen für Flüchtlinge vom Westbalkan, Pressemitteilung der AfD-Fraktion vom 14.8.2015, http://afd-fraktion-brandenburg.de/?wysija-page=1&controller=email&action=view&email_id=135&wysijap=subscriptions (Abruf v. 16.8.2015).

57 Vgl. Alexander Gauland: Bei einer Million Flüchtlingen muss geprüft werden, das Asylrecht auszusetzen, Pressemitteilung vom 21.8.2015, http://www.alternativefuer.de/gauland-bei-einer-million-fluechtlingen-muss-geprueft-werden-das-asylrecht-auszusetzen/(Abruf v. 22.8.2015).

58 Vgl. Opferperspektive e. V.: Rassistische Gewalt in Brandenburg auf alarmierendem Niveau: Angriffszahlen zeigen bedrohliche Lage für Flüchtlinge, in: Pressemittelung vom 24.8.2015, http://www.opferperspektive.de/aktuelles/rassistische-gewalt-in-brandenburg-auf-alarmierendem-niveau-angriffszahlen-zeigen-bedrohliche-lage-fuer-fluechtlinge (Abruf v. 26.8.2015).

59 Detlev Frye: Nauen – erste Reaktion A. Gauland, Pressemitteilung der AfD-Fraktion vom 25.8.2015, http://afd-fraktion-brandenburg.de/?wysija-page=1&controller=email&action=view&email_id=138&wysijap=subscriptions (Abruf v. 26.8.2015).

während der Wintermonate 2014/2015.[60] Als erste offizielle AfD-Delegation reiste die Brandenburger Fraktion nahezu geschlossen und medienwirksam am 15. Dezember 2014 als »Beobachter« zur neunten PEGIDA-Demonstration nach Dresden. Im Vorfeld bezeichnete Gauland die AfD zwar als »natürlichen Verbündeten«[61] jener nationalistischen Proteste, man beteuerte jedoch, nicht der »parlamentarische Arm«[62] dieser »Volksbewegung«[63] zu sein. Trotz direkter Kontakte der Parlamentarischen Geschäftsführerin der AfD, Birgit Bessin, zu den PEGIDA-Organisatoren in Dresden konnte sich in Brandenburg kein offizieller PEGIDA-Ableger dauerhaft etablieren.[64] PEGIDA-kritische Positionen aus den Reihen des Landesverbandes bildeten in dieser Zeit die deutliche Minderheit und blieben nahezu ungehört. Spätestens seit den dschihadistischen Anschlägen auf die Redaktion des Satiremagazins *Charlie Hebdo* und auf einen koscheren jüdischen Supermarkt in Paris Anfang Januar 2015, die für Gauland die zahlenmäßig wachsenden PEGIDA-Proteste in Dresden zusätzlich legitimierten, gehört das Bedienen und Mobilisieren unkritischer Ressentiments gegenüber dem Islam, die nicht auf eine aufgeklärte Religionskritik abzielen, fest zur politischen Agenda des Landesvorsitzenden.

Die beispielhaft geschilderten politischen Positionen sind Teil einer Selbstinszenierung als angebliche Protest- und »Anti-Establishment«-Partei, »die als Anwalt des Volkes gegen die ›politische Klasse‹ agiert«[65]. Dafür

60 Vgl. Häusler/Roeser: Die rechten »Mut«-Bürger, S. 146 f; Lars Geiges/Stine Marg/Franz Walter (Hg.), PEGIDA. Die schmutzige Seite der Zivilgesellschaft?, Bielefeld 2015, S. 151-161.

61 rbb: Gauland sieht Dresdner »Pegida« als Verbündete, in: rbb Online vom 7.1.2015, http://www.rbb-online.de/politik/beitrag/2015/01/gauland-veraendertes-einwanderungsgesetz-dresdner-pegida-verbuendete.html (Abruf v. 8.1.2015).

62 AfD-Fraktion: PEGIDA, Pressemitteilung vom 9.12.2014, http://afd-fraktion-brandenburg.de/pressemitteilung-pegida/(Abruf v. 24.8.2015).

63 Alexander Fröhlich: Gauland, die AfD und Pegida, in: Potsdamer Neueste Nachrichten vom 29.1.2015, http://www.pnn.de/brandenburg-berlin/932258/(Abruf v. 30.1.2015).

64 Als einziger offizieller regionaler PEGIDA-Ableger in Brandenburg galt »COGIDA« aus Cottbus, vgl. rbb: Rund 500 demonstrieren gegen Cogida, in: rbb Online vom 11.2.2015, http://www.rbb-online.de/politik/beitrag/2015/02/cogida-cottbus-pegida-gegendemo-mehrere-hundert-demonstranten.html (Abruf v. 13.2.2015). Eine Übersicht über die in Anlehnung an PEGIDA meist von Rechtsextremen initiierten Demonstrationen in Brandenburg bietet: Landtag Brandenburg, Drucksache 6/673, Antwort der Landesregierung auf die Kleine Anfrage Nr. 217 der CDU-Fraktion, Pegida-Imitationen in Brandenburg, http://www.parldok.brandenburg.de/parladoku/w6/drs/ab_0600/673.pdf (Abruf v. 31.3.2015).

65 Rohgalf: Subsidiarität als Kampfbegriff, S. 308.

wurde und wird wiederholt auf die rhetorische Strategie des Tabubruchs zurückgegriffen: »Systematisch werden dabei Kritik und Widerrede zu Zensurabsichten uminterpretiert, um Kritiker zu desavouieren.« Rohgalf zufolge geht es bei dieser Strategie vor allem »um Deutungsmacht.«[66] Unter dem Slogan »Mut zur Wahrheit« werden die eigenen Politikvorstellungen mit dem Etikett versehen, oppositionell zur bestehenden Politik zu sein. Diese Strategie wird durch die Behauptung gestützt, im »Dienste von Minderheiteninteressen wären Sprech- und Denkverbote errichtet worden, die öffentliche Debatten lediglich in engen Bahnen verlaufen lassen würden. Jeder, der sich abseits von diesem mutmaßlich ›engen Meinungskorridor‹ des ›Mainstream‹ bewege und eine ›unbequeme Wahrheit‹ ausspreche, werde umgehend als rechts diskreditiert und so effektiv mundtot gemacht.«[67]

4 Kurs scharf rechts

Trotz ihrer immer wieder vorgebrachten Behauptung, nicht ideologisch und nicht rechts zu sein, zeigt sich in Brandenburg, dass die AfD eindeutig eine Partei weit rechts der CDU/CSU ist. Mindestens acht Landtagsabgeordnete beziehungsweise fünf Repräsentanten des Landesvorstandes der AfD weisen eine politische Vergangenheit in diversen rechten und populistischen Kleinparteien oder Gruppierungen auf. Frühere Unionsmitglieder begründeten ihren Parteiaustritt regelmäßig mit der Liberalisierung und Modernisierung der CDU, die als »Linkstrend« denunziert werden.[68] Vor diesem Hintergrund erklärt sich die vehemente Kritik Alexander Gaulands am einstigen AfD-Mitbegründer und ehemaligen Bundesvorsitzenden Bernd Lucke im ersten Halbjahr 2015. Gauland, das ehemalige und enttäuschte Unionsmitglied,

---

66 Ebd., S. 307.

67 Ebd., S. 310 f.

68 Mehrere brandenburgische AfD-Funktionäre waren zuvor Mitglied der im Jahr 2010 von CDU-Mitgliedern initiierten »Aktion Linkstrend stoppen« vgl. Philipp Wittrock: Profildebatte in der CDU: Frustrierte Rechte machen gegen Merkel mobil, in: Spiegel Online vom 19.2.2010, http://www.spiegel.de/politik/deutschland/profildebatte-in-der-cdu-frustrierte-rechte-machen-gegen-merkel-mobil-a-678809.html (Abruf v. 24.9.2015); Kopke/Lorenz: »Wenn ich benenne ...«, S. 19 ff.

warf Lucke vor, die AfD »vermerkeln«[69] zu wollen, um die Partei letztlich »anschlussfähig an die CDU«[70] zu machen. Bestätigt von den Erfolgen in den ostdeutschen Landtagswahlen 2014, hatte sich Gauland neben seiner sächsischen Kollegin Frauke Petry zügig als Vertreter des rechten Parteiflügels und interner Kritiker des Bundesvorsitzenden und dessen wirtschaftsliberalen Kurses positioniert. Öffentlich stellte Gauland Lucke als »Kontrollfreak«[71] dar, der die Partei allein »nach Gutsherrenart«[72] führe. Nach dem Bundesparteitag im Februar 2015 in Bremen, auf dem sich die Mehrheit der Teilnehmerinnen und Teilnehmer für eine Parteistruktur nach den Vorstellungen Luckes (ein Parteivorsitzender, ein Generalsekretär) aussprach, rief Gauland die Anhänger des nationalkonservativen Flügels auf, trotz inhaltlicher Opposition die Partei nicht zu verlassen. Über das noch ausstehende Parteiprogramm könnten, so die damalige Vorstellung, weiterhin eigene Standpunkte und Forderungen umgesetzt werden. Unter Rückgriff auf den deutschen Angriffsplan des Ersten Weltkriegs, riet Gauland seinen Sympathisanten daher: »Beherzigt das alte Schlieffen-Motto und macht den rechten Flügel stark.«[73]

Als im darauffolgenden März Björn Höcke (Landesverband Thüringen) und André Poggenburg (Landesverband Sachsen-Anhalt) in einer »Erfurter Resolution«[74] gegen den Kurs von Bernd Lucke die AfD in erster Linie »als Bewegung unseres Volkes gegen die Gesellschaftsexperimente der letzten Jahrzehnte (Gender-Mainstreaming, Multikulturalismus, Erziehungsbeliebig-

69 Alexander Fröhlich: Alexander Gauland warnt vor »Vermerkelung« der AfD, in: Der Tagesspiegel vom 5.2.2015, http://www.tagesspiegel.de/politik/interne-e-mail-alexander-gauland-warnt-vor-vermerkelung-der-afd/11335704.html (Abruf v. 7.2.2015).

70 Dietmar Neuerer: »Ich hätte Gert Wilders nicht eingeladen«, in: Handelsblatt Online vom 13.4.2015, http://www.handelsblatt.com/politik/deutschland/interview-mit-afd-vize-gauland-ich-haette-geert-wilders-nicht-eingeladen/11629064.html (Abruf v. 15.4.2015).

71 Günther Lachmann: Gauland beschimpft Lucke als »Kontrollfreak«, in: Die Welt Online vom 19.11.2014, http://www.welt.de/politik/deutschland/article134524972/Gauland-beschimpft-Lucke-als-Kontrollfreak.html (Abruf v. 22.8.2015).

72 rbb: Gauland geht in Position gegen Lucke, in: rbb Online vom 5.1.2015, http://www.rbb-online.de/politik/beitrag/2015/01/gauland-geht-in-position-gegen-lucke.html (Abruf v. 6.1.2015).

73 Alex Krämer: Gaulands Schlieffen-Plan, in: rbb Online vom 6.2.2015, http://www.rbb-online.de/politik/beitrag/2015/02/AfD-Alexander-Gauland-Vermerkelung-Parteiprogramm.html (Abruf v. 10.2.2015).

74 Vgl. Wortlaut der »Erfurter Resolution« unter: http://derfluegel.de/erfurterresolution.pdf (Abruf v. 22.8.2015).

keit usf.)« sowie »als Widerstandsbewegung gegen die weitere Aushöhlung der Souveränität und der Identität Deutschlands«[75] bezeichneten, gehörten Gauland und die Brandenburger Landtagsabgeordneten Birgit Bessin und Andreas Kalbitz zu den Erstunterzeichnern, wobei Gauland erklärte, »ohne Wenn und Aber«[76] hinter der Erklärung zu stehen. Immer wieder trat er in dieser Zeit auf umstrittenen Veranstaltungen auf, wie etwa in der zum Netzwerk der Neuen Rechten gehörenden Bibliothek des Konservatismus[77], im Rahmen der sogenannten *Compact*-Friedenskonferenz[78] oder vor der rechtslastigen Staats- und Wirtschaftspolitischen Gesellschaft (SWG) in Hamburg[79].

Im Mai warnte Gauland, die von Lucke und seinen Unterstützern getragene Initiative »Weckruf 2015« führe zur Spaltung der Partei und ignoriere in ihrer Zielsetzung jene Themen, die die Wahlerfolge der AfD im Osten erst möglich gemacht hätten: »die Sorgen vieler Menschen vor steigenden Flüchtlingszahlen, vor der Kriminalität in den Grenzregionen, vor der multikulturellen Gesellschaft. Eine Partei, wie sie Lucke will, wird neben CDU und FDP keine Chance haben.«[80] Da die AfD mit diesem Themensetting im bürgerlichen Lager keine Perspektive habe, müsse man, um dauerhaft erfolgreich zu sein, eine Partei jener »kleinen Leute« werden, »die eben kein Asylbewerberheim neben sich haben wollen«[81].

---

75 Ebd.

76 Alexander Fröhlich: Gauland gegen liberalen Kurs der Bundespartei, in: Potsdamer Neueste Nachrichten vom 16.3.2015, http://www.pnn.de/brandenburg-berlin/947646/(Abruf v. 20.8.2015).

77 Vgl. Fanny Lüskow: »Renomierprojekt der Rechten«, in: die tageszeitung Online vom 9.3.2015, http://www.taz.de/1/archiv/digitaz/artikel/?ressort=bl&dig=2015%2F03%2F09%2Fa0128&cHash=016ed8420cc33cfb7d9a77406d16e34c (Abruf v. 10.3.2015).

78 Vgl. Sidney Gennies: Egon Bahr und die Verschwörungstheoretiker, in: Der Tagesspiegel vom 23.11.2014, http://www.tagesspiegel.de/politik/compact-konferenz-egon-bahr-und-die-verschwoerungstheoretiker/11019990.html (Abruf v. 26.8.2015).

79 Vgl. Julian Feldmann: AfD-Vize besucht Hamburgs rechte SWG, in: ndr.de vom 23.3.2015, https://www.ndr.de/nachrichten/hamburg/AfD-Vize-Gauland-besucht-Hamburgs-rechte-SWG,swg100.html (Abruf v. 24.3.2015).

80 Vgl. Severin Weiland: AfD-Vize Gauland: »Herr Lucke hat kein Gespür für andere Menschen, in: Spiegel Online vom 11.6.2015, http://www.spiegel.de/politik/deutschland/afd-krise-vize-alexander-gauland-attackiert-bernd-lucke-a-1038262.html (Abruf v. 22.7.2015).

81 Dietmar Neuerer: Interview mit AfD-Vize Gauland: »Ich hätte Geert Wilders nicht eingeladen«, in: Handelsblatt Online vom 13.4.2015, http://www.handelsblatt.com/politik/deutschland/interview-mit-afd-vize-gauland-ich-haette-geert-wilders-nicht-eingeladen/11629064-all.html (Abruf v. 19.4.2015).

Innerhalb des Landesverbandes Brandenburg gab es zu dieser Zeit keine nennenswerte Auseinandersetzung über den Kurs der AfD, »Gaulands Richtung gilt«[82]. Nur vereinzelt äußerten Mitglieder Unmut über den Kurs des Landesvorsitzenden, unterstützten die Forderung, die AfD »nicht den Ideologen, Rechtspopulisten und Verschwörungstheoretikern« zu überlassen oder traten aus der Partei aus.[83]

War die AfD seit ihrer Gründung eine nationalpopulistische Rechtspartei, so hatte der Brandenburgische Landesverband bedeutenden Anteil daran, sie noch schärfer rechts zu profilieren. Die Entscheidung fiel auf dem Bundesparteitag in Essen, Anfang Juli 2015, wo Frauke Petry mit deutlicher Mehrheit zur neuen Parteivorsitzenden gewählt und Gauland erneut als Parteivize bestätigt wurde. Der neue Parteivorstand wird seitdem vor allem von »ultrakonservativen und rechtsnationalen Kräften dominiert«[84].

Die Spaltung der Partei in Folge des Austritts von Lucke und anderen prominenten Parteimitgliedern und ihrer Initiative, eine Allianz für Fortschritt und Aufbruch (ALFA) als »Wiedergeburt der ursprünglichen AfD« zu schaffen, ging am brandenburgischen Landesverband fast völlig vorbei.[85] Verlor die AfD eigenen Angaben zufolge nach dem Essener Parteitag bundesweit etwa 20 Prozent ihrer Mitglieder[86], waren es in Brandenburg nur 30 bis 40 Perso-

---

82 Krämer: Brandenburgs AfD auf Gauland-Kurs.

83 Alexander Fröhlich: Liberale Mitglieder gegen Gauland Warnung vor Sektierern und Ideologen, in: Potsdamer Neueste Nachrichten vom 18.6.2015, http://www.pnn.de/brandenburg-berlin/978041/(Abruf v. 20.6.2015); Sascha Adamek: Brandenburger AfD verliert zwei Fraktionschefs, in: rbb Online vom 17.4.2015, http://www.rbb-online.de/politik/beitrag/2015/04/afd-kreitagschef-winfried-dreger-erklaert-parteiaustritt.html (Abruf v. 24.9.2015).

84 Tagesschau: Lucke wendet sich ab, in: tagesschau.de vom 5.7.2015, https://www.tagesschau.de/inland/afd-parteitag-119.html (Abruf v. 7.7.2015).

85 Vgl. dpa: Bernd Lucke gründet neue Partei, in: Zeit Online vom 19.7.2015, http://www.zeit.de/politik/deutschland/2015-07/bernd-lucke-weckruf-parteigruendung-kassel (Abruf v. 20.7.2015); Tina Rohowski: Blankenfelder soll neue Lucke-Partei in Brandenburg aufbauen, in: rbb Online vom 20.7.2015, http://www.rbb-online.de/politik/beitrag/2015/07/Politik-Lucke-gruendet-neue-Partei-namens-Alfa.html (Abruf v. 21.7.2015).

86 Vgl. Focus: Alternative für Deutschland: Mitgliederverlust nach Parteiabspaltung, in: Focus Online vom 29.8.2015, http://www.focus.de/magazin/kurzfassungen/focus-36-2015-alternative-fuer-deutschland-mitgliederverlust-nach-parteiabspaltung_id_4910638.html (Abruf v. 30.8.2015).

nen.[87] Die Landtagsfraktion blieb geschlossen bei Gauland. Für den Aufbau eines ALFA-Landesverbandes stand auch kein anderes führendes Mitglied der AfD zur Verfügung: Roland Hahn[88], der diese Aufgabe übernahm, war lediglich Gemeindevertreter der AfD in Blankenfelde-Mahlow.[89]

Die Entwicklung der AfD in Brandenburg macht deutlich, dass unter Führung von Alexander Gauland eine nationalpopulistische Rechtspartei entstanden ist. Damit hatten wenige Beobachter gerechnet, galt Gauland doch im Land als zwar entschieden konservative, aber integre Persönlichkeit. Zudem hatte er noch 2013 gefordert, die AfD dürfe nicht zur »Partei der Wüteriche«, der »zu kurz Gekommenen« und »Denkfaulen« werden.[90]

In der konkreten parlamentarischen Arbeit hat sich die Landtagsfraktion hingegen kaum profiliert und wenig professionalisiert. Sie beschränkte sich zumeist auf kalkulierte Provokationen während der Plenarsitzungen und einige schriftliche Eingaben. Politische Mitgestaltung ist bei den von der AfD gesetzten Agendathemen und der Art ihrer Thematisierung und Problematisierung auf Landesebene kaum möglich, da sie in der Regel gegen solche politischen Fragen protestiert, die auf Bundes-, europäischer oder internationaler Ebene verhandelt und entschieden werden. Eine erfolgreiche Verankerung in der Kommunal- oder Landespolitik, die rechtspopulistischen Parteien in anderen europäischen Ländern mittelfristig eine soziale Basis verschaffte – und nicht nur ein diffuses Wählerpotenzial –, dürfte so nicht zu erreichen sein.

---

87 Vgl. dpa: AfD in Brandenburg verzeichnet seit Bundesparteitag 33 Austritte, in: Märkische Onlinezeitung vom 20.7.2015, http://www.moz.de/artikel-ansicht/dg/0/1/1407361 (Abruf v. 22.7.2015); dpa: Alfa-Landesverband voraussichtlich im Oktober, in: Märkische Onlinezeitung vom 14.8.2015, http://www.moz.de/artikel-ansicht/dg/0/1/1413690 (Abruf v. 20.8.2015).

88 Zum politischen Werdegang von Roland Hahn vgl. Kopke/Lorenz: »Wenn ich benenne …«, S. 24 f.

89 Momentan sollen in Brandenburg ca. 50 Personen der ALFA angehören. Die offizielle Gründung eines Landesverbandes ist für November 2015 vorgesehen vgl. Rohowski: Blankenfelder soll neue Lucke-Partei in Brandenburg aufbauen; dpa: Kaum Zulauf für neue Partei Alfa in Brandenburg, in: Märkische Onlinezeitung vom 29.9.2015, http://www.moz.de/nachrichten/brandenburg/artikel-ansicht/dg/0/1/1425337/(Abruf v. 29.9.2015).

90 Alexander Gauland: Brief an konservative Parteifreunde vom 29.12.2013, http://www.alternativefuer.de/brief-konservative-parteifreunde/(Abruf v. 28.8.2015).

Gleichwohl bleibt die Wahlneigung zur AfD in Brandenburg noch vergleichsweise hoch. Nach einer Forsa-Umfrage vom September 2015, die im Auftrag der Märkischen Allgemeinen[91] durchgeführt wurde, tendierten 7 Prozent der Wählerinnen und Wähler in Brandenburg dazu, diese Partei zu wählen. Unter dem Eindruck der andauernden Flüchtlingskrise wurde dies zwar als relativ schlechter Wert wahrgenommen, zumal sich darin ein leichter Rückgang gegenüber einer Umfrage vom Dezember 2014 ausdrückte und der Landesverband in Sachsen weit bessere Umfragewerte vorweisen konnte. Das ändert aber nichts an der Tatsache, dass die AfD mit einem vergleichbaren Wert immer noch für eine zweite Legislaturperiode in Fraktionsstärke in den brandenburgischen Landtag einziehen könnte. Es bleibt mithin abzuwarten, ob sich die AfD in Brandenburg mittelfristig beziehungsweise dauerhaft zu einem parlamentarischen Arm jener seltsamen bürgerlich-fundamentalistischen Protestbewegung entwickeln kann, die sich zur Zeit aus den antisemitischen Teilnehmerinnen und Teilnehmern sogenannter Montagsmahnwachen für den Frieden, PEGIDA-Bündnissen, »Identitären«[92], »Reichsbürgern«[93], Anhängern von Verschwörungsmythen[94], ultranationalistischen Fußballfans, der Hooligan-Szene[95], rechtsextremen und neurechten Netzwerken sowie frustrierten »Wutbürgern« zu formieren scheint.

---

91 Forsa-Umfrage: So würde Brandenburg heute wählen, in: Märkische Allgemeine vom 19.9.2015, http://www.maz-online.de/Brandenburg/So-wuerde-Brandenburg-heute-waehlen (Abruf v. 21.9.2015).

92 Zur »Identitären Bewegung« in Brandenburg vgl. Ministerium des Innern des Landes Brandenburg (Hg.): Verfassungsschutzbericht Land Brandenburg 2013, Potsdam 2014, S. 149-152; Landtag Brandenburg: Drucksache 6/1076: Antwort der Landesregierung auf die Kleine Anfrage 386 des Abgeordneten Klaus Ness der SPD-Fraktion Drucksache 6/843, http://www.parldok.brandenburg.de/parladoku/w6/drs/ab_1000/1076.pdf (Abruf 28.8.2015).

93 Vgl. Jan Freitag: »Reichsbürger« – Eine Bedrohung für die Demokratie oder lächerliche Verschwörungstheoretiker? Das Beispiel Brandenburgs, in: Jahrbuch für Extremismus & Demokratie [E&D] 26 (2014), S. 155-172.

94 Vgl. Wolfgang Storz: »… und meine Zielgruppe ist das Volk«: »Querfront« – Karriere eines politisch-publizistischen Netzwerks. Ein Projekt der Otto-Brenner-Stiftung Frankfurt a. M. 2015 [= OBS-Arbeitspapier Nr. 18], Frankfurt a. M. 2015, https://www.otto-brenner-shop.de/uploads/tx_mplightshop/2015_08_12_AP18_Querfront.pdf (Abruf v. 29.8.2015).

95 Vgl. Pavel Brunßen: Vernetzung von Neonazis und Hooligans zu lange ignoriert, in: Amadeu Antonio Stiftung (Hg.), Fairplay statt Hass. Was wir gegen Menschenverachtung und rechtsextreme Ideologien im Fußball machen können, Berlin 2015, S. 11-13.

PEGIDA und die Radikalisierung von rechts – Beobachtungen einer menschenfeindlichen Bewegung

Olaf Sundermeyer

Die fremden- und demokratiefeindliche Protestinitiative PEGIDA hat als Bindemittel gegriffen – für alle, die sich am rechten Rand verorten, und jenseits davon. Rechtspopulisten und Rechtsextremisten führen seither eine Bewegung all jener an, die die Realität einer vielfältigen, offenen Gesellschaft ablehnen. Zu den Ersten, die den Nutzen einer fremdenfeindlichen Allianz erkannt haben, gehörte der AfD-Vizevorsitzende Alexander Gauland. Rückblickend auf seinen Besuch einer PEGIDA-Demonstration in Dresden im Dezember 2014 sagte er zehn Monate später: »Diese Menschen können in der Tat unsere natürlichen Verbündeten sein.«[1]

»PEGIDA«, die »Patriotischen Europäer gegen die Islamisierung des Abendlandes« hatten sich im Herbst in Dresden aus einem losen Zusammenschluss von zwölf Freunden und Bekannten aus der Umgebung der sächsischen Landeshauptstadt, hauptsächlich aus dem Landkreis Meißen, gegründet, die sich entschlossen hatten, sich entsprechend politisch – aber parteifern – zu engagieren. Ihre erste Demonstration fand, analog zu den Montagsdemonstrationen aus der Wendezeit, an einem Montag statt, auf dem Dresdener Neumarkt hinter der Frauenkirche. Schon frühzeitig wurden Redner aus dem rechtspopulistischen und islamfeindlichen Spektrum eingeladen, um aus einem geöffneten Transporter mit einer Beschallungsanlage zu den Demonstranten zu sprechen. Dazu gehörten unter anderem Michael Stürzenberger von der rechtspopulistischen Kleinstpartei »Die Freiheit« oder der im Unfrieden bei der F.A.Z. ausgeschiedene Bestsellerautor Udo Ulfkotte,

1 Sämtliche Zitate in diesem Text entstammen Interviews, die der Autor selbst mit den jeweiligen Akteuren geführt hat. Die übrigen Informationen entstammen seiner teilnehmenden Beobachtung, die er als Journalist bei bundesweit 22 PEGIDA- und GIDA-Veranstaltungen seit November 2014 angestellt hat.

der sich seitdem allmählich zum Rechtspopulisten radikalisiert hatte. Gemeinsam mit anderen, etwa dem neurechten Publizisten Götz Kubitschek sowie einzelnen Akteuren aus dem PEGIDA-Organisationsteam, versorgten sie die PEGIDA-Anhänger in ihren Redebeiträgen mit Argumenten für den islam- und fremdenfeindlichen Diskurs, der schon frühzeitig bei PEGIDA durch eine gehörige Staatsskepsis geprägt war. Diese drückte sich vor allem durch eine personalisierte Feindschaft gegen einzelne Politiker von Bundesregierung und Opposition aus (Angela Merkel, Cem Özdemir, Sigmar Gabriel, Heiko Maas), und schlug phasenweise in offene Feindschaft gegen den Staat um. Neben der Abwertung vor allem von Muslimen, später auch von Flüchtlingen, kam als inhaltlicher Konsens auf den Demonstrationen die Ablehnung der »herrschenden politischen Klasse in Deutschland« hinzu, ganz speziell in Dresden (zu Beginn richtete sie sich gegen die CDU-Oberbürgermeisterin Helma Orosz (CDU), aber die lokalpolitischen Bezüge nahmen dann nach der Oberbürgermeisterwahl in Dresden im Juni 2015, zu der PEGIDA mit einer eigenen Kandidatin angetreten war, merklich ab). Die rechtspopulistische AfD wurde bei dieser Kritik durch PEGIDA stets ausgespart, zumal unter den Teilnehmern schon frühzeitig eine breite Zustimmung mit den Positionen der AfD wahrzunehmen war. In einzelnen Redebeiträgen wurden auch konkrete AfD-Forderungen übernommen (zum Beispiel zur sächsischen Polizeireform), ohne allerdings diese Partei hervorzuheben. Konsequent achtete das PEGIDA-Organisationsteam, und die von ihnen eingesetzten ehrenamtlichen Ordner, von denen viele aus dem rechtsmotivierten Hooliganmilieu kamen, darauf, Parteiensymbolik, -Information und -Agitation den Protestzügen fern zu halten.

Das galt allerdings weder für Parteimitglieder noch für Parteifunktionäre, wie etwa Alexander Gauland (AfD). Mit einem ganzen Stab seiner Fraktion aus dem Landtag in Brandenburg, der ersten, die der AfD ein Vierteljahr zuvor überhaupt zugefallen war, reiste Gauland im ersten PEGIDA-Dezember nach Dresden. Dort schlug ihm, der dem nationalkonservativen Flügel seiner Partei klar zuzuordnen war, großer Zuspruch vieler Demonstrationsteilnehmer entgegen, und die Begegnung fand als bundesweites Medienereignis Beachtung. Da liefen die Demonstrationen bereits seit einigen Wochen und waren inzwischen in den Fokus der Öffentlichkeit auch außerhalb Sachsens geraten. Erneut war PEGIDA bei dieser Gelegenheit der entscheidende Impuls, einem Spitzenfunktionär der rechtspopulistischen AfD ein maßgebliches überregionales Medienforum zu geben.

Außerhalb Ostdeutschlands, wo die Partei in Thüringen und Sachsen in den Landtagen vertreten war, wurden einige Köpfe aus der AfD-Spitze (abgesehen von dem damaligen Parteichef Bernd Lucke) erst wegen der hartnäckigen Medienblockade von PEGIDA einer breiten Öffentlichkeit bekannt. Die PEGIDA-Organisatoren um den vorbestraften Kleinkriminellen und Werbefachmann Lutz Bachmann aus Coswig bei Dresden hatten sich frühzeitig für einen Umgang mit der Medienöffentlichkeit entschieden, wie er bereits in einzelnen Gruppen des bewegungsförmigen Rechtsextremismus erprobt worden war: etwa durch die neonazistische Bewegungspartei »Die Rechte«, die ein ähnliches Konzept wie PEGIDA verfolgte, nämlich Kommunikation in den öffentlichen Raum ausschließlich über eine »Einbahnstraße« an Informationen via Internet (Soziale Medien, Blogs), das heißt, Fragen oder Konfrontationen mit kontroversen Sachverhalten oder gegenteiligen Positionen wurden unterbunden.

Dabei ging es nicht nur darum, Interviewanfragen von Journalisten zu ignorieren, sondern vor allem darum, die eigene Gegenöffentlichkeit zu organisieren und zu mobilisieren, zunächst ausschließlich über die sozialen Medien (vor allem Facebook): Mittelbar wurden so die eigenen Facebookkontakte erreicht. Über die offene Facebookseite, die für jedermann einsehbar war, erreichten die PEGIDA-Organisatoren um Lutz Bachmann auch die Redaktionen mit ihren Botschaften, die sie ganz gezielt verbreitet haben wollten. Damit entschied sich die Initiative, zu deren wiederkehrenden Forderungen auch jene nach mehr »Volksentscheiden« und Bürgerbeteiligung gehörte, selbst für die undemokratische Kommunikationsform der interessen- und ideologiegeleiteten Propaganda. Während sich PEGIDA lange Zeit gegenüber den Medien stur stellte, übernahmen die AfDler die Interviewanfragen und Talkshoweinladungen gerne – und damit die ihnen zugeteilte Rolle als PEGIDA-Stellvertreter. Unterdessen erklärte PEGIDA Journalisten pauschal zum Feind.

1 »Lügenpresse« und mediale Gegenwelten

Das Verhältnis zu den Medien illustriert die Szene von einer PEGIDA-Demonstration, die sich kurz vor Weihnachten 2014 auf dem Theaterplatz in Dresden abgespielt hat:

Eine alte Dame, gekleidet in einen roten Anorak, hat sie sich die Baskenmütze keck aufs graue Haar gesetzt. Andere geben den Schlachtruf vor. Zunächst spricht sich der Redner auf der Bühne mit seiner Medienschelte in Rage, dann intoniert wie auf Kommando ein Chor aus Männerstimmen lautstark »Lügenpresse«, ein Kampfbegriff der völkischen Bewegung. Auch die Stimmen der drei Neonazis aus dem Havelland, die vor der alten Dame stehen, sind zu hören. Von ihnen lässt sie sich mitreißen, klatscht im Rhythmus der Rufe gegen den Ostwind an, der über den Theaterplatz in Dresden pfeift, und zusammen mit ihr stimmen etliche andere mit ein: »Lü-gen-presse! Lü-gen-presse!«

Woche für Woche dasselbe Muster: Viele von denen, die hier den Ton angeben, sind rechtsmotivierte Hooligans, die bei den Heimspielen von Dynamo Dresden im berüchtigten Block »K« stehen. Von Anfang an sind sie bei PEGIDA dabei, einige von ihnen gehören auch zu »Hogesa«, also den »Hooligans gegen Salafisten« – korrespondierende Initiativen, die Teil derselben fremdenfeindlichen Bewegung sind. Für die gewaltgeneigten Rechtsextremisten sind Journalisten der Feind Nummer eins. Warum? Weil diese berichten, was ist, weil das NDR-Politmagazin »Panorama« den PEGIDA-Protestierern in ungefilterten O-Tönen die eigene Menschenfeindlichkeit zeigt, die wiederum bei Politikern in Berlin für Empörung sorgt. Weil »Spiegel-TV« entlarvt, dass Rechtsextremisten und Rassisten zu den PEGIDA-Organisatoren gehören, und weil Zeitungen Analysen der Bewegung liefern und damit Argumente für die demokratische Auseinandersetzung. Gegen all das wollen die PEGIDA-Organisatoren ihre Sympathisanten immunisieren. Es bleiben Interviews für die »nationale Presse«, die Teil derselben Bewegung ist, oder vereinzelte Frage-und-Antwort-Spielchen per E-Mail. Über soziale Medien werden die Botschaften der Bewegung abgesetzt, zu der neben PEGIDA und Hogesa auch rechtsextrem initiierte Antiflüchtlingsproteste wie »Nein zum Heim« in Berlin gehören. Im Netz entzündet sich der Treibstoff der Bewegung.

Ihre Sympathisanten bewegen sich in einer medialen Parallelwelt rechtsextremer und islamfeindlicher Internetblogs, verschwörungstheoretischer Flugschriften und fragwürdiger Thesenbücher. Die meinungsbildenden Blogs unterliegen keinen professionellen journalistischen Standards, und Journalisten, die bei etablierten Medien gescheitert sind, finden als Ratgeber Gehör bei der Bewegung. Eingeübte Umdeutungsmechanismen spielen eine große Rolle bei der Mobilisierung der eigenen Klientel, so zum Bespiel jedes Jahr in Dresden zum Jahrestag der Bombenangriffe der Alliierten im Zweiten Weltkrieg, den die rechtsextreme NPD zum sogenannten »Bombenholocaust« verkehrt hat (zuletzt war vom »alliierten Mediendschihad gegen PEGIDA« in Dresden die Rede). Auch der Ruf der PEGIDA-Protestierer »Wir sind das Volk« ist eine Umdeutung: Er stand für die friedliche Revolution und den Kampf um Freiheit, jetzt steht er für Ausgrenzung. Die Diffamierung einzelner Journalisten ist ein weiterer Teil der Strategie: So wurde ein Redakteur der Sächsischen Zeitung, die PEGIDA von Anfang an kritisch begleitet, vor der Semperoper namentlich angeprangert, um ihn in Dresden zu diskreditieren. Wer bei den Protestierern als Journalist persönlich bekannt ist, wird bedroht und angefeindet: »Wenn sich die Sache hier dreht, seid ihr die ersten, die dran glauben müssen«, ruft ein Demonstrant. »Verpiss dich, du Judenschwein, sonst machen wir dich platt«, brüllt ein kräftiger junger Mann, dessen linken Arm eine weiße Ordnerbinde ziert; wer PEGIDA und Hogesa regelmäßig kritisiert, wird auf deren Demonstrationen auch körperlich angegangen. In den Hassmails, die auf Berichte über PEGIDA folgen, wird schon mal damit gedroht, dem Autor »ISIS-mäßig die Kehle durchzuschneiden«.

2 Rechte Hooligans als PEGIDA-Schutztruppe

Die Ordner von PEGIDA bauen schon frühzeitig im Verbund mit rechtsextremen Hooligans eine massive unauffällige Drohkulisse auf, die ausschließlich nach außen wirkt, den Protestzug für Einflüsse von außerhalb abschirmt und deshalb nach innen verstärkt. Ihre klar definierte Rolle zeigte sich vor allem bei den Demonstrationen von LEGIDA, dem Leipziger Ableger von PEGIDA, der sich jeweils im Wechsel mit Dresden mittwochs formierte, und erst seit Januar 2015 auch überregional als relevantes Ereignis wahrgenommen wurde. Seit einigen Wochen laufen bundesweit Proteste unter dem »GIDA«-Signet. Außerhalb Sachsens allerdings in der Regel mit maximal einigen hundert Teilnehmern, und überall sind Hooligans mit dabei. Ihre Rolle wurde besonders deutlich bei einer LEGIDA-Demonstration im Februar 2015:

Vereinzelt fallen Schneeflocken auf die Köpfe derjenigen, die sich, von Polizisten mit Helmen eingefasst, auf dem Augustusplatz in Leipzig versammelt haben. Es handelt sich um einen radikalen Rest, 1.500 zumeist männliche Protestierer. Geblieben sind vor allem »rechtsmotivierte« Hooligans und Neonazis aus freien Kameradschaften, die von Anfang an dabei sind und die sich an diesem nasskalten Abend an der Zuneigung wärmen, die ihnen mit gepresster Stimme von der Bühne aus zuteil wird: »Nun ein Wort an euch Hools, die ihr heute Abend wieder hier seid, weil ihr versprochen habt, das Volk vor der Antifa zu schützen.« Jubel und Applaus bei den Angesprochenen.

Ein LEGIDA-Redner, der unter dem Pseudonym »Friedrich Fröbel« auftritt, stellt damit öffentlich klar, was sich bei den Demonstrationen der PEGIDA-Bewegung, ob in Leipzig oder Düsseldorf, vor allem aber in Dresden, deutlich gezeigt hat: dass »rechtsmotivierte« Hooligans als Schutztruppe und lautstarke Einpeitscher auftreten. An diesem Abend werden sie öffentlich zu einer allgemeinen Bürgerwehr stilisiert: »Wenn die Politik unsere Polizei weiter so kaputt spart, dann werdet ihr noch einmal gefordert sein, Seite an Seite mit diesen Polizisten Recht und Gesetz zu verteidigen«, brüllt »Fröbel«. Die angesprochenen Hooligans, von denen sich nicht wenige als eine Art moderne SA verstehen, brüllen ihre Antwort zu Hunderten in den Nachthimmel: »Wir sind da! Wir sind da!«

Seit Wochen waren sie da. In Leipzig und in Dresden, die meisten von ihnen aus Sachsen, von Lokomotive Leipzig und Dynamo Dresden, aber auch aus Chemnitz, Erfurt, Magdeburg, Braunschweig, Cottbus und vom BFC Dynamo aus Berlin. Sie waren es, die Journalisten auf Distanz hielten, unliebsame Reporter und Fotografen sogar körperlich angriffen, die Kameramänner bedrängten. Die über Wochen das gefühlte Gewaltmonopol bei den PEGIDA-Demonstrationen in Dresden innehatten, überlassen von einer Polizei, die sich dort auffallend zurückhielt, wo die Masse am größten war.

»Ihr müsst heute alle Ordner sein«, rief die damalige PEGIDA-Sprecherin Kathrin Oertel den Demonstranten auf dem Theaterplatz vor der Semperoper in Dresden zu. Und die Hooligans unter ihnen, die auch dort wieder zahlreich erschienen waren, wussten, was gemeint war. Sie haben den zwischenzeitlichen Erfolg von PEGIDA erst ermöglicht. Weil sie den Gegenprotest ferngehalten und die Pressefreiheit während der Demonstrationen eingeschränkt hatten. Sie haben dafür gesorgt, dass sich Tausende PEGIDA-Demonstranten für rund drei Stunden als eine Art Volksgemeinschaft fühlen und sich dem Irrglauben »Wir sind das Volk« in erstaunlicher Selbstüberschätzung hingeben konnten. Außerdem waren sie es, die maßgeblich dafür gesorgt haben, dass sich nur wenige Demonstrationsteilnehmer als Interviewpartner für wissenschaftliche Institute zur Verfügung gestellt haben, deren Mitarbeiter während der Demonstrationen versuchten, Daten für Studien über Einstellungen und Herkunft der PEGIDA-Anhänger zu erheben.

Vor allem in Dresden hat sich den Hooligans niemand in den Weg gestellt: nicht die Gegendemonstranten, aus Angst und weil sie dort zu wenige waren; nicht die Polizei, aus taktischen Gründen, wie es hieß, nicht der Sächsische Fußball-Verband; und auch nicht der Verein, dessen Hooligans von Beginn an ein wesentlicher Faktor im PEGIDA-Konzept war: Dynamo Dresden. Dessen Geschäftsführung sah keine Notwendigkeit, sich zu diesem Einfluss zu positionieren, man will den Rechtsextremismus bei manchen Anhängern des Vereins nicht mal wahrgenommen haben. Sie alle haben die Hooligans und damit auch PEGIDA stark gemacht.

Begonnen hatte die erklärte Partnerschaft zwischen den Hooligans und den PEGIDA-Organisatoren im Stadion von Dynamo Dresden im Frühsommer 2013, als dort wegen der Elbe-Flut ein Fluthilfezentrum organisiert wurde. Auch die Erinnerung an diese Zeit der »Solidarität« mahnte Redner »Fröbel« vor den Hooligans in Leipzig an: Haben sie sich doch schon damals als ehrenamtliche Helfer zusammengefunden, mit anderen Rechtsextremisten und fremdenfeindlichen Aktivisten aus West- und Ostdeutschland, mit dem umtriebigen späteren PEGIDA-Chef Lutz Bachmann und einigen anderen aus dem Organisationsteam. Zu dieser Zeit hatte Lutz Bachmann die Aufgabe übernommen, ehrenamtliche Helfer via Facebook zu rekrutieren und zu organisieren.

Von Beginn an ist klar, dass sich die PEGIDA-Organisatoren um Lutz Bachmann auch im Mischmilieu aus Hooligans und Rechtsextremisten bewegen. Das spielt in der öffentlichen Wahrnehmung allerdings erst eine Rolle, nachdem rassistische und fremdenfeindliche Facebookeinlassungen von Bachmann bekannt geworden sind. Der Vorfall wird medial skandalisiert. Die sächsische AfD-Landesvorsitzende Frauke Petry, die sich zuvor mit einer PEGIDA-Abordnung zu einem Sondierungsgespräch getroffen hatte, distanzierte sich deutlich. Sie taktierte gegenüber den politisch unerfahrenen PEGIDA-Organisatoren, während diese von dem trügerischen Schlaglicht vorübergehender öffentlicher Bedeutung geblendet und von Selbstüberschätzung erfüllt waren.

In der Folge trat Bachmann als Vorsitzender des zwischenzeitlich gegründeten PEGIDA-Vereins zurück und erschien vorerst auch nicht mehr als Redner bei den Demonstrationen. Unter dem öffentlichen Druck, der für Streit unter den PEGIDA-Organisatoren sorgt, und um den Zulauf der Demonstrationen aus dem bürgerlichen Lager nicht zu gefährden, wird die als gemäßigt geltende Katrin Oertel vorübergehend als PEGIDA-Sprecherin installiert.

Weil PEGIDA kein zuverlässiger Partner zu sein schien, vermied die AfD in Sachsen in dieser Situation den öffentlichen Schulterschluss mit der fremdenfeindlichen Initiative: Landeschefin Frauke Petry zeigte sich auf keiner der Demonstrationen. Weil sie als Politikerin nicht »für die kruden Thesen in die Verantwortung genommen« werden wollte, wahrte sie eine gewisse Distanz, ohne sich freilich komplett zu distanzieren. Es war schließlich auf dem Bundesparteitag der AfD im selben Jahr in Essen, als Marcus Pretzell, Landesvorsitzender der AfD in Nordrhein-Westfalen und enger politischer Weggefährte von Petry, schließlich erklärte: »Wir sind auch die PEGIDA-Partei. Bei diesem Parteitag erlebte die AfD ihren Bruch, die Abspaltung von ihrem eher gemäßigten Lager um den bisherigen Parteivorsitzenden Bernd Lucke, die Wahl von Frauke Petry zur neuen Vorsitzenden und damit die Hinwendung zu einem eindeutigen rechtspopulistischen Kurs, der angesichts steigender Flüchtlingszahlen in der Folge eindeutig auf die inzwischen unter Lutz Bachmann wiedererstarkte PEGIDA-Initiative zulief.

Nach dem offenen Streit auf dem Parteitag fiel die AfD zwar in ein Umfragetief. Seit den nach der Sommerpause eingesetzten Asylprotesten war sie aber wieder obenauf und stieg deutlich in den Umfragewerten. Anfang September präsentierte die Partei in Berlin eine »Herbstoffensive 2015« zur Asylpolitik. In einer Videobotschaft verkündete die Parteichefin Frauke Petry: »Der politische Herbst hat begonnen, und die Alternative für Deutschland meldet sich zurück. Gestalten Sie mit uns einen heißen politischen Herbst.«

Und viele machten mit, angetrieben vor allem vom thüringischen Landeschef Björn Höcke, der den pegidaartigen Protest in Erfurt in Parteiform goss: »Weil wir keine Partei im Bundestag haben, die endlich einmal deutsche Interessen vertritt, brennt unser Land bald lichterloh.«

3 AfD – Profiteurin der Flüchtlingskrise

Die steigenden Flüchtlingszahlen trieben die AfD- und PEGIDA-Anhängerschaft gemeinsam auf die Straße: Unter dem Logo von PEGIDA in Sachsen und unter der Fahne der AfD in der thüringischen Landeshauptstadt Erfurt, jeweils montags und mittwochs. Dazwischen fanden Demonstrationen und Proteste unter mannigfaltigen Namen in anderen Städten statt: unter anderem in Görlitz, Plauen, Sebnitz, Meißen, Potsdam und Chemnitz – vor allem im Osten also, aber nicht nur.

Zwar konnten die »GIDA«-Ableger bundesweit nicht reüssieren – nur jeweils wenige Hundert Protestierer gingen auf die Straße. Gleichwohl sorgte die hohe Zahl an Demonstrationen in Düsseldorf, Köln, Würzburg, Berlin oder München für eine starke Selbstvergewisserung der rechtsextremen Szene, die sich der flüchtlingsfeindlichen Bewegung flächendeckend angeschlossen hatte. Auch in westdeutschen Kommunen versammelten sich Demonstranten gegen die Flüchtlingspolitik der Bundesregierung, wenngleich meist gering an der Zahl: in Wuppertal unter dem Dach der AfD, im oberbayrischen Reichertshofen als Initiative lokaler Anwohner einer Flüchtlingsunterkunft, andernorts organisiert von der rechtsextremen NPD oder neonazistischen Bewegungsparteien wie dem »III. Weg« in Bayern oder der »Rechten« in Dortmund und Hamm. Im östlichen Ruhrgebiet demonstriert eine überschaubare aber hyperaktive Szene von rund 100 Aktivisten inzwischen unentwegt gegen Flüchtlingsunterkünfte, inspiriert durch den wachsenden Protest im Osten.

Es klang anerkennend, ja fast neidvoll, was der rechtsextreme Parteiaktivist und Stadtrat Michael Brück in Dortmund bei einer Demonstration gegen ein geplantes Asylbewerberheim durch sein Megafon rief: »In Sachsen etwa gehen Tausende und Abertausende auf die Straße. In Thüringen hat selbst die AfD eingesehen, dass nicht länger geschwiegen werden kann.« Zwar griff in Dortmund der Anschlussversuch an die bürgerliche Mitte noch nicht. Aber die AfD stimmte inzwischen auch hier im Rathaus zusammen mit der »Rechten« und der NPD, wenn es gegen Flüchtlinge ging. In Sachsen ist das längst kommunalpolitischer Alltag. Dort bilden Rechtsextremisten und Rechtspopulisten längst eine inhaltliche Allianz.

Aus Sicht des Rechtsextremismusforschers Hajo Funke von der Freien Universität Berlin hat erst PEGIDA dieser Allianz ihre Wirkung verliehen: »Pegida hat die Atmosphäre im Sinne des Rassismus in der Öffentlichkeit vergiftet. Jetzt vereinigen sich Neonazis mit vermeintlich besorgten Bürgern im Hass gegen alles Fremde.« Es ist der lose Zusammenschluss all jener Gruppierungen und Menschen, die der faktischen Einwanderungsgesellschaft schon immer feindselig gegenüberstanden.

Und in der aufgeheizten Stimmung wächst die Gewalt: Hunderte fremdenfeindlicher Übergriffe auf Asylbewerber, darunter etliche Brandanschläge auf deren Unterkünfte – sie waren auch eine Folge des gefährlichen Zusammenschlusses von Populisten und Extremisten. Ein Beispiel dafür, wie die politisch eingefädelte Eskalation verfing, war der Brandanschlag auf eine Asylbewerberunterkunft in Tröglitz in Sachsen-Anhalt im April 2015. Der mutmaßliche Brandstifter ist ein junger NPD-Sympathisant aus der Nachbarschaft. Er soll sich an den Protestmärschen beteiligt haben, die dort über Monate von einem NPD-Funktionär gegen die Unterbringung von Flüchtlingen organisiert worden sind.

»Da, wo Abgeordnete aus der Kommune in der NPD sind, kann man inzwischen annehmen, dass, wenn dort auch ein Asylflüchtlingsheim ist, dass da was passiert«, sagte Rechtsextremismusforscher Hajo Funke. Und vor den Demonstrationen in Tröglitz sei es PEGIDA gewesen, die in der rechtsextremen Szene für Ermutigung sorgte. »Die NPD hat sich im Schatten dieser Demonstrationen reaktiviert, die im Oktober 2014 begonnen haben«, sagt Funke.

Ein Jahr nach ihrer Gründung betrat auch PEGIDA die Handlungsebene und rief selbst zum aktiven Vorgehen gegen Flüchtlinge auf: So ermunterte man zum »zivilen Ungehorsam«, dazu, die Zufahrten zu Asylbewerberheimen zu blockieren, wie es an einigen Orten in Sachsen schon passiert war, vor allem im PEGIDA-Kernland, in Freital, Heidenau und Niederau bei Coswig. Ausdrücklich Bezug nahmen PEGIDA-Redner fortan auf die wachsenden Proteste der AfD in Erfurt. Mit Blick auf die gemeinsame Klientel schien die gegenseitige Abgrenzung von PEGIDA und AfD kaum mehr sinnvoll. Und immer dabei: die Extremisten aus der NPD und der Hooliganszene, so wie bei der rassistischen »Initiative Heimatschutz« in Meißen, dem Wohnort dreier PEGIDA-Mitbegründer, eine halbe Stunde von Dresden entfernt. Hier dominierten die Fremdenfeinde eine ganze Kreisstadt, und auch hier brannte ein Haus, in das am Folgetag Flüchtlinge einziehen sollten.

In Meißen fing die Allianz aus »besorgten Bürgern«, NPD und AfD erst nach diesem Anschlag an, regelmäßig mit Botschaften wie »Volksverräter!«, »Merkel muss weg!« und »Lügenpresse!« durch die Stadt zu ziehen. Der sächsische AfD-Landesverband gab schließlich öffentlich bekannt, solche lokalen Bürgerinitiativen zu unterstützen. Noch am selben Tag verbündete sich die Initiatorin der Initiative Heimatschutz, Nancy Kanzok, mit der AfD-Chefin Frauke Petry; zum Beweis der Allianz veröffentlichte der »Heimatschutz« ein Foto, das Petry und Kanzok gemeinsam zeigt. Der Herbst sollte noch heißer werden: Stimuliert durch anhaltend gute Umfrageergebnisse bei einem gleichzeitigen Rückgang der Zustimmungswerte für Angela Merkel und die CDU nahm die AfD schließlich ihre Rolle als »PEGIDA-Partei« endgültig an. Fortan waren es die Fraktionschefs der drei ostdeutschen AfD-Landtagsfraktionen Frauke Petry (Sachsen), Björn Höcke (Thüringen) und Alexander Gauland (Brandenburg), die das Bild der Partei in diesem Sinne bestimmten. Der innerparteiliche Richtungsstreit zwischen den gemäßigten und offen rechtspopulistischen Kräften innerhalb der AfD, der auf dem Bundesparteitag mit der Wahl von Frauke Petry zur Vorsitzenden eine Vorentscheidung erfuhr, war nun endgültig zugunsten der Rechtspopulisten entschieden. Dabei halfen die Macher und Anhänger von PEGIDA, die den Rechtsruck in Teilen der Gesellschaft katalysierten. Sollte es der AfD gelingen, sich langfristig in Deutschland parlamentarisch zu etablieren, dann hätte die Protestinitiative PEGIDA einen entscheidenden Anteil daran. So oder so bewirkte PEGIDA eine Radikalisierung des Antiflüchtlingsdiskurses. Rassisten und Rechtsextremisten fühlen sich bestärkt, und die Zahl rassistisch motivierter Straftaten – insbesondere auch Gewalttaten – nimmt zu. Zuletzt ging in europäischen Nachbarländern (Schweiz, Polen, Österreich) die radikale Rechte wie schon zuvor unter anderem in Frankreich und Ungarn aus Parlamentswahlen gestärkt hervor. Für Deutschland bedeutet PEGIDA eine Zäsur und womöglich das Ende seiner historisch bedingten Sonderrolle in Bezug auf Rechtspopulismus und Rechtsextremismus.

Antisemitismus ohne Antisemiten?[1]

Gideon Botsch · Christoph Kopke

> »HALLO. Mein Name ist Jacob Rothschild. Meine Familie ist mehr als 500 Trillionen Dollar schwer. Wir haben weltweit so gut wie jede Zentralbank in Besitz. Wir finanzieren immer beide Seiten von jedem Krieg, schon seit Napoleon. Wir steuern deine Nachrichten, Medien, Öl und deine Regierung. … DU HAST WAHRSCHEINLICH NOCH NIE VON MIR GEHÖRT …«[2]

Ein Bildchen mit dieser Beschriftung teilte der Vorsitzende eines brandenburgischen Kreisverbands der »Alternative für Deutschland« (AfD)[3], Jan-Ulrich Weiß, der als Nachrücker für die Landtagsfraktion vorgesehen war, im September 2014 auf seiner öffentlich zugänglichen Facebookseite. Um den

---

1 Die Verf. danken Alexander Lorenz für wichtige Hinweise.

2 Geteilt auf der Facebookseite von Jan-Ulrich Weiß, 2.9.2014, Screenshot im Archiv der Verf.

3 Vgl. zur AfD den Literaturbericht: Marcel Lewandowsky, eine rechtspopulistische Protestpartei? Die AfD in der öffentlichen und politikwissenschaftlichen Debatte, in: Zeitschrift für Politikwissenschaft 25 (2015), S. 119-134; darin nicht berücksichtigt sind u. a.: Andreas Kemper, Rechte Euro-Rebellion. Alternative für Deutschland und Zivile Koalition e. V., Münster i. Westf. 2013; ders., Keimzelle der Nation? Familien- und geschlechterpolitische Positionen der AfD – eine Expertise, Berlin 2014; ders., Keimzelle der Nation – Teil 2. Wie sich in Europa Parteien und Bewegungen gegen Toleranz, Vielfalt und eine progressive Geschlechter- und Familienpolitik radikalisieren, Berlin 2014; Felix Korsch/Volkmar Wölk, Nationalkonservativ und marktradikal. Eine politische Einordnung der »Alternative für Deutschland«, 2. aktual. u. erw. Aufl. 2014; Oskar Niedermayer, Eine neue Konkurrentin im Parteiensystem? Die Alternative für Deutschland, in: Oskar Niedermayer (Hg.), Die Parteien nach der Bundestagswahl 2013, Wiesbaden 2014; Sebastian Friedrich, Der Aufstieg der AfD. Neokonservative Mobilmachung in Deutschland, Berlin 2015; Alexander Häusler, Die AfD – Partei des rechten Wutbürgertums am Scheideweg, Expertisen für Demokratie 1/2015, hg. f. d. Friedrich-Ebert-Stiftung v. Ralf Melzer, Berlin 2015, http://library.fes.de/pdf-files/dialog/11390.pdf; Christoph Kopke/Alexander Lorenz, »Ich kenne keine Flügel, ich kenne nur die Brandenburger AfD«. Die Alternative für Deutschland in Brandenburg, in: Alexander Häusler (Hg.), Die Alternative für Deutschland. Programmatik, Entwicklung und politische Verortung, Wiesbaden 2015, S. 219-232.

antisemitischen Gehalt noch zu unterstreichen, steht neben dem Spruch nicht nur zwei Mal das Bild von Jacob Rothschild, sondern auch eine Darstellung von C. Montgomery Burns, jener Figur aus der Zeichentrickserie »Die Simpsons«, die einen bösartigen und geldgierigen Kapitalisten verkörpert und deren äußere Erscheinung wohl tatsächlich auf den jüdischen Unternehmer anspielt. Das Bild von Jacob Rothschild ist jedenfalls so gewählt und inszeniert, dass es diese Parallele erzeugt. Rothschild wird damit zur Personifikation der vermeintlich im Geheimen ausgeübten Macht des jüdischen Finanzkapitals. Als dieser Facebookeintrag bekannt wurde, reagierte die Partei und schloss Weiß aus ihren Reihen aus.

Der Vorfall verdeutlicht, dass Antisemitismus für die AfD ebenso ein Thema ist, wie für das Spektrum, das ihr zuneigt – inklusive jener bürgerlich-fundamentalistischen Protestbewegung auf der Straße, die sich medienwirksam mit den Dresdner Demonstrationen der »Patriotischen Europäer gegen die Islamisierung des Abendlands« (PEGIDA)[4] verbindet. Der vorliegende Beitrag diskutiert, in welcher Form Antisemitismus für diese jüngeren rechtspopulistischen Protestformationen relevant wird.

1 Affinitäten zum Antisemitismus

PEGIDA und AfD stützen sich weithin auf die Mobilisierung von Ressentiments und Vorurteilen, welche sich zumeist dem Syndrom der Gruppenbezogenen Menschenfeindlichkeit (GMF) zuordnen lassen.[5] »Rechts« sind

4 Vgl. zu PEGIDA u. a.: Hans Vorländer/Maik Herold/Steven Schäller, Wer geht zu PEGIDA und warum? Eine empirische Untersuchung von PEGIDA-Demonstranten in Dresden, Dresden 2015, http://tu-dresden.de/die_tu_dresden/fakultaeten/philosophische_fakultaet/ifpw/poltheo/news/vorlaender_herold_schaeller_pegida_studie (Abfrage v. 28.7.2015); Lars Geiges/Stine Marg/Franz Walter, Pegida. Die schmutzige Seite der Zivilgesellschaft?, Bielefeld 2015. – Die verschiedenen Protestformationen müssen differenziert werden. Am Leipziger PEGIDA-Ableger LEGIDA, aber auch an den Aktionen der Hooligans gegen Salafismus (HoGeSa) sind sehr viel offener und eindeutiger rechtsextreme Personen und Zusammenschlüsse beteiligt. Die meisten Aktionen unter dem Label »Nein zum Heim« sind rechtsextreme Mobilisierungen oder lokale Bündnisprojekte mit rechtsextremer Beteiligung.

5 Vgl. die in zehn Bänden erschienene Folge: Wilhelm Heitmeyer (Hg.), Deutsche Zustände, Bd. 1–10, Frankfurt a. M. 2002–2011 [im Folgenden zit. unter Angabe der Bd.-Nr. als »Deutsche Zustände«]; zur Erklärung des GMF-Ansatzes v. a. Wilhelm Heitmeyer, Gruppenbezo-

sie, insofern sie auf antiegalitären Weltbildern aufbauen.[6] Populistisch sind sie nicht nur wegen der Form der Ansprache, sondern vor allem, weil sie im »vulgärdemokratischen«[7] Sinne einen Gegensatz zwischen »dem Volk« und seinem authentischen Willen einerseits und einer diesen Willen verfälschenden, manipulativen Elite andererseits zum Ausgangspunkt ihrer politischen Forderungen und Proteste machen.[8] In der nationalistischen Agenda trifft sich die Vorstellung eines homogenen Volkes und seines authentischen Volkswillens mit den Ideologien der Ungleichwertigkeit. Wir

gene Menschenfeindlichkeit. Die theoretische Konzeption und erste empirische Ergebnisse, in: Deutsche Zustände 1, S. 15-35; vgl. auch Wilhelm Heitmeyer, Die Ideologie der Ungleichwertigkeit. Der Kern der Gruppenbezogenen Menschenfeindlichkeit, in: Deutsche Zustände 6, S. 36-44; für neuere Ergebnisse nach Abschluss der Zehnjahresstudie: Andreas Zick/Anna Klein, Fragile Mitte – Feindselige Zustände. Rechtsextreme Einstellungen in Deutschland 2014. Mit Beiträgen von Eva Groß, Andreas Hövermann und Beate Küpper. Hg. f. d. Friedrich-Ebert-Stiftung v. Ralf Melzer, Bonn 2014.

6 Mit Norberto Bobbio (Rechts und Links. Gründe und Bedeutung einer politischen Unterscheidung, Berlin 1994) verorten wir die politische Rechte jenseits der Mitte einer Egalitarismus-/Antiegalitarismus-Achse, wobei der »rechte Pol prinzipiell auf soziale Ungleichheit orientiert« (Gideon Botsch, Die »Rechte« im Koordinatensystem der Politik, in: Gideon Botsch/Christoph Kopke, Die NPD und ihr Milieu. Studien und Berichte, Münster/Ulm 2009, S. 11-23). – Im Falle von PEGIDA konnte »die mehrheitliche Orientierung an politischen und ideologischen Positionen rechter Provenienz [...] valide festgestellt« werden, so – die Befunde mehrerer Studien zusammenfassend – Geiges/Marg/Walter, Pegida, S. 65.

7 Wir beziehen den Begriff »Vulgärdemokratismus« von Ernst Fraenkel, Gesammelte Schriften, Bd. 5: Demokratie und Pluralismus. Hg. v. Alexander v. Brünneck, Baden-Baden 2007; vgl. Gideon Botsch, Kritik des Vulgärdemokratismus bei Ernst Fraenkel und Franz Leopold Neumann. Habilitationsvortrag an der Wirtschafts- und Sozialwissenschaftlichen Fakultät der Universität Potsdam, 28. Mai 2014, unveröff. Ms.

8 Aus der ausführlichen Literatur zum Begriff vgl. insbes. Susanne Frölich-Steffen/Lars Rensmann, Populistische Regierungsparteien in Ost- und Westeuropa: Vergleichende Perspektiven der politikwissenschaftlichen Forschung, in: dies. (Hg.), Populisten an der Macht. Populistische Regierungsparteien in West- und Osteuropa. Mit einem Nachwort von Cas Mudde, Wien 2005, S. 3-34; Frank Decker (Hg.), Populismus. Gefahr für die Demokratie oder nützliches Korrektiv?, Wiesbaden 2006; Karin Priester: Populismus. Historische und aktuelle Erscheinungsformen, Frankfurt a. M./New York 2007; Cas Mudde, The Populist Radical Right: A Pathological Normalcy, in: West European Politics 33 (2010), S. 1167-1186. Gerade im Licht aktueller Entwicklungen bleibt relevant: Christoph Butterwegge et al., Themen der Rechten – Themen der Mitte. Zuwanderung, demografischer Wandel und Nationalbewusstsein, Opladen 2002.

sprechen daher mit Bezug auf die AfD von einer »nationalpopulistischen Rechtspartei«.[9]

Es fällt auf, dass bei PEGIDA und AfD, anders als bei den weitaus diffuseren »Montagsmahnwachen für den Frieden« der ersten Jahreshälfte 2014[10], manifester Antisemitismus bislang keine zentrale Rolle gespielt hat – jedenfalls keine öffentlich wahrnehmbare Rolle. Angesichts der übermächtigen Steuerung dieser Protestformationen durch Ressentiments und Vorurteile ist es indes statistisch eher unwahrscheinlich, dass die durch AfD und PEGIDA angesprochene Klientel nicht zum Antisemitismus neigt, denn zwischen Antisemitismus und anderen Formen Gruppenbezogener Menschenfeindlichkeit besteht eine starke Korrelation:

> »Antisemitismus hängt tatsächlich überzufällig mit anderen Elementen des [GMF-]Syndroms zusammen, d. h., eine Person, die negative Einstellungen gegenüber Juden vertritt, tut dies mit größerer Wahrscheinlichkeit auch gegenüber anderen Gruppen, z. B. Einwanderern, Muslimen, Homosexuellen und Frauen. Dies gilt nicht in jedem Einzelfall, aber im Durchschnitt aller Befragten.«[11]

---

9 Zum ursprünglich von Claus Leggewie geprägten Begriff »Nationalpopulismus« vgl. Frölich-Steffen/Rensmann, Populistische Regierungsparteien, S. 7.

10 Vgl. Priska Daphi et al., Montagsmahnwachen für den Frieden. Antisemitisch? Pazifistisch? Orientierungslos?, in: Forschungsjournal Soziale Bewegungen 27 (2014), H. 3, S. 24-31; Priska Daphi et al., Occupy Frieden. Eine Befragung von Teilnehmer/innen der »Montagsmahnwachen für den Frieden«. Forschungsbericht, 16.6.2014, https://protestinstitut.files.wordpress.com/2014/06/occupy-frieden_befragung-montagsmahnwachen_protestinstitut-eu1.pdf (Abfrage v. 17.8.2015); Wolfgang Storz, »Querfront« – Karriere eines politisch-publizistischen Netzwerks. OBS-Arbeitspapier 18, Frankfurt a. M. 2015, https://www.otto-brenner-shop.de/publikationen/obs-arbeitspapiere/shop/obs-arbeitspapier-nr-18-querfront-karriere-eines-politisch-publizistischen-netzwerks.html (Abfrage v. 17.8.2015).

11 Andreas Zick/Beate Küpper, Antisemitische Mentalitäten. Bericht über die Ergebnisse des Forschungsprojekts Gruppenbezogene Menschenfeindlichkeit in Deutschland und Europa. Expertise für den Expertenkreis Antisemitismus, Berlin, Stand 2011, S. 9 http://www.bagkr.de/wp-content/uploads/kuepper_zick_antisemitismus_2011.pdf (Letzte Abfrage v. 22.7.2015); vgl. Andreas Zick, Aktueller Antisemitismus im Spiegel von Umfragen – ein Phänomen der Mitte, in: Monika Schwarz-Friesel/Evyatar Friesel/Jehuda Reinharz (Hg.), Aktueller Antisemitismus – ein Phänomen der Mitte, Berlin/New York 2010, S. 225-245; Andreas Zick: Die unsichtbare Sichtbarkeit – Antisemitismus auf Umwegen, in: Michael

Die Beispiele sind nicht zufällig gewählt: Besonders stark korreliert Antisemitismus mit Fremdenfeindlichkeit (.47), gefolgt von Islamfeindlichkeit (.42), Homophobie (.395), Etabliertenvorrechten (.34), Sexismus (.34) und Rassismus (.32) – also zentralen Agendathemen der oben genannten rechtspopulistischen Protestformationen.[12] Diese Werte beziehen sich auf den GMF-Survey von 2010; trotz kleinerer Abweichungen ließen sie sich im gesamten Erhebungszeitraum der GMF-Langzeitstudie immer wieder erhärten.[13] Es handelt sich dabei auch um kein deutschlandspezifisches Phänomen, wie eine europäische Vergleichsstudie aus dem Jahr 2011 belegt. Die Autorinnen und Autoren heben dabei besonders die in ganz Europa festzustellende Korrelation zwischen Antisemitismus und Fremdenfeindlichkeit (.41) sowie Islamfeindlichkeit (.37) hervor.[14] Die GMF-Surveys liefern damit die empirische Bestätigung theoretischer Vorannahmen über »den engen Zusammenhang unterschiedlicher Vorurteile«[15], so insbesondere, »dass die Befragten deshalb mehreren Elementen der Gruppenbezogenen Menschenfeindlichkeit gleichzeitig zustimmen [...], weil sie ganz generell gruppenbasierte Hierarchien befürworten, d. h. es gut und richtig finde[n], dass einige Gruppen in der Gesellschaft oben, andere unten stehen«.[16]

Die von Zick und Küpper geprüften Einflussfaktoren des Antisemitismus legen ebenfalls nahe, dass die Anhänger der neueren rechtspopulistischen

---

Kohlstruck/Stefanie Schüler-Springorum/Ulrich Wyrwa (Hg.): Bilder kollektiver Gewalt – Kollektive Gewalt im Bild. Annäherungen an eine Ikonographie der Gewalt. Für Werner Bergmann zum 65. Geburtstag, Berlin 2015, S. 79-88.

12 Werte nach Zick/Küpper, Antisemitische Mentalitäten, S. 9. Abwertung von Behinderten korreliert demnach mit .31, spielt aber in den rechtspopulistischen Mobilisierungen derzeit keine herausragende Rolle. Weniger eindeutig ist die Korrelation zwischen Antisemitismus und Abwertung von Obdachlosen (.28) bzw. Langzeitarbeitslosen (.26), zwei Vorurteilen, deren Relevanz zumindest für die westdeutsche Wähler- und Anhängerschaft der AfD angenommen werden kann.

13 Vgl. Deutsche Zustände 1–10; für neuere Daten: Zick/Klein, Fragile Mitte, S. 66 ff., mit Sonderauswertung Antisemitismus im September 2014 (ohne Ausweis von Korrelationen zu anderen Elementen des GMF-Syndroms).

14 Vgl. Andreas Zick/Beate Küpper/Andreas Hövermann: Die Abwertung des Anderen. Eine europäische Zustandsbeschreibung zu Intoleranz, Vorurteilen und Diskriminierung. Eine Analyse im Auftrag der Friedrich-Ebert-Stiftung, Berlin 2011, S. 79 ff.

15 Zick/Küpper, Antisemitische Mentalitäten, S. 8.

16 Ebd., S. 10.

Protestformationen eher zu antisemitischen Einstellungen neigen. Hier verdient ein doppelter Befund besondere Aufmerksamkeit:

> »Vor allem die politische Machtlosigkeit, wie u. a. der Eindruck, politisch keinen Einfluss zu haben, und eine ökonomistische Werthaltung, d. h. die Beurteilung von Menschen nach ihrem Nutzen, tragen zu mehr Zustimmung zu antisemitischen Einstellungen bei, ebenso wie in geringerem Ausmaß auch emotionale Desintegration.«[17]

Beide Phänomene sind, in unterschiedliche Ausprägungen, teils für die PEGIDA-Proteste[18] und verwandte Formationen, teils für die Entscheidung zur Hinwendung und Wahl der AfD[19] angeführt worden. Sie stehen in Zusammenhang mit dem Phänomen relativer Deprivation, von Zick beschrieben als »der negative soziale Vergleich der Ingroup [...] zu Outgroups«. Solche relative Deprivation erhöht offenbar den Antisemitismus nicht nur dann, wenn als Outgroup »die Juden« gewählt werden, sondern auch im Vergleich zu Immigrantinnen und Immigranten. Laut Zick müssen Personen »nicht allein meinen, dass es ihrer Gruppe im Vergleich zu Juden schlechter ginge, auch der negative Vergleich zu anderen Gruppen provoziert den Antisemitismus«.[20] Schließlich ist auch der in beiden genannten Protestformationen vehement artikulierte Nationalismus ein verstärkender Faktor. So gehe »starker Nationalstolz« und »ein starkes Gefühl der Zugehörigkeit zu den Deutschen fast linear mit einem traditionell klassischen Antisemitismus einher«.[21] Ein Vergleich der politischen Einstellungen der Wähle-

---

17 Ebd., S. 49. – Die im Folgenden benannten Befunde von Zick et al. beziehen sich i. d. R. auf den so genannten klassischen und mit gewissen Einschränkungen auf den so genannten sekundären Antisemitismus, gelten aber nicht für das Phänomen des israelbezogenen Antisemitismus; dem entspricht, dass Letzterer augenscheinlich weder bei PEGIDA noch bei der AfD einen größeren Stellenwert hat, als dies gesamtgesellschaftlich der Fall ist.

18 Vgl. Vorländer/Herold/Schäller, Wer geht zu PEGIDA, S. 58 ff.

19 Vgl. Johannes Kiess/Oliver Decker/Elmar Brähler, Die Wählerinnen und Wähler von AfD und NPD – Gemeinsamkeiten und Unterschiede, in: Oliver Decker/Johannes Kiess/Elmar Brähler (Hg.), Rechtsextremismus der Mitte und sekundärer Autoritarismus. Mit Beiträgen von Johannes Baldauf et al., Gießen 2015, S. 83-104.

20 Zick, Aktueller Antisemitismus, S. 239.

21 Ebd., S. 239.

rinnen und Wähler der AfD mit denen der NPD und anderen Parteien bestätigt die überproportionale Affinität zum Antisemitismus. 13,5 Prozent der AfD-Wähler weisen demnach antisemitische Einstellungen auf; lediglich bei den Wählern der Rechtsparteien werden höhere Werte (22,7 Prozent) erreicht.[22]

2 Plakative Abgrenzung und politische Instrumentalisierung

Im Lichte dieser Befunde wird deutlich: Antisemitismus stellt ein reales Risiko für die rechtspopulistischen Protestformationen dar, insoweit sie sich darum bemühen, nicht als rechtsextrem wahrgenommen zu werden. Versuche der Abgrenzung von antisemitischen Parolen lassen sich beispielsweise bei den Dresdner Organisatoren der PEGIDA-Demonstrationen feststellen. Ein Forscherinnen- und Forscherteam um den Göttinger Politikwissenschaftler Franz Walter, das mit dem Instrumentarium der teilnehmenden Beobachtung die PEGIDA-Proteste begleitete, schildert als Beobachtungsergebnis, dass nicht nur »[o]ffensiv fremdenfeindliche [und] rassistische«, sondern auch offensiv »antisemitische Töne« von den »Bühnenrednern und Pegida-Frontleuten nicht zu vernehmen« gewesen seien.

> »Das galt für ihre Zuhörerschaft indes nicht. Unseren Beobachtungen zufolge fiel während der Pegida-Kundgebung am Sonntag, den 25. Januar [2015], auf dem Dresdner Theaterplatz vor der Semperoper der Zwischenruf ›Judenschweine‹, sowie ›An die Wand mit denen‹, worauf andere Veranstaltungsteilnehmer mit Bemerkungen wie ›Ganz genau‹ und ›Jawohl‹ Zustimmung signalisierten«.[23]

Aufs Ganze besehen halten die PEGIDA-Proteste indes Distanz zum Antisemitismus, grenzen sich davon ab oder instrumentalisieren Antisemitismus

22 Vgl. Oliver Decker/Johannes Kiess/Elmar Brähler, Die stabilisierte Mitte. Rechtsextreme Einstellung in Deutschland 2014, Leipzig 2014, S. 41; sowie: Kiess/Decker/Brähler, Die Wählerinnen, S. 91 f.

23 Geiges/Marg/Walter, Pegida, S. 41.

und Judentum für ihre zuwanderungsfeindlichen Positionen. Dies beschränkt sich nicht nur auf das Organisationsteam, sondern scheint zumindest auch von moderateren Teilnehmerinnen und Teilnehmern der PEGIDA-Proteste geteilt zu werden.[24] Der 13. Punkt des Positionspapiers, das vom PEGIDA-Organisationsteam am 10. Dezember 2015 veröffentlicht wurde, lautet: »PEGIDA ist FÜR die Erhaltung und den Schutz unserer christlich-jüdisch geprägten Abendlandkultur!« Kritiker wie der Historiker Wolfgang Benz wiesen darauf hin, dass der Begriff »Abendland« selbst aufs Engste mit der Tradition des Antijudaismus verbunden ist, während es ein »christlich-jüdisches Abendland« nie gegeben habe.[25] Die Berufung auf das jüdische Erbe wäre demnach eine Vereinnahmung und Instrumentalisierung, die zum Begriff »Abendland«, wie ihn PEGIDA formuliert, mindestens historisch in einem Spannungsverhältnis steht.

Noch wichtiger ist es vermutlich für die AfD, sich vom Antisemitismus zu distanzieren. Dies gilt auch für den Brandenburger Landesverband, der eine weitere Rechtsausrichtung der Partei insgesamt maßgeblich befördert hat.[26] Dass irgendwann aus dem Kreis der Parteimitglieder oder -funktionäre antisemitische Äußerungen bekannt werden würden, war zu erwarten. Die eingangs geschilderte Affäre um den brandenburgischen Listenkandidaten Jan-Ulrich Weiß und seinen antisemitischen Facebookeintrag kam also nicht überraschend. Der Landesvorsitzende Alexander Gauland erklärte hierzu: »Das dulden wir nicht in der Partei und werden alles tun, dass solche Men-

---

24 Vgl. ebd., S. 126.

25 Vgl. Jens Eumann/Oliver Hach, Pegida-Positionen im Faktencheck: Zuwanderung oder Abschottung? Freie Presse v. 20.12.2014, http://www.freiepresse.de/NACHRICHTEN/SACHSEN/Pegida-Positionen-im-Faktencheck-Zuwanderung-oder-Abschottung-artikel9068425.php (Abfrage v. 28.7.2015).

26 Vgl. Christoph Kopke/Alexander Lorenz, »Wenn ich benenne, was Menschen umtreibt, bin ich Demokrat.« Der Wahlkampf der »Alternative für Deutschland« (AfD) zur Landtagswahl 2014 in Brandenburg, www.dielinke-brandenburg.de/fileadmin/Newsletter/AFD-Studie_Endfassung_Aktualisiert__14.11.14.pdf (Abruf v. 30.7.2015); sowie unseren gemeinsam mit Alexander Lorenz verfassten Beitrag zum vorliegenden Band.

schen nicht bei uns in der Partei sind.«[27] Weiß wurde aus der Fraktion ausgeschlossen und trat sein Mandat nicht an.[28]

Antisemitismus wurde also durch die AfD in Brandenburg nicht mobilisiert. Vielmehr griff sie antisemitische Vorkommnisse auf und baute sie in ihre politische Agitation ein. Aus Anlass von Protesten gegen das Vorgehen der israelischen Armee im Gazastreifen während des Sommers 2014, bei denen es zu judenfeindlichen Parolen und Ausschreitungen gekommen war, gab Gauland folgende Mitteilung an die Presse, die hier in voller Länge zitiert wird, weil sie sein Verhältnis zum Antisemitismus erkennen lässt:

> »Diese Vorfälle sind beschämend – gleichgültig, ob sie von Deutschen oder Palästinensern ausgehen. Man kann sich mit guten Gründen gegen die Besatzungs- und Siedlungspolitik der Israelis aussprechen und auch dagegen protestieren. Aber man darf niemals Menschen, die nur ihren jüdischen Glauben leben, für die staatliche Politik eines anderen Landes verantwortlich machen. Israel ist zwar ein jüdischer Staat, aber nicht alle unsere jüdischen Mitbürger in Deutschland sind deshalb ein Teil von ihm. Im Übrigen sind staatliche Maßnahmen niemals dem Einzelnen zuzurechnen. Gerade wir Deutschen sind nach 1945 froh gewesen, dass uns keine kollektive Schuld zugeschoben wurde. Umso mehr müssen wir die kollektive Verantwortung für das Geschehen im Gazastreifen, die unseren jüdischen Mitbürgern aufgeladen wird, zurückweisen.
> Wieder einmal zeigt sich, dass multikulturelle Träume an der Wirklichkeit zerschellen, wenn der Hass stärker ist, als die integrierenden Tendenzen der aufnehmenden Gesellschaft. Es ist unser aller Pflicht, diesem Hass

---

27 Zit. n. Hanno Christ, AfD-Fraktionschef Gauland schließt Abgeordneten Weiß aus, in: taz v. 26.9.2014.

28 Das Landesschiedsgericht der AfD kam indes zu dem Schluss, dass die umstrittene Karikatur »zumindest nicht eindeutig antisemitisch« sei und Weiß »kein vorsätzliches Verhalten« nachgewiesen werden könne. Ein Ausschluss erfolgte nicht, derzeit wird der Fall beim Bundesschiedsgericht verhandelt. In derselben Sache beantragte die Staatsanwaltschaft Cottbus im März 2015 beim Amtsgericht Prenzlau einen Strafbefehl wegen Volksverhetzung. Vgl. Alexander Riedel: Weiter AFD-Personalquerelen. Gericht gegen Ausschluss von Weiß, in: Potsdamer Neueste Nachrichten v. 16.12.2014; Alexander Fröhlich/Peter Huth: Wegen Volksverhetzung: Staatsanwaltschaft beantragt Strafbefehl gegen AfD-Politiker, in: Der Tagesspiegel v. 19.3.2015.

entgegenzutreten und klar zwischen erlaubtem Protest gegen Israel einerseits und menschenfeindlichem Antisemitismus andererseits zu unterscheiden. Letzterem darf kein Platz in unserer Gesellschaft eingeräumt werden.«[29]

Den Autoren ist kein Hinweis darauf bekannt, dass Alexander Gauland selbst antisemitische Vorurteile teilt oder gar Antisemitismus verbreitet. Dennoch enthält die Pressemitteilung einige interessante und symptomatische Elemente. Zum einen lässt sie offen, wie die AfD zum Staat Israel steht. Gaulands Qualifizierung der israelischen Politik lässt dabei eher Distanz erkennen. Israelfeindliche AfD-Anhänger könnten sie mittragen. Das unterscheidet den Text von »proisraelischen« oder gar »philosemitischen« Äußerungen aus dem diffusen Spektrum der Islamfeindlichkeit, in denen Israel auf Grund seiner Position im Nahen Osten als Bastion gegen den Islamismus dargestellt und seine Politik entsprechend glorifiziert wird.[30] Hinzu kommt eine subtile Indienstnahme dieser Stellungnahme für den programmatischen Nationalismus der AfD in der Aussage über kollektive Schuld und Verantwortung[31], eine seltsame Volte, die mit einem paradoxen Ausdruck als »Entlastungs-Anti-Antisemitismus« bezeichnet werden könnte.

29 Alexander Gauland, Kein Platz für Antisemitismus in Deutschland, Pressemitteilung der AfD v. 22.7.2014, http://www.alternativefuer.de/gauland-kein-platz-fuer-antisemitismus-deutschland/(Abfrage v. 30.7.2014). – Ähnlich der AfD-Europa-Abgeordnete Marcus Pretzell, vgl. David Bebnowski, Die Alternative für Deutschland. Aufstieg und gesellschaftliche Repräsentanz einer rechten populistischen Partei, Wiesbaden 2015, S. 27 f.

30 Vgl. Yves Patrick Pallade: Proisraelismus und Philosemitismus in rechtspopulistischen und rechtsextremen europäischen Parteien der Gegenwart, in: Irene Diekmann/Elke-Vera Kotowski (Hg.), Geliebter Feind – gehasster Freund. Antisemitismus und Philosemitismus in Geschichte und Gegenwart, Berlin 2009, S. 409-436.

31 Sekundärer und israelbezogener Antisemitismus werden in Publikationen der deutschen extremen Rechten häufig durch Funktionalisierung des Kollektivschuld-Motivs integriert. Im vormaligen rechtsextremen Leitmedium »Nation Europa« finden sich früh ähnliche Argumentationsfiguren wie bei Alexander Gauland, die allerdings unzweifelhaft als antisemitisch zu erkennen sind. Siehe: NE [= Redaktion Nation Europa], Kollektivschuld?, in: Nation Europa 2 (1952), H. 6, S. 26; vgl. hierzu Gideon Botsch/Christoph Kopke: Kontinuität des Antisemitismus: Israel im Blick der extremen Rechten, in: Olaf Glöckner/Julius H. Schoeps (Hg.): Deutschland, die Juden und der Staat Israel. Eine politische Bestandsaufnahme, Hildesheim/Zürich/New York (in Vorbereitung).

Vor allem zeigt die Presseerklärung den instrumentellen Charakter, den die ablehnende Thematisierung antisemitischer Ereignisse in diesem Kontext hat. Durch die selektive Wahrnehmung derartiger Vorkommnisse wird das Phänomen des Antisemitismus tendenziell externalisiert und einseitig einem Teil der migrantischen Bevölkerung zugeschrieben. In für die AfD typischer Weise wird hier an Stimmungen und Ängste angeknüpft, die für die eigene Klientel mit Einwanderung und Integrationspolitik verbunden sind. Der Antisemitismus wird zugleich genutzt, um den politischen Gegner anzugreifen, dem »multikulturelle Träume« unterstellt werden. Ein halbes Jahr später, und nach dem Beginn jener PEGIDA-Proteste, die Gauland wohlwollend beobachtete, instrumentalisierte er das Pariser Charlie-Hebdo-Attentat, für eine noch aggressivere Ansprache:

> »All diejenigen, die bisher die Sorgen vieler Menschen vor einer drohenden Gefahr durch den Islamismus ignoriert oder verlacht haben, werden durch diese Bluttat Lügen gestraft. Das Massaker von Paris zeigt auch, wie fragil und schutzbedürftig die Grundwerte unserer Gesellschaft sind. Vor diesem Hintergrund erhalten die Forderungen von Pegida besondere Aktualität und Gewicht. Die Altparteien sollten sich sehr gut überlegen, ob sie bei ihrer Haltung, die Menschen von Pegida weiterhin zu diffamieren, bleiben wollen.«[32]

Alexander Gaulands Stellungnahmen sind hier exemplarisch vorgestellt worden, um die doppelte Bedeutung des Antisemitismus für die AfD zu verdeutlichen. Antisemitische Vorbehalte in der eigenen Klientel müssen dabei unterhalb der Schwelle öffentlicher Aufmerksamkeit gehalten werden. Darüber hinaus wird Antisemitismus als Problem thematisiert, das durch Zuwanderung entsteht – und damit in seinen Ursachen und Erscheinungsformen externalisiert. Fallweise kann die Abgrenzung vom Antisemitismus

---

32 Alexander Gauland, Anschlag in Paris ist Angriff auf unsere Grundwerte, Pressemitteilung der AfD v. 7.1.2015, http://www.presseportal.de/pm/110332/2920977 (Abfrage v. 24.7.2015). – Da die Pressemitteilung noch am Tag des Anschlags verbreitet wird und damit vor Beginn der Geiselnahme und des vierfachen Mords in einem koscheren Supermarkt, die sich zwei Tage später an den Charlie-Hebdo-Anschlag anschließen, spielt Antisemitismus hier noch keine Rolle.

dann sogar dazu genutzt werden, eigene Agendaziele der Partei – wie Zuwanderungsbeschränkung, nationalistische Identitätspolitik und Diffamierung des politischen Gegners – in die Öffentlichkeit zu tragen.

Insgesamt gilt festzuhalten, dass die neueren rechtspopulistischen Protestformationen eher versuchen, dem Problem des Antisemitismus aus dem Weg zu gehen, von einer politischen Mobilisierung antisemitischer Stimmungen Abstand nehmen und sich gegebenenfalls plakativ davon distanzieren.

3 Antisemitische Denkmuster

Das oben beschriebene Phänomen latent vorhandener, empirisch nachweisbarer antisemitischer Einstellungen, die aber öffentlich beschwiegen oder tabuisiert werden, wird in der Antisemitismusforschung als »Kommunikationslatenz«[33] bezeichnet. Für den Antisemitismus in der Bundesrepublik Deutschland gilt Kommunikationslatenz als geradezu typische Erscheinungsform. Würde es den neuen rechtspopulistischen Protestformationen gelingen, Vorurteile im Sinne der Kommunikationslatenz erfolgreich zu unterdrücken, so würden sie sich nicht prinzipiell von anderen politischen Parteien unterscheiden, sondern allenfalls durch einen vermutlich höheren Prozentanteil latenter Antisemiten in der eigenen Klientel.

Die Beziehung dieser Protestformationen zum Antisemitismus ist aber durchaus komplizierter. Die durch PEGIDA oder die AfD mobilisierten Vorurteile und Stereotype stehen nicht einfach unverbunden nebeneinander. Sie werden vielmehr integriert durch eine Weltsicht, die die Schuld für die verschiedenen bekämpften Phänomene auf das Wirken konkreter Akteure

33 Vgl. Werner Bergmann/Rainer Erb, Kommunikationslatenz, Moral und öffentliche Meinung. Theoretische Überlegungen zum Antisemitismus in der Bundesrepublik Deutschland, in: Kölner Zeitschrift für Soziologie und Sozialpsychologie 38 (1986), S. 223-246; Werner Bergmann/Wilhelm Heitmeyer, Antisemitismus: Verliert die Vorurteilsrepression ihre Wirkung?, In: Deutsche Zustände 3, S. 224-238; Werner Bergmann/Wilhelm Heitmeyer: Communicating Anti-Semitism. Are the »Boundaries of the Speakable« Shifting?, in: Tel Aviver Jahrbuch für deutsche Geschichte, 33 (2005), S. 70-89; vgl. zum Folgenden grundsätzlich: Lars Rensmann, Demokratie und Judenbild. Antisemitismus in der politischen Kultur der Bundesrepublik Deutschland, Wiesbaden 2004.

und Akteursgruppen reduziert. Ihnen wird unterstellt, planvoll, koordiniert und im Geheimen zu wirken und ganz bewusst dem deutschen Volk schaden zu wollen. Komplizen fänden sie bei jenen, die ihnen aus Naivität und »Gutmenschentum« zu folgen bereit sind. Laut Samuel Salzborn glauben die Anhänger von Formationen wie PEGIDA und AfD »an eine Verschwörung [...] einer multikulturellen Gesellschaft [und] phantasieren geheimen Aktivitäten von Politik und Medien, die angeblich den Protest ›des Volkes‹ begrenze oder unterdrücke, wobei den Sicherheitsbehörden jeweils eine zentrale Rolle zugesprochen wird, weil sie entweder nicht (angemessen) handeln oder weil sie den Protest zu limitieren versuchen würden. Während demokratische Medien dabei als ›Lügenpresse‹ verunglimpft werden, [...] werden Propagandamedien wie dubiose Internetblogs oder das russische Fernsehen glorifiziert – weil die den eigenen Wahn zur Wahrheit erklären.«[34]

Besonders das von Salzborn angeführte – auffällig oft im Kontext von PEGIDA verwendete – Wort von der »Lügenpresse« verdeutlicht ein manichäisches Weltbild, in dem Informationsströme massiv und absichtsvoll manipuliert werden und so ein »Meinungskartell« entstehe. Der Begriff steht in unmittelbarer Verbindung zum historischen Konzept einer »Systempresse«, mit dem die nationalsozialistische Bewegung und ihre Bündnispartner die republikanischen Medien anfeindeten. Verfassungstreue Medien wie die »Frankfurter Zeitung« galten dabei als »Judenpresse«, und Journalisten wurden individuell oder als Gruppe angegriffen, indem sie als »Juden« negativ markiert wurden. Dieser spezifisch antisemitische Kampfbegriff »Lügenpresse« hat sich innerhalb der rechtsextremen und neonazistischen Szene in der Bundesrepublik erhalten und ist auf diesem Wege von den Teilnehmern rechtspopulistischer Proteste übernommen worden. Laut Britta Schellenberg geht der Verwendung des Wortes bei den PEGIDA-Protesten zugleich eine

34 Samuel Salzborn, Demokratieferne Rebellionen. Pegida und die Renaissance völkischer Verschwörungsphantasien, in: Wolfgang Frindte et al. (Hg.), Rechtsextremismus und »Nationalsozialistischer Untergrund«. Interdisziplinäre Debatten, Befunde und Bilanzen, Wiesbaden 2016, S. 359-366, Zitat: S. 362; vgl. auch Geiges/Marg/Walter, Pegida.

»komplexe langjährige Entfremdung von gemeinsamen Normvorstellungen« voraus.[35]

Die Konstruktion einer »Lügenpresse« erlaubt es, sich gegen solche Fakten und Argumente abzuschirmen, die den geschlossenen Charakter des eigenen Weltbilds stören könnten, und führt zugleich zu einer Aufwertung »alternativer« Nachrichtenwege – die in der Regel über weitaus weniger oder gar keine fachlichen Standards und Qualitätsmerkmale verfügen als die Redaktionen der etablierten Medien. Eine aufgeklärte Kritik gegenüber dem Zustand medialer Berichterstattung ist darin nicht zu erkennen. Vielmehr werden die komplexen Ursachen für existierende Defizite ausgeblendet. Unterstellt wird ein einheitlich agierendes, gesteuert die Unwahrheit verbreitendes »Medienkartell«, das seinerseits unverbrüchlich den politischen Eliten und damit einem »Parteienkartell« verbunden sei.

Die AfD übernimmt von rechtspopulistischen Parteien wie den REPUBLIKANERN den Begriff »Altparteien«. Diesem Vorbild folgend, dient er auch der AfD vorrangig zum »Aufbau eines demokratischen Images durch Vergleich [...] mit den sog. Altparteien«.[36] Wieder unterbleibt eine radikale Kritik der demokratischen Wirklichkeit, die der Komplexität moderner Demokratien unter dem Druck »postdemokratischer«[37] Tendenzen adäquat wäre.

Die neuen rechtspopulistischen Protestformationen konstruieren damit ein Gegenüber, das als machtvoller hegemonialer Block gedacht und dem ein einheitliches strategisches Handeln unterstellt wird. Dieser Block ver-

---

35 Britta Schellenberg, Lügenpresse? »Rechtsextremismus« und »Rassismus« in den Medien, in: Frindte et al. (Hg.), Rechtsextremismus, S. 309-339, Zitat S. 309, vgl. für unseren Zusammenhang bes. S. 325 ff. Vgl. auch Armin Pfahl-Traughber, Pegida – eine Protestbewegung zwischen Ängsten und Ressentiments. Eine Analyse aus der Sicht der Bewegungs-, Extremismus- und Sozialforschung, 2.2.2015, http://www.bpb.de/politik/extremismus/rechtsextremismus/200901/pegida-eine-protestbewegung-zwischen-aengsten-und-ressentiments (Abruf v. 28.7.2015). Geiges/Marg/Walter, Pegida, S. 100 ff., unterschätzen u. E. diesen spezifisch rechtsextremen und mindestens latent antisemitisch konnotierten Strang der Begriffsgeschichte.

36 Birgit Griese/Gunther Niermann, Rechtsextremisten in nordrhein-westfälischen Kommunalparlamenten (1989–1994), in: Christoph Butterwegge et al., Rechts-Extremisten in Parlamenten. Forschungsstand – Fallstudien – Gegenstrategien, Opladen 1997, S. 147-208, Zitat: S. 201.

37 Vgl. u. a. Colin Crouch, Postdemokratie, 10. Aufl., Frankfurt a. M. 2013; und das Themenheft »Postdemokratie«, Aus Politik und Zeitgeschichte, H. 1–2/2011.

halte sich dem »deutschen Volk« gegenüber feindlich, verstehe es aber durch geschickte Manipulation, die öffentliche Meinung zu kontrollieren und die Artikulation der eigentlichen Interessen des Volkes zu unterbinden. PEGIDA und die Wahlerfolge der AfD haben diese Dominanz demnach zeitweilig in Frage gestellt, doch arbeite der gegnerische Block daran, den Volkswillen mit noch perfideren Manipulationen zu unterdrücken.

Manifester Antisemitismus tritt in dieser Art Verschwörungsdenken zwar nur im Einzelfall in Erscheinung. Dennoch handelt es sich um eine Denkstruktur, die unmittelbar mit dem klassischen Weltbild der »jüdischen Weltverschwörung« verbunden ist. Mit Bezug auf andere Phänomene – insbesondere eine personalisierende und damit »verkürzende« Kapitalkritik – wird in der Antisemitismusforschung mitunter von »strukturellem Antisemitismus« gesprochen. Gemeint sind Denkgebäude, Diskurse oder diskursive Argumentationsstränge, bei denen Juden nicht explizit benannt werden, die aber so starke Parallelen zu offen antisemitischen Verschwörungsmythen aufweisen, dass antisemitische Denkmuster ihnen »strukturell« zu Grunde liegen. Subjektiv können diejenigen, die solche Denkmuster verbreiten, sich mitunter frei von jedem Antisemitismus fühlen. Seit langem bekannt und inzwischen auch empirisch belegt ist das Phänomen eines »Antisemitismus ohne Antisemiten«[38], der gerade dadurch gekennzeichnet ist, dass er im Bereich des Uneindeutigen verbleibt. Die Gefahren derartiger Erklärungs- und Deutungsmuster angesichts der gegenwärtigen Legitimationskrisen der politischen, sozialen und ökonomischen Ordnung der westlichen Gesellschaften hat Lars Rensmann bereits vor einem Jahrzehnt benannt. Demnach »können der beschleunigte soziale Wandel der Gegenwart, die rapiden sozioökonomischen Umbrüche und soziokulturellen Modernisierungsprozesse mit ihren einschneidenden sozialen Folgen dazu beitragen, antisemitische Deutungsschemen und Verschwörungstheorien zu verstärken. Ein reaktiver Antisemi-

38 Diese Formulierung bereits 1979 bei: Bernd Marin, Ein historisch neuartiger »Antisemitismus ohne Antisemiten«? Beobachtungen und Thesen am Beispiel Österreichs nach 1945, in: Geschichte und Gesellschaft 5 (1979), S. 545-569, vgl. Bernd Marin, Antisemitismus ohne Antisemiten. Autoritäre Vorurteile und Feindbilder. Mit einer Einleitung v. Gerhard Botz. Unveränderte Neuauflage früherer Analysen 1974–1979 und Umfragen 1946–1991, Frankfurt a. M./New York 2000; vgl. auch: Rensmann, Demokratie.

tismus bietet dabei eine griffige, pseudo-konkrete Erklärung der übergreifenden gesellschaftlichen Transformationsprozesse.«[39]

Antisemitismus wird im Verschwörungsdenken der Träger rechtspopulistischer Proteste auf zweifache Weise wirksam: Erstens wird auf das Arsenal verschwörungsmystischen Denkens zurückgegriffen. Historisch überlieferte Stereotype und altbekannte Bilder werden dabei transformiert und übertragen. Zweitens ist – bestärkt durch die »Lügenpresse«-Rhetorik – für die Anhänger dieser Protestformationen das Internet der bevorzugte Ort der Informationsbeschaffung.[40] Verschwörungsmystische Inhalte im Internet bewegen sich zum großen Teil in deutlicher Nähe zu antisemitischen Inhalten, sind entweder in sie eingebettet oder unmittelbar mit ihnen verlinkt. Das Internet stellt heute einen Raum dar, in dem die Berührung mit antisemitischen Inhalten rasch erfolgt und in manchen Themengebieten nahezu unvermeidlich ist.[41] Wer davon ausgeht, dass die Welt von Mächten kontrolliert wird, die im Geheimen agieren, und dass sich diese finsteren Gestalten persönlich dingfest machen lassen, wird sehr bald auf solche Materialien stoßen, die diese Personalisierung an Juden vornehmen – sei es an einzelnen Juden, jüdischen Familien wie den Rothschilds oder dem gesamten Judentum. Genau solche Inhalte bediente jenes eingangs zitierte Bildchen, das AfD-Kandidat Weiß auf Facebook teilte. Aber auch in der realen Welt lässt sich mitunter eine »Annäherung an die Wirrköpfe«[42] feststellen, eine unmittelbare Verbindung zu jenen Netzwerken, die Verschwörungsmythen produzieren und verbreiten.

Antisemitismus, so lässt sich zusammenfassend feststellen, ist für die neuen rechtspopulistischen Protestformationen ein relevantes Thema, selbst dann, wenn sie sich demonstrativ und plakativ davon distanzieren. Die instrumentellen Formen der Thematisierung von Antisemitismus und Juden-

39 Rensmann, Demokratie, S. 500.

40 Vgl. Geiges/Marg/Walter, Pegida, S. 100 ff.

41 Vgl. Monika Schwarz-Friesel, »Juden sind zum Töten da« (studivz.net, 2008). Hass via Internet – Zugänglichkeit und Verbreitung von Antisemitismus im World Wide Web, in: Konstanze Marx/Monika Schwarz-Friesel (Hg.), Sprache und Kommunikation im technischen Zeitalter. Wieviel Internet (v)erträgt unsere Gesellschaft?, Berlin/Boston 2013, S. 213-236.

42 Erik Peter, AfD und Verschwörungstheoretiker: Annäherung an die Wirrköpfe, in: taz v. 7.11.2014; vgl. Geiges/Marg/Walter, Pegida, S. 24.

tum laufen stets Gefahr, judenfeindliche Stereotype zu tradieren, den Antisemitismus der Mehrheitsgesellschaft zu verharmlosen oder gar den nationalsozialistischen Rassen- und Vernichtungsantisemitismus zu bagatellisieren. Gravierender noch sind die Herausforderungen durch antisemitische Einstellungspotenziale in der Basisklientel des Rechtspopulismus, die oft mit anderen Elementen der Ideologie der Ungleichwertigkeit korrelieren und diese bestärken und befördern, sowie jene Denkmuster, die »strukturell« dem Antisemitismus verbundenen sind und rechtspopulistischen Verschwörungsmythen zu Grunde liegen.

Anhang

Literaturverzeichnis

Sascha Adamek: Brandenburger AfD verliert zwei Fraktionschefs, in: rbb Online vom 17.4.2015, http://www.rbb-online.de/politik/beitrag/2015/04/afd-kreitagschef-winfried-dreger-erklaert-parteiaustritt.html (Abruf v. 24.9.2015).

Theodor W. Adorno/Else Frenkel-Brunswik/Daniel J. Levinson/R. Nevitt Sanford: The authoritarian personality. New York 1950.

Aktionsbündnis Brandenburg: AfD: »Viele rechte Einzelfälle«, in: Aktionsbündnis Brandenburg vom 16.10.2014, http://www.aktionsbuendnis-brandenburg.de/aktuelles/afd-viele-rechtsextreme-einzelfaelle (Abruf v. 24.8.2015).

Allianz für Fortschritt und Aufbruch, Bundesvorstand: Asyl und Flüchtlingsbereich in Abgrenzung zum Zuwanderungsbereich in Deutschland, http://alfa-bund.de/blog/alfa-hilfskultur-statt-willkommenskultur (Abruf v. 6.9.2015).

Allianz für Fortschritt und Aufbruch, Bundesvorstand: Programm, http://alfa-bund.de/wp-content/uploads/2015/08/Parteiprogramm-ALFA.pdf (Abruf v. 16.9.2015).

Bob Altemeyer: Right-Wing Authoritarianism, Winnipeg 1981.

Bob Altemeyer: Enemies of freedom: Understanding right-wing authoritarianism, San Francisco 1988.

Alternative für Deutschland: Wahlprogramm, Parteitagsbeschluss 14.4.2013, https://www.alternativefuer.de/wp-content/uploads/2014/07/AfD_Wahlprogramm-BTW-2013-kurz.pdf (Abruf v. 10.2.2015).

Alternative für Deutschland: Programmatik & Leitlinien, http://www.alternativefuer.de/programm-hintergrund/programmatik/(Abruf v. 16.9.2015).

Alternative für Deutschland: »Erfurter Resolution«, http://derfluegel.de/erfurterresolution.pdf (Abruf v. 22.8.2015).

Alternative für Deutschland: Herbstoffensive 2015, http://www.alternativefuer.de/herbstoffensive-2015/(Abruf v. 7.9.2015).

Alternative für Deutschland: Bildung und Gleichstellung, http://www.alternativefuer.de/programm-hintergrund/fragen-und-antworten/bildung-und-gleichstellung/(Abruf v. 17.9.2015).

Alternative für Deutschland, Baden-Württemberg: Bildungsplan 2015: AfD-Parteitag bezieht klar Stellung gegen »Gender Mainstreaming«, vom 27.7.2015, http://alternativefuer-bw.de/2015/07/bildungsplan-2015-afd-parteitag-bezieht-klar-stellung-gegen-gender-mainstreaming/(Abruf v. 6.9.2015).

Alternative für Deutschland, Baden-Württemberg: GM-Erklärung, http://alternativefuer-bw.de/wp-content/uploads/2015/07/GM_Erklaerung.pdf (Abruf v. 6.9.2015).

Alternative für Deutschland, Brandenburg: Bodenständig und frei leben. Das Programm der Alternative für Deutschland für die Landtagswahl am 14. September 2014, http://www.afd-brandenburg.de/wp-content/uploads/2014/04/Landtagswahlprogramm-komplett.pdf, (Abruf v. 19.1.2015).

Alternative für Deutschland, Bundesgeschäftsstelle: Mut zur Wahrheit. Politische Leitlinien der Alternative für Deutschland, https://www.alternativefuer.de/wp-content/uploads/2014/07/AfD_Leitlinien_2014_DE.pdf (Abruf v. 16.9.2015).

Alternative für Deutschland, Bundesverband: Redaktion: Ein repräsentativer Mitgliederparteitag – der Blick auf die Statistik, in: AfD kompakt. Informationsbrief des Bundesverbandes der Alternative für Deutschland 11 (2015).

Alternative für Deutschland, Bundesvorstand: Positionspapier zur Asyl- und Flüchtlingsproblematik vom 8.8.2015, http://www.alternativefuer.de/wp-content/uploads/2015/08/Positionspapier-des-AfD-Bundesvorstandes-zur-Asyl-und-Fl%C3%BCchtlingsproblematik3.pdf (Abruf v. 8.9.2015).

Alternative für Deutschland, Bundesvorstand: Pressemitteilung vom 31.7.2015, Jörg Meuthen/Marc Jongen: Aufklärung über Gender Mainstreaming, http://www.alternativefuer.de/prof-dr-joerg-meuthen-dr-marc-jongen-aufklaerung-ueber-gender-mainstreaming/(Abruf v. 17.9.2015).

Alternative für Deutschland, Bundesvorstand: Pressemitteilung vom 21.8.2015, Alexander Gauland: Bei einer Million Flüchtlingen muss geprüft werden, das Asylrecht auszusetzen, http://www.alternativefuer.de/gauland-bei-einer-million-fluechtlingen-muss-geprueft-werden-das-asylrecht-auszusetzen/(Abruf v. 22.8.2015).

Alternative für Deutschland, Fraktion im Landtag Brandenburg: Pressemitteilung vom 9.12.2014, PEGIDA, http://afd-fraktion-brandenburg.de/pressemitteilung-pegida/(Abruf v. 24.8.2015).

Alternative für Deutschland, Fraktion im Landtag Brandenburg: Pressemitteilung vom 1.7.2015: Verschärfung des Asylgesetzes, http://afd-fraktion-brandenburg.de/afd-fraktion-pm-verschaerfung-des-asylgesetzes/(Abruf v. 2.7.2015).

Alternative für Deutschland, Fraktion im Landtag Brandenburg: Pressemitteilung vom 10.7.2015: Polizeiführung übernimmt AfD-Forderung und setzt sich für dauerhafte Erhöhung der Grenzkontrollen ein, http://afd-fraktion-brandenburg.de/?wysija-page=1&controller=email&action=view&email_id=109&wysijap=subscriptions (Abruf v. 24.8.2015).

Alternative für Deutschland, Fraktion im Landtag Brandenburg: Pressemitteilung vom 3.8.2015, Alexander Gauland: »Gutscheinsystem für Asylbewerber«, http://afd-fraktion-brandenburg.de/gauland-gutscheinsystem-fuer-alle-asylbewerber/(Abruf v. 26.8.2015).

Alternative für Deutschland, Fraktion im Landtag Brandenburg: Pressemitteilung vom 14.8.2015, Detlev Frye: Aufnahme und Abschiebeeinrichtungen für Flüchtlinge vom Westbalkan, http://afd-fraktion-brandenburg.de/?wysija-page=1&controller=email&action=view&email_id=135&wysijap=subscriptions (Abruf. v. 16.8.2015).

Alternative für Deutschland, Fraktion im Landtag Brandenburg: Pressemitteilung vom 25.8.2015, Detlev Frye: Nauen – erste Reaktion, http://afd-fraktion-brandenburg.de/?wysija-page=1&controller=email&action=view&email_id=138&wysijap=subscriptions (Abruf v. 26.8.2015).

Alternative für Deutschland, Landesverband Brandenburg: Mut zu Brandenburg – Bodenständig und frei leben. Das Programm der Alternative für Deutschland für die Landtagswahl am 14. September 2014, S. 26 f., http://www.afd-brandenburg.de/wp-content/uploads/2014/04/Landtagswahlprogramm-komplett.pdf (Abruf v. 26.8.2015).

Alternative für Deutschland, Landesverband Brandenburg: Pressemitteilung vom 10.4.2015: Mittelstandsforum gegründet, http://www.afd-brandenburg.de/mittelstandforum-gegruendet/ (Abruf v. 26.8.2015).

Alternative für Deutschland, Landesverband Brandenburg: Wahlprogramm auf Russisch, http://www.afd-brandenburg.de/wahlprogramm-auf-russisch/(Abruf v. 2.4.2015).

Alternative für Deutschland, Sachsen: Wahlprogramm 2014, http://afdsachsen.de/download/AfD_Programm_Lang.pdf (Abruf v. 19.1.2015).

Alternative für Deutschland, Thüringen: Aufbruch für Thüringen – Wahlprogramm zur Landtagswahl 2014: http://afd-thueringen.de/wp-content/uploads/sites/2/2014/07/AfD_Thueringen_Wahlprogramm.pdf, veröffentlicht am 11.7.2014 (Abruf v. 19.1.2015).

Alternative für Deutschland, Thüringen: AfD-Abgeordnete bei Pegida und Gegendemo, vom 13.1.2015, http://afd-thueringen.de/2015/01/afd-abgeordnete-bei-pegida-und-gegendemo/ (Abruf v. 23.8.2015).

Amt für Statistik Berlin-Brandenburg: Pressemitteilung Nr. 259 vom 15.9.2015, Wahlanalyse der Landtagswahlen 2014 im Land Brandenburg veröffentlicht, https://www.statistik-berlin-brandenburg.de/pms/2014/14-09-15.pdf (Abruf v. 25.8.2015).

Deniz Anan: National, liberal, konservativ, populistisch? Die Programmatik der AfD, in: Mitteilungen des Instituts für Deutsches und Internationales Parteienrecht und Parteienforschung [MIP] 21 (2015), S. 61-71.

Christian Babka von Gostomski/Beate Küpper/Wilhelm Heitmeyer: Fremdenfeindlichkeit in den Bundesländern. Die schwierige Lage in Ostdeutschland, in: Wilhelm Heitmeyer (Hg.), Deutsche Zustände, Folge 5. Frankfurt a. M. 2007, S. 102-128.

Zygmunt Bauman: Flüchtige Zeiten. Leben in der Ungewissheit, Hamburg 2008.

Maik Baumgärtner: Wohin steuert die »Alternative für Deutschland«?, in: Aktionsbündnis Brandenburg 2013, http://www.aktionsbuendnis-brandenburg.de/sites/default/files/downloads/quo-vadis-afd_0.pdf (Abruf v. 1.4.2015).

David Bebnowski: Die Alternative für Deutschland. Aufstieg und gesellschaftliche Repräsentanz einer rechten populistischen Partei, Wiesbaden 2015.

David Bebnowski/Lisa Julika Förster: Wettbewerbspopulismus. Die Alternative für Deutschland und die Rolle der Ökonomen, in: OBS-Arbeitspapier 14, hg. v. d. Otto-Brenner-Stiftung, Frankfurt a. M. 2014.

Ulrich Beck: Risikogesellschaft: Auf dem Weg in eine andere Moderne, Frankfurt a. M. 1986.

Julia Becker/Oliver Christ/Ulrich Wagner/Peter Schmidt: Deutschland einig Vaterland? Riskante regionale und nationale Identifikationen in Ost- und Westdeutschland, in: Wilhelm Heitmeyer (Hg.), Deutsche Zustände, Folge 7. Frankfurt a. M. 2009, S. 113-130.

Liane Bednarz/Christoph Giesa: Gefährliche Bürger. Die neue Rechte greift nach der Mitte, München 2015.

Thomas Behm: Auf rechtem Kurs? Die Alternative für Deutschland in Mecklenburg-Vorpommern [= Weiterdenken. Diskussionsimpulse des Landesbüros Mecklenburg-Vorpommern der Friedrich-Ebert-Stiftung, H. 3], Schwerin 2015.

Inken Behrmann: D-Mark, Familie, Vaterland: Die AfD nach Lucke, in: Blätter für deutsche und internationale Politik 60 (2015) H. 8, S. 99-107.

Nicole Berbuir/Marcel Lewandowsky/Jasmin Siri: The AfD and its Sympathisers: Finally a Right-Wing Populist Movement in Germany?, in: German Politics 24 (2015) H. 2, S. 154-178.

Werner Bergmann/Rainer Erb: Kommunikationslatenz, Moral und öffentliche Meinung. Theoretische Überlegungen zum Antisemitismus in der Bundesrepublik Deutschland, in: Kölner Zeitschrift für Soziologie und Sozialpsychologie 38 (1986), S. 223-246.

Werner Bergmann/Wilhelm Heitmeyer: Antisemitismus: Verliert die Vorurteilsrepression ihre Wirkung?, in: Wilhelm Heitmeyer (Hg.), Deutsche Zustände, Folge 3. Frankfurt a. M. 2005a, S. 224-238.

Werner Bergmann/Wilhelm Heitmeyer: Communicating Anti-Semitism. Are the »Boundaries of the Speakable« Shifting?, in: Tel Aviver Jahrbuch für deutsche Geschichte, 33 (2005b), S. 70-89.

Jan Bielicki/Jens Schneider: AfD-Spitze stellt sich hinter »Pegida«, in: Süddeutsche Zeitung vom 9.12.2014, http://www.sueddeutsche.de/politik/reaktionen-auf-demos-afd-spitze-stellt-sich-hinter-pegida-1.2259371 (Abruf v. 4.9.2015).

Blog »Alles Evolution«, https://allesevolution.wordpress.com/2013/05/08/ubersicht-biologische-begrundungen-zu-geschlechterunterschieden/(Abruf v. 15.09.2015).

Norberto Bobbio: Rechts und Links. Gründe und Bedeutung einer politischen Unterscheidung, Berlin 1994.

Gideon Botsch: Die »Rechte« im Koordinatensystem der Politik, in: Gideon Botsch/Christoph Kopke, Die NPD und ihr Milieu. Studien und Berichte, Münster/Ulm 2009, S. 11-23.

Gideon Botsch: Die extreme Rechte in der Bundesrepublik Deutschland 1949 bis heute, Darmstadt 2012.

Gideon Botsch: Kritik des Vulgärdemokratismus bei Ernst Fraenkel und Franz Leopold Neumann. Habilitationsvortrag an der Wirtschafts- und Sozialwissenschaftlichen Fakultät der Universität Potsdam, 28. Mai 2014, unveröff. Manuskript.

Gideon Botsch/Christoph Kopke: Kontinuität des Antisemitismus: Israel im Blick der extremen Rechten, in: Olaf Glöckner/Julius H. Schoeps (Hg.), Deutschland, die Juden und der Staat Israel. Eine politische Bestandsaufnahme, Hildesheim/Zürich/New York (in Vorbereitung).

Pierre Bourdieu: Gegenfeuer. Wortmeldungen im Dienste des Widerstandes gegen die neoliberale Invasion, Konstanz 1998.

Stephan Brandner: Pressemitteilung: Keine Angst vor Pegida, http://www.brandner-im-landtag.de/artikel/pressemitteilung-keine-angst-vor-pegida.html (Abruf v. 22.8.2015).

Ulrich Bröckling: Das unternehmerische Selbst. Soziologie einer Subjektivierungsform, Frankfurt a. M. 2007.

Ulrich Bröckling/Susanne Krasmann/Thomas Lemke: Gouvernementalität der Gegenwart. Studien zur Ökonomisierung des Sozialen, Frankfurt a. M. 2000.

Pavel Brunßen: Vernetzung von Neonazis und Hooligans zu lange ignoriert, in: Amadeu Antonio Stiftung (Hg.), Fairplay statt Hass. Was wir gegen Menschenverachtung und rechtsextreme Ideologien im Fußball machen können, Berlin 2015, S. 11-13.

Bundeswahlleiter: Alternative für Deutschland, http://www.bundeswahlleiter.de/de/parteien/downloads/parteien/Alternative_fuer_Deutschland.pdf (Abruf v. 10.2.2015).

Bundeszentrale für politische Bildung: Themenheft »Postdemokratie«, Aus Politik und Zeitgeschichte, Beilage zur Wochenzeitung »Das Parlament«, 1–2 (2011).

Christoph Butterwegge u. a.: Themen der Rechten – Themen der Mitte. Zuwanderung, demografischer Wandel und Nationalbewusstsein, Opladen 2002.

Christoph Butterwegge: Definitionen, Einfallstore und Handlungsfelder des Rechtspopulismus, in: Christoph Butterwegge/Gudrun Hentges (Hg.), Rechtspopulismus, Arbeitswelt und Armut. Befunde aus Deutschland, Österreich und der Schweiz, Opladen/Farmington Hills 2008.

B.Z.: Fremdenfeindliche Slogans. Die neuen Demo-Parolen im B.Z.-Check, vom http://www.bz-berlin.de/deutschland/die-neuen-demo-parolen-im-b-z-check (Abruf v.14.9.2015).

Hanno Christ: AfD-Fraktionschef Gauland schließt Abgeordneten Weiß aus, in: die tageszeitung vom 26.9.2014.

Christiane Christen: Äußerung vom 18.7.2015, https://www.facebook.com/christiane.christen.rlp/posts/852218841535167 (Abruf v. 6.9.2015).
Colin Crouch: Postdemokratie, Frankfurt a. M. 2013.
Priska Daphi/Dieter Rucht/Wolfgang Stuppert/Simon Teune/Peter Ullrich: Montagsmahnwachen für den Frieden. Antisemitisch? Pazifistisch? Orientierungslos?, in: Forschungsjournal Soziale Bewegungen 27 (2014), H. 3, S. 24-31.
Priska Daphi/Dieter Rucht/Wolfgang Stuppert/Simon Teune/Peter Ullrich: Occupy Frieden. Eine Befragung von Teilnehmer/innen der »Montagsmahnwachen für den Frieden«, Forschungsbericht, 16.6.2014, https://protestinstitut.files.wordpress.com/2014/06/occupy-frieden_befragung-montagsmahnwachen_protestinstitut-eu1.pdf (Abruf v. 17.8.2015).
Frank Decker: Der neue Rechtspopulismus, 2. Aufl., Opladen 2004.
Frank Decker (Hg.): Populismus. Gefahr für die Demokratie oder nützliches Korrektiv?, Wiesbaden 2006.
Frank Decker: Warum der parteiförmige Rechtspopulismus in Deutschland so erfolglos ist, in: Vorgänge, 1 (2012), S. 21-28.
Frank Decker: Wenn die Populisten kommen. Beiträge zum Zustand der Demokratie und des Parteiensystems, Wiesbaden 2013.
Frank Decker: Europäische Wutbürger. Welche Folgen für die EU hat das Erstarken des Rechtspopulismus?, in: MUT. Forum für Kultur, Politik und Geschichte, 560 (2014), S. 6-15.
Oliver Decker: Narzisstische Plombe und sekundärer Autoritarismus, in: Oliver Decker/Johannes Kiess/Elmar Brähler (Hg.), Rechtsextremismus aus der Mitte und sekundärer Autoritarismus, Gießen 2015, S. 21-34.
Oliver Decker/Norbert Geißler/Elmar Brähler: Vom Rand zur Mitte. Rechtsextreme Einstellungen und ihre Einflussfaktoren in Deutschland. Friedrich-Ebert-Stiftung Berlin 2006.
Oliver Decker/Johannes Kiess/Elmar Brähler: Die stabilisierte Mitte: Rechtsextreme Einstellung in Deutschland 2014. Leipzig 2014.
Daniel Deckers: AfD scheiterte an der Ablehnung durch Frauen, in: F.A.Z. vom 28.1.2014, http://www.faz.net/aktuell/politik/inland/wahlstatistik-afd-scheiterte-an-der-ablehnung-durch-frauen-12774000.html (Abruf v. 17.9.2015).
Demo für alle: Facebook-Auftritt, https://www.facebook.com/demofueralle/photos/pb.1487616731457354.-2207520000.1444731927./1639206122965080/?type=3&theater (Abruf v. 13.10.2015).
Klaus Dörre/Kerstin Jürgens/Ingo Matuschek: Arbeit in Europa. Marktfundamentalismus als Zerreißprobe, Frankfurt a. M. 2014.
Sina Doughan: »Demo für Alle« gegen alles »Andere«: Frauen in Führungsrollen, in: Netz-gegen-Nazis.de vom 28.4.2015, http://www.netz-gegen-nazis.de/artikel/die-%E2%80%9Edemo-f%C3%BCr-alle%E2%80%9C-gegen-alles-%E2%80%9Eandere%E2%80%9C-10318 (Abruf v. 17.9.2015).
dpa: Bernd Lucke gründet neue Partei, in: Zeit Online vom 19.7.2015, http://www.zeit.de/politik/deutschland/2015-07/bernd-lucke-weckruf-parteigruendung-kassel (Abruf v. 20.7.2015).
dpa: AfD in Brandenburg verzeichnet nach Bundesparteitag 33 Austritte, in: Märkische Onlinezeitung vom 20.7.2015, http://www.moz.de/nachrichten/brandenburg/artikel-ansicht/dg/0/1/1407361/(Abruf v. 24.8.2015).

dpa: Alfa-Landesverband voraussichtlich im Oktober, in: Märkische Onlinezeitung vom 14.8.2015, http://www.moz.de/artikel-ansicht/dg/0/1/1413690 (Abruf v. 20.8.2015).
dpa: Kaum Zulauf für neue Partei Alfa in Brandenburg, in: Märkische Onlinezeitung vom 29.9.2015, http://www.moz.de/nachrichten/brandenburg/artikel-ansicht/dg/0/1/1425337/(Abruf v. 29.9.2015).
Christina Elmer/Christina Hebel: Frust hat entschieden, in: Spiegel Online vom 15.9.2014, http://www.spiegel.de/politik/deutschland/thueringen-und-brandenburg-nichtwaehler-frust-und-afd-protestwaehler-a-991648.html (Abruf v. 21.8.2015).
Jens Eumann/Oliver Hach: Pegida-Positionen im Faktencheck: Zuwanderung oder Abschottung? Freie Presse vom 20.12.2014, http://www.freiepresse.de/NACHRICHTEN/SACHSEN/Pegida-Positionen-im-Faktencheck-Zuwanderung-oder-Abschottung-artikel9068425.php (Abruf v. 28.7.2015).
Julian Feldmann: AfD-Vize besucht Hamburgs rechte SWG, in: ndr.de vom 23.3.2015, https://www.ndr.de/nachrichten/hamburg/AfD-Vize-Gauland-besucht-Hamburgs-rechte-SWG,swg100.html (Abruf v. 24.3.2015).
Leon Festinger: A Theory of Social Comparison Processes, in: Human Relations, 7 (1954).
Arthur Fischer/Heinz-Ulrich Kohr: Politisches Verhalten und empirische Sozialforschung: Leistung und Grenzen von Befragungsinstrumenten, München 1980.
Focus: Alternative für Deutschland: Mitgliederverlust nach Parteiabspaltung, in: Focus Online vom 29.8.2015, http://www.focus.de/magazin/kurzfassungen/focus-36-2015-alternative-fuer-deutschland-mitgliederverlust-nach-parteiabspaltung_id_4910638.html (Abruf v. 30.8.2015).
Forsa-Umfrage: So würde Brandenburg heute wählen, in: Märkische Allgemeine vom 19.9.2015, http://www.maz-online.de/Brandenburg/So-wuerde-Brandenburg-heute-waehlen (Abruf v. 21.9.2015).
Ernst Fraenkel: Gesammelte Schriften, Bd. 5: Demokratie und Pluralismus. Hg. v. Alexander v. Brünneck, Baden-Baden 2007.
Simon Tobias Franzmann: Die Wahlprogrammatik der AfD in vergleichender Perspektive, in: Mitteilungen des Instituts für Parteienrecht und Parteienforschung 20 (2014), S. 115-124.
Jan Freitag: »Reichsbürger« – Eine Bedrohung für die Demokratie oder lächerliche Verschwörungstheoretiker? Das Beispiel Brandenburgs, in: Jahrbuch für Extremismus & Demokratie [E&D] 26 (2014), S. 155-172.
Regina Frey: Von Mythen und Vermischungen – Zur Konstruktion des »Genderismus«, in: Regina Frey/Marc Gärtner/Manfred Köhnen/Sebastian Scheele (Hg.), Gender, Wissenschaftlichkeit und Ideologie. Argumente im Streit um Geschlechterverhältnisse [= Schriften des Gunda-Werner-Instituts, Bd. 9], hg. v. d. Heinrich-Böll-Stiftung, Berlin 2014, 2. aktual. Aufl., S. 28-39.
Regina Frey/Marc Gärtner/Manfred Köhnen/Sebastian Scheele: Einleitung zur zweiten Auflage, in: Gender, Wissenschaftlichkeit und Ideologie. Argumente im Streit um Geschlechterverhältnisse, hg. v. d. Heinrich-Böll-Stiftung, 2014, http://www.gwi-boell.de/sites/default/files/gender_wissenschaftlichkeit_und_ideologie_2aufl.pdf.
Sebastian Friedrich: Der Aufstieg der AfD. Neokonservative Mobilmachung in Deutschland, Berlin 2015.
Alexander Fröhlich: Neonazi-Vorwürfe gegen die AfD, in: Potsdamer Neueste Nachrichten vom 20.10.2014, http://www.pnn.de/brandenburg-berlin/903176/(Abruf v. 25.8.2015).

Alexander Fröhlich: Gauland, die AfD und Pegida, in: Potsdamer Neueste Nachrichten vom 29.1.2015, http://www.pnn.de/brandenburg-berlin/932258/(Abruf v. 30.1.2015).

Alexander Fröhlich: Alexander Gauland warnt vor »Vermerkelung« der AfD, in: Der Tagesspiegel vom 5.2.2015, http://www.tagesspiegel.de/politik/interne-e-mail-alexander-gauland-warnt-vor-vermerkelung-der-afd/11335704.html (Abruf v. 7.2.2015).

Alexander Fröhlich: Gauland gegen liberalen Kurs der Bundespartei, in: Potsdamer Neueste Nachrichten vom 16.3.2015, http://www.pnn.de/brandenburg-berlin/947646/(Abruf v. 20.8.2015).

Alexander Fröhlich: AfD auf der schiefen Ebene nach rechts, in: Potsdamer Neueste Nachrichten vom 30.4.2015, http://www.pnn.de/brandenburg-berlin/962983/(Abruf v. 28.8.2015).

Alexander Fröhlich: AfD: Kein Geld für Kampf gegen rechts – Partei im Landtag isoliert, in: Potsdamer Neueste Nachrichten vom 2.5.2015, http://www.pnn.de/titelseite/963386/(Abruf v. 10.5.2015).

Alexander Fröhlich: Liberale Mitglieder gegen Gauland Warnung vor Sektierern und Ideologen, in: Potsdamer Neueste Nachrichten vom 18.6.2015, http://www.pnn.de/brandenburg-berlin/978041/(Abruf v. 20.6.2015).

Alexander Fröhlich/Peter Huth: Wegen Volksverhetzung: Staatsanwaltschaft beantragt Strafbefehl gegen AfD-Politiker, in: Der Tagesspiegel vom 19.3.2015.

Susanne Frölich-Steffen/Lars Rensmann: Populistische Regierungsparteien in Ost- und Westeuropa: Vergleichende Perspektiven der politikwissenschaftlichen Forschung, in: dies. (Hg.), Populisten an der Macht. Populistische Regierungsparteien in West- und Osteuropa. Mit einem Nachwort von Cas Mudde, Wien 2005, S. 3-34.

Detlev Frye: Pressemitteilung der AfD-Fraktion vom 25.8.2015, http://afd-fraktion-brandenburg.de/?wysija-page=1&controller=email&action=view&email_id=138&wysijap=subscriptions (Abruf v. 26.8.2015).

Alexander Gallus: Dokumentation 2013: Alternative zur Alternativlosigkeit? Zum politischen Ort der neu gegründeten Partei »Alternative für Deutschland« (AfD), in: Jahrbuch für Extremismus & Demokratie [E&D] 26 (2014), S. 127-136.

Alexander Gauland: Thesenpapier zur Außenpolitik vom 5.9.2013, http://www.alternativefuer.de/thesenpapier-aussenpolitik/(Abruf v. 24.8.2015).

Alexander Gauland: Brief an konservative Parteifreunde vom 29.12.2013, http://www.alternativefuer.de/brief-konservative-parteifreunde/(Abruf v. 28.8.2015).

Alexander Gauland: Pressemitteilung vom 21.4.2014: Keine Einwanderung in unsere Sozialsysteme, http://www.alternativefuer.de/gauland-keine-zuwanderung-unsere-sozialsysteme/(Abruf v. 25.8.2015).

Alexander Gauland: Kein Platz für Antisemitismus in Deutschland, Pressemitteilung der AfD vom 22.7.2014, http://www.alternativefuer.de/gauland-kein-platz-fuer-antisemitismus-deutschland/(Abruf v. 30.7.2014).

Alexander Gauland: Rede im Brandenburger Landtag vom 20.12.2014, https://www.youtube.com/watch?v=lHLsPUVux-k (Abruf v. 28.8.2015).

Alexander Gauland: Anschlag in Paris ist Angriff auf unsere Grundwerte, Pressemitteilung der AfD vom 7.1.2015, http://www.presseportal.de/pm/110332/2920977 (Abruf v. 24.7.2015).

Lars Geiges/Stine Marg/Franz Walter: Pegida. Die schmutzige Seite der Zivilgesellschaft?, Bielefeld 2015.

Matthias Geis: Populist mit Stil, in: Zeit Online vom 3.7.2015, http://www.zeit.de/2015/27/alexander-gauland-afd-portraet (Abruf v. 4.7.2015).
Sydney Gennies: Auf dem flachen Land ist die AfD kaum sichtbar, in: Der Tagesspiegel vom 29.8.2014, http://www.tagesspiegel.de/politik/brandenburg-auf-dem-flachen-land-ist-die-afd-kaum-sichtbar/v_print/10630082.html?p= (Abruf v. 29.8.2014).
Sidney Gennies: Egon Bahr und die Verschwörungstheoretiker, in: Der Tagesspiegel vom 23.11.2014, http://www.tagesspiegel.de/politik/compact-konferenz-egon-bahr-und-die-verschwoerungstheoretiker/11019990.html (Abruf v. 26.8.2015).
Thomas Gesterkamp: Männerpolitik und Antifeminismus, in: WSI-Mitteilungen. Zeitschrift des Wirtschaftlichen- und Sozialwissenschaftlichen Institut der Hans-Böckler-Stiftung (2015) 1, S. 59-61.
Lawrence Goodwyn: Democratic Promise. The Populist Moment in America, New York 1976.
Franz Greß/Hans-Gerd Jaschke/Klaus Schönekäs: Neue Rechte und Rechtsextremismus in Europa, Opladen 1990.
Ulf Grieger: AfD-Fraktion aufgelöst, in: Märkische Onlinezeitung vom 12.6.2015, http://www.moz.de/artikel-ansicht/dg/0/1/1397418 (Abruf v. 24.8.2015).
Robert Grimm: The Rise of the German Eurosceptic party Alternative für Deutschland between ordoliberal critique and popular anxiety, in: International Political Science Review 36 (2015) H. 3, S. 264-278.
Birgit Griese/Gunther Niermann: Rechtsextremisten in nordrhein-westfälischen Kommunalparlamenten (1989–1994), in: Christoph Butterwegge u. a. (Hg.), Rechtsextremisten in Parlamenten. Forschungsstand – Fallstudien – Gegenstrategien, Opladen 1997, S. 147-208.
Eva Groß: Untersuchungsanlage, Methodik und Stichprobe der Analyse, in: Andreas Zick/Anna Klein: Fragile Mitte – Feindselige Zustände, hg. f. d. Friedrich-Ebert-Stiftung v. Ralf Melzer, Bonn 2014, S. 24-31.
Eva Groß/Julia Gundlach/Wilhelm Heitmeyer: Die Ökonomisierung der Gesellschaft. Ein Nährboden für Menschenfeindlichkeit in oberen Status- und Einkommensgruppen, in: Wilhelm Heitmeyer (Hg.), Deutsche Zustände, Folge 9. Berlin 2010, S. 138-157.
Michael Höss: Er? Sie? ES! Gender Mainstreaming und seine menschenfeindlichen Auswirkungen, in: Der Aktivist 2/2012.
Eva Groß/Andreas Hövermann: Marktförmiger Extremismus – ein Phänomen der Mitte?, in: Andreas Zick/Anna Klein: Fragile Mitte – Feindselige Zustände, hg. f. d. Friedrich-Ebert-Stiftung v. Ralf Melzer, Bonn 2014a, S. 102-118.
Eva Groß/Andreas Hövermann: Die Abwertung von Menschen mit Behinderung – Ein Element der Gruppenbezogenen Menschenfeindlichkeit im Fokus von Effizienzkalkülen, in: Behindertenpädagogik, 2 (2014b), S. 117-129.
Eva Groß/Andreas Hövermann: Die Gefährdung des Sozialen im hochentwickelten Kapitalismus. Inklusion, Abwertung und Ausgrenzung im Namen neoliberaler Leitbilder, in: Jahrbuch für Pädagogik 2015. Frankfurt a. M., i. Dr.
Eva Groß/Andreas Zick/Daniela Krause: Von der Ungleichwertigkeit zur Ungleichheit: Gruppenbezogene Menschenfeindlichkeit, in: Aus Politik und Zeitgeschichte, Beilage zur Wochenzeitung »Das Parlament«, 62 (2012), S. 11-18.
Ted Gurr: Why Men Rebel, Princeton/New Jersey 1970.
Jürgen Habermas: Theorie des kommunikativen Handelns, Bd. 2: Zur Kritik der funktionalistischen Vernunft, Frankfurt a. M. 1995.

Jens Hainmueller/Michael J. Hiscox: Educated Preferences: Explaining Attitudes Toward Immigration in Europe, in: International Organization, 61 (2007), S. 399-442.

Alexander Häusler: Populismus als politischer Zeitgeist, in: Antifa-Infoblatt, 59 (2003), S. 25-27.

Alexander Häusler: Die AfD – Partei des rechten Wutbürgertums am Scheideweg, Friedrich-Ebert-Stiftung, Expertisen für Demokratie 1 (2015), hg. für die Friedrich-Ebert-Stiftung von Ralf Melzer, Berlin 2015. http://library.fes.de/pdf-files/dialog/11390-20150911.pdf (Abruf v. 24.9.2015).

Alexander Häusler/Rainer Roeser: Rechtspopulismus in Europa und die rechtspopulistische Lücke in Deutschland, Erfurt 2014.

Alexander Häusler/Rainer Roeser: Die rechten »Mut«-Bürger. Entstehung, Entwicklung, Personal & Positionen der Alternative für Deutschland, Hamburg 2015a.

Alexander Häusler/Rainer Roeser: Die »Alternative für Deutschland« – eine Antwort auf die rechtspopulistische Lücke?, in: Stephan Braun/Alexander Geisler/Martin Gerster (Hg.), Strategien der extremen Rechten. Hintergründe – Analysen – Antworten, Wiesbaden 2015b, 2. aktual. u. erw. Aufl., S. 101-128.

Wilhelm Heitmeyer: Rechtsextremistische Orientierungen bei Jugendlichen. Weinheim/München 1987.

Wilhelm Heitmeyer: Gruppenbezogene Menschenfeindlichkeit. Die theoretische Konzeption und erste empirische Ergebnisse, in: ders., Deutsche Zustände, Folge 1. Frankfurt a. M. 2002, S. 15-34.

Wilhelm Heitmeyer: Die Ideologie der Ungleichwertigkeit. Der Kern der Gruppenbezogenen Menschenfeindlichkeit, in: ders., Deutsche Zustände, Folge 6. Frankfurt a. M. 2008, S. 36-44.

Wilhelm Heitmeyer: Deutsche Zustände, Folge 1 bis 10. Berlin (früher: Frankfurt a. M.) 2002 bis 2012.

Wilhelm Heitmeyer (Hg.): Deutsch-deutsche Zustände: 20 Jahre nach dem Mauerfall. Bonn: Bundeszentrale für politische Bildung (Abdruck von Deutsche Zustände, Folge 7. Frankfurt a. M. 2009).

Wilhelm Heitmeyer/Kirsten Endrikat: Die Ökonomisierung des Sozialen. Folgen für »Überflüssige« und »Nutzlose«, in: Wilhelm Heitmeyer (Hg.), Deutsche Zustände, Folge 6. Frankfurt a. M. 2008, S. 55-73.

Wilhelm Heitmeyer/Aribert Heyder: Autoritäre Haltungen. Rabiate Forderungen in unsicheren Zeiten, in: Wilhelm Heitmeyer (Hg.), Deutsche Zustände, Folge 1. Frankfurt a. M. 2002, S. 59-70.

Gudrun Hentges/Malte-Henning Meyer/Jörg Flecker/Sabine Kirschhofer/Eva Thoft/Edvin Grinderslev/Gabrielle Balazs: The abandoned worker. Socio-economic change and the attraction of right-wing populism, Köln/Wien 2003.

Anna-Lena Herkenhoff: Nachwuchs für den rechten Flügel – die *Junge Alternative* (JA), in: Alexander Häusler (Hg.), Die Alternative für Deutschland. Programmatik, Entwicklung und politische Verortung, Wiesbaden 2015 (i. E.), S. 199-215.

Everhard Holtmann/Oscar W. Gabriel/Jürgen Maier/Michaela Maier/Melanie Leidecker/Tobias Jaeck: Deutschland 2014. 25 Jahre friedliche Revolution und Deutsche Einheit – Ergebnisse eines Forschungsprojekts, hg. v. Bundesministerium für Wirtschaft und Energie, Berlin 2015, http://www.bmwi.de/BMWi/Redaktion/PDF/Publikationen/Studien/deutschland-2014-25-jahre-friedliche-revolution-und-deutsche-einheit-endbericht,property=pdf,bereich=bmwi2012,sprache=de,rwb=true.pdf (Abruf v. 9.10.2015).

Axel Honneth: Kampf um Anerkennung. Zur moralischen Grammatik sozialer Konflikte, Frankfurt a. M. 1992.

Andreas Hövermann: Anomia, institutionelle Anomie und Vorurteile – Der Beitrag ausgewählter anomietheoretischer Ansätze zur Erklärung von Gruppenbezogenen Menschenfeindlichkeit. Dissertation an der Fakultät für Soziologie, Bielefeld. 2015.

http://de.statista.com/statistik/daten/studie/5837/umfrage/mitgliederzahlen-der-gewerkschaften/(10.9.2015).

Junge Alternative Brandenburg: Presseinformation 5/2015, JA Brandenburg nun offizielle Jugendorganisation der AfD Brandenburg, http://www.ja-brandenburg.de/pm-ja-brandenburg-nun-offizielle-jugendorganisation-der-afd-brandenburg/(Abruf v. 22.4.2015).

Junge Freiheit: Parteien, Verbände, Personen, in: Junge Freiheit Nr. 3/15 vom 9.1.2015.

kath.net, Katholische Nachrichten: »Christen in der AfD« rücken von Lucke ab, vom 25.5.2015, http://www.kath.net/news/50682 (Abruf v. 5.9.2015).

kath.net, Katholische Nachrichten: »Christen in der AfD«: Wahl von Petry keine inhaltliche Neuausrichtung, vom 8.7.2015, http://www.kath.net/news/51267 (Abruf v. 5.9.2015).

Helmut Kellershohn: Die AfD, die jungkonservative Neue Rechte und die Demokratiekritik von rechts, in: Wolfang Kastrup/Helmut Kellershohn (Hg.), Kapitalismus und/oder Demokratie? Beiträge zur Kritik »marktkonformer« Demokratieverhältnisse, Münster i. Westf. 2014, S. 127-140.

Helmut Kellershohn: AfD-Sondierungen (4): Außenpolitische Sandkastenspiele: Die Russlandfrage aus der Sicht der jungkonservativen Neuen Rechten, in: Duisburger Institut für Sprach- und Sozialforschung vom 30.6.2015, http://www.diss-duisburg.de/2015/06/helmut-kellershohn-afd-sondierungen-4/(Abruf v. 1.7.2015).

Andreas Kemper: Rechte Euro-Rebellion. Alternative für Deutschland und Zivile Koalition e. V., Münster i. Westf. 2013.

Andreas Kemper: Keimzelle der Nation? Familien- und geschlechterpolitische Positionen der AfD – eine Expertise, hg. v. d. Friedrich-Ebert-Stiftung, Berlin 2014, http://library.fes.de/pdf-files/dialog/10641-20140414.pdf.

Andreas Kemper: Keimzelle der Nation – Teil 2. Wie sich in Europa Parteien und Bewegungen gegen Toleranz, Vielfalt und eine progressive Geschlechter- und Familienpolitik radikalisieren, Berlin 2014.

Andreas Kemper: »… die neurotische Phase überwinden, in der wir uns seit siebzig Jahren befinden«. Die Differenz von Konservativismus und Faschismus am Beispiel der »historischen Mission« Björn Höckes (AfD), Jena 2015, http://www.th.rosalux.de/fileadmin/ls_thueringen/dokumente/publikationen/RLS-HeftMissionHoecke-F-web.pdf (Abruf v. 24.9.2015).

Martina Kempf: Christen in der AfD: Leserbrief vom 15.7.2015, https://www.facebook.com/ChrAfD/photos/a.763862320366406.1073741828.542723889146918/857893720963265/?type=1 (Abruf v. 5.9.2015).

Thomas Kessler/Amélie Mummendey/Andreas Klink: Soziale Identität und relative Deprivation. Determinanten individuellen und kollektiven Verhaltens in Ostdeutschland nach der Vereinigung, in: Manfred Schmidt/Leo Montada (Hg.), Gerechtigkeitserleben im wiedervereinigten Deutschland, Opladen 1999, S. 213-292.

Johannes Kiess/Oliver Decker/Elmar Brähler: Die Wählerinnen und Wähler von AfD und NPD – Gemeinsamkeiten und Unterschiede, in: Oliver Decker/Johannes Kiess/Elmar Brähler (Hg.),

Rechtsextremismus der Mitte und sekundärer Autoritarismus. Mit Beiträgen von Johannes Baldauf et al., Gießen 2015, S. 83-104.
Anna Klein: Mitten in einer entleerten Demokratie?, in: Andreas Zick/Anna Klein (Hg.), Fragile Mitte – Feindselige Zustände, hg. für die Friedrich-Ebert-Stiftung von Ralf Melzer, Bonn 2014, S. 85-101.
Anna Klein/Wilhelm Heitmeyer: Demokratie auf dem rechten Weg? Entwicklungen rechtspopulistischer Orientierungen und politischen Verhaltens in den letzten zehn Jahren, in: Wilhelm Heitmeyer (Hg.), Deutsche Zustände, Folge 10. Berlin 2012, S. 87-104.
Anna Klein/Beate Küpper/Andreas Zick: Rechtspopulismus im vereinigten Deutschland als Ergebnis von Benachteiligungsgefühlen und Demokratiekritik, in: Wilhelm Heitmeyer (Hg.), Deutsche Zustände, Folge 7. Frankfurt a. M. 2009, S. 93-112.
Kerstin Köditz: Der rechte Überflieger? »Alternative für Deutschland« in Sachsen, Grimma 2014.
Christoph Kopke/Alexander Lorenz: »Wenn ich benenne, was Menschen umtreibt, bin ich Demokrat.« Der Wahlkampf der »Alternative für Deutschland« (AfD) zur Landtagswahl 2014 in Brandenburg, www.dielinke-brandenburg.de/fileadmin/Newsletter/AFD-Studie_Endfassung_Aktualisiert__14.11.14.pdf (Abruf v. 30.7.2015).
Christoph Kopke/Alexander Lorenz: »Ich kenne keine Flügel, ich kenne nur die Brandenburger AfD«. Die Alternative für Deutschland in Brandenburg, in: Alexander Häusler (Hg.), Die Alternative für Deutschland. Programmatik, Entwicklung und politische Verortung, Wiesbaden 2015, S. 219-232.
Felix Korsch/Volkmar Wölk: Nationalkonservativ und marktradikal. Eine politische Einordnung der »Alternative für Deutschland«, Berlin 2014, 2. aktual. u. erw. Aufl.
Karl-Rudolf Korte: Wahlen in Deutschland, in: Bundeszentrale für politische Bildung (Hg.), Zeitbilder, Bonn 2013.
Ellen Kositza/Götz Kubitschek (Hg.): Tristesse Droite. Die Abende in Schnellroda, Schnellroda 2015.
Henri Kramer: Nazi-Beleidigung mit Nachspiel, in: Potsdamer Neueste Nachrichten vom 12.5.2015, http://www.pnn.de/potsdam/966748/# (Abruf v. 24.8.2015).
Alex Krämer: Gaulands Schlieffen-Plan, in: rbb Online vom 6.2.2015, http://www.rbb-online.de/politik/beitrag/2015/02/AfD-Alexander-Gauland-Vermerkelung-Parteiprogramm.html (Abruf v. 10.2.2015).
Thomas Kröter: AfD will Gleichstellungspolitik »unverzüglich beenden«, in: Kölner Stadt-Anzeiger vom 5.8.2015, http://www.ksta.de/politik/-alternative-fuer-deutschland--gegen-gender-mainstreaming-afd-will-gleichstellungspolitik--unverzueglich-beenden-,15187246,31394792.html (Abruf v. 16.9.2015).
Beate Küpper/Andreas Zick: Macht Armut menschenfeindlich? Zusammenhänge in acht europäischen Ländern, in: Wilhelm Heitmeyer (Hg.), Deutsche Zustände, Folge 9. Berlin 2011, S. 84-105.
Günther Lachmann: Gauland beschimpft Lucke als »Kontrollfreak«, in: Die Welt Online vom 19.11.2014, http://www.welt.de/politik/deutschland/article134524972/Gauland-beschimpft-Lucke-als-Kontrollfreak.html (Abruf v. 22.8.2015).
Landeswahlleiter Brandenburg: Landtagswahl am 14.9.2014 im Land Brandenburg. Ergebnistabelle Land, https://www.wahlergebnisse.brandenburg.de/wahlen/LT2014/ergebnis/ergebLandBB.asp?sel1=1253&sel2=0661 (Abruf v. 30.10.2014).

Landeswahlleiter Brandenburg: Landtagswahl am 14.9.2014 im Land Brandenburg, Erst- und Zweitstimmen im Land Brandenburg, https://www.wahlergebnisse.brandenburg.de/wahlen/LT2014/ergebnis/ergebLandBB.asp?sel1=1253&sel2=0661 (Abruf v. 20.8.2015).

Landtag Brandenburg: Drucksache 6/673, Antwort der Landesregierung auf die Kleine Anfrage Nr. 217 der CDU-Fraktion, Pegida-Imitationen in Brandenburg, http://www.parldok.brandenburg.de/parladoku/w6/drs/ab_0600/673.pdf (Abruf v. 31.3.2015).

Landtag Brandenburg: Drucksache 6/1076: Antwort der Landesregierung auf die Kleine Anfrage 386 des Abgeordneten Klaus Ness der SPD-Fraktion Drucksache 6/843, http://www.parldok.brandenburg.de/parladoku/w6/drs/ab_1000/1076.pdf (Abruf 28.8.2015).

Landtag Brandenburg: Drucksache 6/1760, Erschließungsantrag der AfD-Fraktion zum Antrag der SPD-Fraktion und der Fraktion DIE LINKE – DS 6/1601 »Toleranz und Weltoffenheit erhalten – Rechtsextremismus bekämpfen« vom 12.6.2015, http://afd-fraktion-brandenburg.de/wp-content/uploads/2015/08/Entschließungsantrag-Extremismus.pdf (Abruf v. 25.8.2015).

Juliane Lang: Feindbild »Genderismus«. Antifeministische Diskurse in der extremen Rechten, in: Friedrich Burschel (Hg.), Aufstand der »Wutbürger«. AfD, christlicher Fundamentalismus, Pegida und ihre gefährlichen Netzwerke, hg. für die Rosa-Luxemburg-Stiftung, Berlin 2014, S. 27-31.

Astrid Lange: Was die Rechten lesen. Fünfzig rechtsextreme Zeitschriften. Ziele, Inhalte, Taktik, München 1993.

Paul F. Lazarsfeld/Neil W. Henry: Latent structure analysis. Boston 1968.

Marcel Lewandowsky: Eine rechtspopulistische Protestpartei? Die AfD in der öffentlichen und politikwissenschaftlichen Debatte, in: Zeitschrift für Politikwissenschaft 25 (2015), S. 119-134.

Sandra Legge/Jost Reinecke/Anna Klein: Das Kreuz des Wählers: Die Auswirkungen von politischer Entfremdung und Fremdenfeindlichkeit auf das Wahlverhalten in abgehängten Regionen, in: Wilhelm Heitmeyer (Hg.), Deutsche Zustände, Folge 7. Frankfurt a. M. 2009, S. 53-72.

Thomas Leif: Designierter Spitzenkandidat in RP – AfD-Parteichef war in islamfeindlicher Partei, SWR vom 3.9.2015, http://www.swr.de/landesschau-aktuell/rp/designierter-spitzenkandidat-in-rp-afd-parteichef-war-in-islamfeindlicher-partei/-/id=1682/did=16083990/nid=1682/19hfqvw/, abgerufen am 6.9.2015.

Thomas Lemke: Eine Kritik der politischen Vernunft, Hamburg 1997.

Seymor Martin Lipset: Der Faschismus – die Linke, die Rechte und die Mitte, in: Kölner Zeitschrift für Soziologie und Sozialpsychologie, 11 (1959), S. 401-444.

Bernd Lucke: Rede auf dem Gründungsparteitag von ALFA-Baden-Württemberg am 24.8.2015, http://bernd-lucke.de/rede-gruendungsparteitag-alfa-baden-wuerttemberg/ (Abruf v. 25.8.2015).

Fanny Lüskow: »Renomierprojekt der Rechten«, in: die tageszeitung Online vom 9.3.2015, http://www.taz.de/1/archiv/digitaz/artikel/?ressort=bl&dig=2015%2F03%2F09%2Fa0128&cHash=016ed8420cc33cfb7d9a77406d16e34c (Abruf v. 10.3.2015).

Nina Magoley: AfD Landesparteitag – »Wir wollen nicht nur die ›netten Nazis‹ sein«, in: WDR vom 31.8.2015, http://www1.wdr.de/themen/politik/afd-landesparteitag-104.html (Abruf v. 6.9.2015).

Jürgen Mansel/Kirsten Endrikat: Die Abwertung von »Überflüssigen« und Nutzlosen als Folge der Ökonomisierung der Lebenswelt. Langzeitarbeitslose, Behinderte und Obdachlose als Störfaktor, in: Soziale Probleme, 18 (2) (2007), S. 163-185.

Jürgen Mansel/Wilhelm Heitmeyer: Spaltung der Gesellschaft: Die negativen Auswirkungen auf das Zusammenleben, in: Wilhelm Heitmeyer (Hg.), Deutsche Zustände, Folge 3. Frankfurt a. M. 2004, S. 39-72.

Jürgen Mansel/Barbara Kaletta: Die menschenfeindlichen Folgen von Desintegrationsprozessen und Anerkennungsproblemen. Ein Ost-West-Vergleich, in: Wilhelm Heitmeyer (Hg.), Deutsche Zustände, Folge 7. Frankfurt a. M. 2009, S. 73-92.

Bernd Marin: Ein historisch neuartiger »Antisemitismus ohne Antisemiten«? Beobachtungen und Thesen am Beispiel Österreichs nach 1945, in: Geschichte und Gesellschaft 5 (1979), S. 545-569.

Bernd Marin: Antisemitismus ohne Antisemiten. Autoritäre Vorurteile und Feindbilder. Mit einer Einleitung von Gerhard Botz. Unveränderte Neuauflage früherer Analysen 1974–1979 und Umfragen 1946–1991, Frankfurt a. M./New York 2000.

Susanne Martino: Die »Neue Rechte« in der »Grauzone« zwischen Rechtsextremismus und Konservatismus, Frankfurt a. M. 1992.

Thorsten Metzner: Gauland hält AfD auf Rechtskurs, in: Potsdamer Neueste Nachrichten vom 20.4.2015, http://www.pnn.de/brandenburg-berlin/959073/ (Abruf v. 24.8.2015).

Ministerium des Innern des Landes Brandenburg (Hg.): Verfassungsschutzbericht Land Brandenburg 2013, Potsdam 2014.

Kurt Möller: Rechte Kids. Eine Langzeituntersuchung über Auf- und Abbau rechtsextremistischer Orientierungen bei 13–15-Jährigen. Weinheim 2000.

Cas Mudde: The Populist Radical Right: A Pathological Normalcy, in: West European Politics 33 (2010), S. 1167-1186.

Oliver Nachtwey: Rechte Wutbürger: Pegida oder das autoritäre Syndrom, in: Blätter für die deutsche und internationale Politik, 3 (2015), S. 81-89.

Armin Nassehi: Differenzierungsfolgen. Beiträge zur Soziologie der Moderne, Opladen 1999.

NE [= Redaktion Nation Europa]: Kollektivschuld?, in: Nation Europa 2 (1952), H. 6.

Sighard Neckel: Flucht nach vorn. Die Erfolgskultur der Marktgesellschaft, Frankfurt a. M./New York 2008.

Viola Neu: »Dann bleib ich mal weg« – Der Mythos der »Partei« der Nichtwähler, in: Konrad-Adenauer-Stiftung (Hg.), Forum empirische Sozialforschung, Sankt Augustin, Berlin 2012.

Dietmar Neuerer: »Ich hätte Gert Wilders nicht eingeladen«, in: Handelsblatt Online vom 13.4.2015, http://www.handelsblatt.com/politik/deutschland/interview-mit-afd-vize-gauland-ich-haette-geert-wilders-nicht-eingeladen/11629064.html (Abruf v. 15.4.2015).

Oskar Niedermayer: Eine neue Konkurrentin im Parteiensystem? Die Alternative für Deutschland, in: ders. (Hg.), Die Parteien nach der Bundestagswahl 2013, Wiesbaden 2014.

Oskar Niedermayer: Die brandenburgische Landtagswahl vom 14. September 2014: Die Linke wird abgestraft, bleibt aber Regierungspartei, in: Zeitschrift für Parlamentsfragen [ZParl] 1 (2015), S. 21-28.

no-nazi.net: Enorme Erfolgsgeschichte: Pegida in den Sozialen Netzwerken, in: Netz-gegen-Nazis.de vom 12.2.2015, http://www.netz-gegen-nazis.de/artikel/pegida-in-den-sozialen-netzwerken-10054 (Abruf v. 17.9.2015).

N-TV: Interview mit Beatrix von Storch: Ich kann gut auch über mich selber lachen, in: N-tv.de vom 23.5.2014, http://www.n-tv.de/politik/Ich-kann-gut-auch-ueber-mich-selber-lachen-article12886681.html (Abruf v. 16.9.2015).

Martin Olsen: Two categories of political alienation, in: Social Forces, 47 (3) (1969), S. 288-299.

Opferperspektive e. V.: Rassistische Gewalt in Brandenburg auf alarmierendem Niveau: Angriffszahlen zeigen bedrohliche Lage für Flüchtlinge, in: Pressemitteilung vom 24.8.2015, http://www.opferperspektive.de/aktuelles/rassistische-gewalt-in-brandenburg-auf-alarmierendem-niveau-angriffszahlen-zeigen-bedrohliche-lage-fuer-fluechtlinge (Abruf v. 26.8.2015).

Yves Patrick Pallade: Proisraelismus und Philosemitismus in rechtspopulistischen und rechtsextremen europäischen Parteien der Gegenwart, in: Irene Diekmann/Elke-Vera Kotowski (Hg.), Geliebter Feind – gehasster Freund. Antisemitismus und Philosemitismus in Geschichte und Gegenwart, Berlin 2009, S. 409-436.

Pegida Make-Up Tutorial: Kathrin Oertel, in: YouTube vom 19.1.2015, https://www.youtube.com/watch?v=5Zv-cN9-ea4 (Abruf v. 17.9.2015).

Erik Peter: AfD und Verschwörungstheoretiker: Annäherung an die Wirrköpfe, in: die tageszeitung vom 7.11.2014.

Frauke Petry: Interview in JF-TV Dokumentation über PEGIDA, Dresden, 8.12.2014, https://www.youtube.com/user/jungefreiheitverlag (Abruf v. 12.12.2014).

Thomas F. Pettigrew/Oliver Christ/Roel W. Meertens/Ulrich Wagner/Rolf van Dick/Andreas Zick: Relative deprivation and intergroup prejudice, in: Journal of Social Issues, Special issue on Prejudice and Discrimination in Europe, 64 (2008), S. 385-401.

Thomas F. Pettigrew/Linda Tropp: A meta-analytic test of intergroup contact theory, in: Interpersonal Relations and Group Processes, 90 (2006), S. 751-783.

Martin Petzke/Kirsten Endrikat/Steffen Kühnel: Risikofaktor Konformität. Soziale Gruppenprozesse im kommunalen Kontext, in: Wilhelm Heitmeyer (Hg.), Deutsche Zustände, Folge 5. Frankfurt a. M. 2007, S. 52-76.

Armin Pfahl-Traughber: Pegida – eine Protestbewegung zwischen Ängsten und Ressentiments. Eine Analyse aus der Sicht der Bewegungs-, Extremismus- und Sozialforschung, 2.2.2015, http://www.bpb.de/politik/extremismus/rechtsextremismus/200901/pegida-eine-protestbewegung-zwischen-aengsten-und-ressentiments (Abruf v. 28.7.2015).

Pforzheimer Kreis: Grundsatzerklärung vom 15.11.2013, Stand 23.1.2014, http://www.pforzheimerkreis.de/(Abruf v. 5.9.2015).

Gert Pickel: Jugend und Politikverdrossenheit: Zwei politische Kulturen im Deutschland nach der Vereinigung? Opladen 2002.

Alan Posener: Dresdens »Lady Bitch Rechts“, in: Die Welt vom 20.4.2015, http://www.welt.de/politik/deutschland/article139743636/Dresdens-Lady-Bitch-Rechts.html (Abruf v. 17.9.2015).

Karin Priester: Populismus. Historische und aktuelle Erscheinungsformen, Frankfurt a. M./New York 2007.

Karin Priester: Fließende Grenzen zwischen Rechtsextremismus und Rechtspopulismus in Europa, in: Aus Politik und Zeitgeschichte. Beilage zur Wochenzeitung »Das Parlament«, 44 (2010), S. 33-39.

Simone Rafael: Videoreihe: Frauen bei Pegida und im Rechtspopulismus (3), in: Netz-gegen-Nazis.de vom 26.8.2015, http://www.netz-gegen-nazis.de/artikel/videoreihe-frauen-bei-pegida-und-im-rechtspopulismus-3-10554 (Abruf v. 17.9.2015).

rbb (Rundfunk Berlin Brandenburg): Gauland geht in Position gegen Lucke, in: rbb Online vom 5.1.2015, http://www.rbb-online.de/politik/beitrag/2015/01/gauland-geht-in-position-gegen-lucke.html (Abruf v. 6.1.2015).

rbb (Rundfunk Berlin Brandenburg): Gauland sieht Dresdner »Pegida« als Verbündete, in: rbb Online vom 7.1.2015, http://www.rbb-online.de/politik/beitrag/2015/01/gauland-veraendertes-einwanderungsgesetz-dresdner-pegida-verbuendete.html (Abruf v. 8.1.2015).

rbb (Rundfunk Berlin Brandenburg): Rund 500 demonstrieren gegen Cogida, in: rbb Online vom 11.2.2015, http://www.rbb-online.de/politik/beitrag/2015/02/cogida-cottbus-pegida-gegendemo-mehrere-hundert-demonstranten.html (Abruf v. 13.2.2015).

rbb (Rundfunk Berlin Brandenburg): Sommerinterview: »Wer nicht politisch verfolgt ist, hat gar keinen Anspruch«, in: rbb Online vom 16.8.2015, http://www.rbb-online.de/politik/beitrag/2015/08/sommerinterview-alexander-gauland-gegen-Einwanderungsgesetz.html (Abruf v. 17.8.2015).

Martin Reeh: Der kluge Konservative, in: die tageszeitung Online vom 5.5.2014, http://www.taz.de/!5042954/(Abruf v. 19.8.2015).

Lars Rensmann: Demokratie und Judenbild. Antisemitismus in der politischen Kultur der Bundesrepublik Deutschland, Wiesbaden 2004.

Alexander Riedel: Weiter AFD-Personalquerelen. Gericht gegen Ausschluss von Weiß, in: Potsdamer Neueste Nachrichten vom 16.12.2014.

Johannes Riedlberger: Besorgte Eltern – Wer sie sind und was wie wollen, in: Netz-gegen-Nazis.de vom 16.3.2015, http://www.netz-gegen-nazis.de/artikel/besorgte-eltern-%E2%80%93-wer-sie-sind-und-was-wie-wollen-10130 (Abruf v. 17.9.2015).

Susanne Rippl/Dirk Baier: Das Deprivationskonzept in der Rechtsextremismusforschung. Eine vergleichende Analyse, in: Kölner Zeitschrift für Soziologie und Sozialpsychologie, 57 (2005), S. 644-666.

Rainer Roeser: AfD-Rechtsaußen: Dem Stammtisch zuhören, in: blick nach rechts vom 5.1.2015, http://www.bnr.de/artikel/hintergrund/afd-rechtsau-en-dem-stammtisch-zuh-ren (Abruf v. 4.9.2015).

Rainer Roeser: Flügelstreit in der AfD, in: blick nach rechts, vom 29.1.2015, http://www.bnr.de/artikel/hintergrund/fl-gelstreit-in-der-afd (Abruf v. 6.9.2015).

Rainer Roeser: Abendlandretter und Ex-»Republikaner« bei der AfD, in: blick nach rechts vom 1.4.2015, http://www.bnr.de/artikel/aktuelle-meldungen/abendlandretter-und-ex-republikaner-bei-der-afd (Abruf v. 4.9.2015).

Rainer Roeser: Spalter und Intimfeinde, in: blick nach rechts vom 29.5.2105, http://www.bnr.de/artikel/hintergrund/spalter-und-intimfeinde (Abruf v. 6.9.2015).

Rainer Roeser: Rechter AfD-Flügel im Aufwind, in: blick nach rechts vom 1.6.2015, http://www.bnr.de/artikel/aktuelle-meldungen/rechter-afd-fl-gel-im-aufwind (Abruf v. 4.9.2015).

Rainer Roeser: Richtungsweisender AfD-»Flügel«, in: blick nach rechts vom 10.6.2015, http://www.bnr.de/artikel/hintergrund/richtungsweisender-afd-fl-gel (Abruf v. 19.9.2015).

Rainer Roeser: Pegida-Partei AfD, in: blick nach rechts vom 6.7.2015, http://www.bnr.de/print/14461 (Abruf v. 6.7.2015).

Rainer Roeser: AfD auf Rechtskurs, in: blick nach rechts, vom 20.7.2015, www.bnr.de/artikel/hintergrund/afd-auf-rechtskurs (Abruf v. 4.9.2015).

Rainer Roeser: Die »neue« AfD: »Ganz liebe Menschen« von Rechtsaußen, in: blick nach rechts, vom 27.7.2015, http://www.bnr.de/artikel/hintergrund/die-neue-afd-ganz-liebe-menschen-von-rechtsau-en (Abruf v. 4.9.2015).

Rainer Roeser: Rechter Klartext in der NRW-AfD, in: blick nach rechts, vom 31.8.2015, http://www.bnr.de/artikel/aktuelle-meldungen/rechter-klartext-in-der-nrw-afd (Abruf v. 4.9.2015).

Jan Rohgalf: Subsidiarität als Kampfbegriff. Politik und Emotionalisierung am Beispiel der AfD, in: Karl-Rudolf Korte (Hg.), Emotionen und Politik. Begründungen, Konzeptionen und Praxisfelder einer politikwissenschaftlichen Emotionsforschung [= Veröffentlichungen der deutschen Gesellschaft für Politikwissenschaft (DGfP), Bd. 33], Baden-Baden 2015, S. 297-316.

Tina Rohowski: Blankenfelder soll neue Lucke-Partei in Brandenburg aufbauen, in: rbb Online vom 20.7.2015, http://www.rbb-online.de/politik/beitrag/2015/07/Politik-Lucke-gruendet-neue-Partei-namens-Alfa.html (Abruf v. 21.7.2015).

Manfred Rolfes: Kriminalität, Sicherheit und Raum: Humangeographische Perspektiven der Sicherheits- und Kriminalitätsforschung [= Sozialgeographie kompakt, Bd. 3], Stuttgart 2015.

Nicolas Rose: Das Regieren von unternehmerischen Individuen, in: Kurswechsel, in: Zeitschrift für gesellschafts-, wirtschafts- und umweltpolitische Alternativen, 2 (2000), S. 8-27.

Samuel Salzborn: Demokratieferne Rebellionen. Pegida und die Renaissance völkischer Verschwörungsphantasien, in: Wolfgang Frindte/Daniel Geschke/Nicole Haußecker/Franziska Schmidtke (Hg.), Rechtsextremismus und »Nationalsozialistischer Untergrund«. Interdisziplinäre Debatten, Befunde und Bilanzen, Wiesbaden 2016, S. 359-366.

Uwe Sander: Biographie und Nationalität, in: Heinz-Hermann Krüger/Winfried Marotzki (Hg.), Erziehungswissenschaftliche Biographieforschung, 2. Aufl., Opladen 1996, S. 239-257.

Thilo Sarrazin: Deutschland schafft sich ab. Wie wir unser Land aufs Spiel setzen, München 2010.

Thilo Sarrazin: Europa braucht den Euro nicht. Wie uns politisches Wunschdenken in die Krise geführt hat, München 2012.

Thilo Sarrazin: Der neue Tugendterror. Über die Grenzen der Meinungsfreiheit in Deutschland, München 2014.

Britta Schellenberg: Lügenpresse? »Rechtsextremismus« und »Rassismus« in den Medien, in: Wolfgang Frindte/Daniel Geschke/Nicole Haußecker/Franziska Schmidtke (Hg.), Rechtsextremismus und »Nationalsozialistischer Untergrund«. Interdisziplinäre Debatten, Befunde und Bilanzen, Wiesbaden 2016, S. 309-339.

Uwe Schimank/Ute Volkmann: Ökonomisierung der Gesellschaft, in: Andrea Maurer (Hg.), Handbuch der Wirtschaftssoziologie, Wiesbaden 2008, S. 382-393.

Friedemann Schmidt: Die Neue Rechte und die Berliner Republik. Parallel laufende Wege im Normalisierungsdiskurs, Wiesbaden 2001.

Peter Schmidt: Nationale Identität, Nationalismus und Patriotismus in einer Panelstudie 1993, 1995 und 1996, in: Heiner Meulemann (Hg.), Werte und nationale Identität im vereinten Deutschland: Erklärungsansätze der Umfrageforschung, Opladen 1998, S. 269-284.

Rüdiger Schmitt-Beck: Euro-Kritik, Wirtschaftspessimismus und Einwanderungsskepsis: Hintergründe des Beinahe-Erfolgs der Alternative für Deutschland (AfD) bei der Bundestagswahl 2013, in: Zeitschrift für Parlamentsfragen 45 (2014) H. 1, S. 94-112.

David C. Schwartz: Political Alienation and political behavior, Chicago 1973.

Monika Schwarz-Friesel: »Juden sind zum Töten da« (studivz.net, 2008). Hass via Internet – Zugänglichkeit und Verbreitung von Antisemitismus im World Wide Web, in: Konstanze Marx/ Monika Schwarz-Friesel (Hg.), Sprache und Kommunikation im technischen Zeitalter. Wie viel Internet (v)erträgt unsere Gesellschaft?, Berlin/Boston 2013, S. 213-236.

Christopher G. Sibley/John Duckitt: Personality and prejudice: A meta-analysis and theoretical review, in: Personality and Social Psychology Review, 12 (2008), S. 248-279.

James Sidanius/Felicia Pratto: Social dominance: An intergroup theory of social hierarchy and oppression. New York 1999.

Maik Söhler: Positionspapier der Pegida: Pegidisch für Anfänger, in: die tageszeitung vom 11.12.2015, http://www.taz.de/!5026420/(Abruf v. 16.9.2015).

Spiegel online: AfD und Pegida: Landeschefin Petry sieht inhaltliche Schnittmenden, http:// www.spiegel.de/politik/deutschland/pegida-afd-in-sachsen-strebt-zusammenarbeit-an-a-1011904.html vom 8.1.2015 (Abruf v. 4.9.2015).

Wolfgang Storz: »Querfront« – Karriere eines politisch-publizistischen Netzwerks. OBS-Arbeitspapier 18, Frankfurt a. M. 2015, https://www.otto-brenner-shop.de/publikationen/obs-arbeitspapiere/shop/obs-arbeitspapier-nr-18-querfront-karriere-eines-politisch-publizistischen-netzwerks.html (Abruf v. 17.8.2015).

Merle Stöver: Genderwahn und Gleichmacherei – die »Junge Alternative« der AfD offenbart ihr Frauenbild, in: Netz-gegen-Nazis.de vom 28.3.2014, http://www.netz-gegen-nazis.de/artikel/genderwahn-und-gleichmacherei-die-afd-offenbart-ihr-frauenbild-9367 (Abruf v. 17.9.2015).

Wolfgang Streeck: Gekaufte Zeit. Die vertagte Krise des demokratischen Kapitalismus, Berlin 2013.

Tagesschau.de: Landtagswahl Brandenburg 2014, Analysen Wählerwanderung, http://wahl.tagesschau.de/wahlen/2014-09-14-LT-DE-BB/analyse-wanderung.shtml#16_Wanderung_AFDgl (Abruf v. 20.8.2015).

Michael Terwey: Ethnocentrism in present Germany: Some correlations with social integration and subjective assessments, in: ZA-Information, 1998, S. 135-166.

Merlind Theile: Gleichstellung: Wer braucht diese »Zwischendinger«?, in: Die ZEIT vom 5.3.2015, http://www.zeit.de/2015/10/geschlechtergleichstellung-afd-gender-politik (Abruf v. 17.9.2015).

Hans-Thomas Tillschneider: Ein Fest der Vaterlandsliebe und ein Zeichen der Einigkeit – Kyffhäusertreffen voller Erfolg, vom 7.6.2015, http://derfluegel.de/ein-fest-der-vaterlandsliebe-und-ein-zeichen-der-einigkeit-kyffhaeusertreffen-voller-erfolg/(Abruf v. 5.9.2015).

Mareike Trawnik: Pegida – Proteste von Männern?, in: Netz-gegen-Nazis.de vom 3.2.2015, http:// www.netz-gegen-nazis.de/artikel/pegida-%E2%80%93-proteste-von-m%C3%A4nnern-10027 (Abruf v. 17.9.2015).

Beatrix von Storch: Facebook-Auftritt, https://www.facebook.com/BeatrixVonStorch/photos/pb.549796328395150.-2207520000.1442406002./829895417051905/?type=3&theater (Abruf v. 16.9.2015).

Beatrix von Storch: Facebook-Auftritt, https://www.facebook.com/BeatrixVonStorch/photos/pb.549796328395150.-2207520000.1442406156./798187810222666/?type=3&theater (Abruf v. 16.9.2015).

Christl R. Vonholdt: Ehe – Die Ikone Gottes in der Welt, ohne Datum, in: Deutsches Institut für Jugend und Gesellschaft, http://www.dijg.de/anthropologie/mannsein-frausein-biblisches-menschenbild/(Abruf v. 15.9.2015).

Hans Vorländer/Maik Herold/Steven Schäller: Wer geht zu PEGIDA und warum? Eine empirische Untersuchung von PEGIDA-Demonstranten in Dresden, in: Schriften zur Verfassung und Demokratieforschung, 1 (2015), Dresden 2015.

Gerd-Günter Voß/Hans J. Pongratz: Der Arbeitskraftunternehmer. Eine Grundform der Ware Arbeitskraft?, in: Kölner Zeitschrift für Soziologie und Sozialpsychologie, 5 (1998), S. 131-158.

Ulrich Wagner/Julia C. Becker/Oliver Christ/Thomas F. Pettigrew/Peter Schmidt: A longitudinal test of the relation between German nationalism, patriotism, and outgroup derogation, in: European Sociological Review, 28 (2012), S. 319-332.

Andreas Waibel: Der Political-Correctness-Diskurs, in: Friedrich Burschel (Hg.), Aufstand der »Wutbürger«. AfD, christlicher Fundamentalismus, Pegida und ihre gefährlichen Netzwerke, hg. für die Rosa-Luxemburg-Stiftung, Berlin 2014, S. 83-96.

Franz Walter: Studie zu Pegida, Göttinger Institut für Demokratieforschung, Göttingen 2015, http://www.demokratie-goettingen.de/blog/studie-zu-pegida (Abruf v. 9.10.2015).

Rainer Wehaus: Doch kein Parteiausschluss – Stadtrat Fiechtner darf bei AfD bleiben, in: Stuttgarter Nachrichten vom 23.7.2015, http://www.stuttgarter-nachrichten.de/inhalt.doch-kein-parteiausschluss-stadtrat-fiechtner-darf-bei-afd-bleiben.ff9ec0cc-3c41-4488-abf8-9ff6fff2ddac.html (Abruf v. 6.9.2015).

Severin Weiland: AfD-Vize Gauland: »Herr Lucke hat kein Gespür für andere Menschen, in: Spiegel Online vom 11.6.2015, http://www.spiegel.de/politik/deutschland/afd-krise-vize-alexander-gauland-attackiert-bernd-lucke-a-1038262.html (Abruf v. 22.7.2015).

Michael Weinhart/Stefan Liebig: Teilnahmeverhalten und Stichprobenverzerrung in der deutschen Stichprobe des European Social Survey, in: Jürgen Schupp/Christof Wolf (Hg.), Nonresponse Bias. Qualitätssicherung sozialwissenschaftlicher Umfragen. Wiesbaden 2015, S. 47-79.

Alban Werner: Was ist, was will, wie wirkt die AfD?, Köln 2015.

Alban Werner: Vor der Zerreißprobe: Wohin treibt die AfD?, in: Blätter für deutsche und internationale Politik, 60 (2015), S. 83-90.

Gerd Wiegel: Aufstieg des Rechtspopulismus auch in Deutschland? Die AfD und die Bundestagswahl 2013, hg. v. d. Rosa-Luxemburg-Stiftung, Berlin 2013, http://www.rosalux.de/fileadmin/rls_uploads/pdfs/sonst_publikationen/Aufstieg_des_Rechtspopulismus_auch_in_Deutschland.pdf (Abruf v. 21.8.2015).

Wikimannia: http://de.wikimannia.org/Hauptseite (Abruf v. 15.9.2015).

Anne Will: Sendung vom 10.6.2015, https://www.youtube.com/watch?v=S5gAG74uNuU (Abruf v. 16.9.2015).

Kristin Witte: Wir lehnen ihren Gender-Mist ab! Gleichstellung und Feminismus als Feindbilder, in: hg. v. Lola für Demokratie in Mecklenburg-Vorpommern e. V. (2015): Frauen und Rechtsextremismus in Mecklenburg-Vorpommern, S. 17-27, http://www.lola-fuer-lulu.de/w/files/pdfs/lola/rechte-frauen-in-m.pdf (Abruf v. 15.9.2015).

Philipp Wittrock: Profildebatte in der CDU: Frustrierte Rechte machen gegen Merkel mobil, in: Spiegel Online vom 19.2.2010, http://www.spiegel.de/politik/deutschland/profildebatte-in-der-cdu-frustrierte-rechte-machen-gegen-merkel-mobil-a-678809.html (Abruf v. 24.9.2015).

Carina Wolf/Ulrich Wagner/Oliver Christ: Die Belastungsgrenze ist nicht überschritten. Empirische Ergebnisse gegen die Behauptung vom vollen Boot, in: W. Heitmeyer (Hg.), Deutsche Zustände, Folge 3. Frankfurt a. M. 2005, S. 142-158.

Volker Zastrow (2006): Politische Geschlechtsumwandlung, in: F.A.S. vom 20.6.2006, www.faz.net/aktuell/politik/gender-mainstreaming-politishe-geschlechtsumwandlung-1327841.html?printPagedArticle=true#pageIndex_2 (Abruf v. 15.9.2015).

Andreas Zick: Aktueller Antisemitismus im Spiegel von Umfragen – ein Phänomen der Mitte, in: Monika Schwarz-Friesel/Evyatar Friesel/Jehuda Reinharz (Hg.), Aktueller Antisemitismus – ein Phänomen der Mitte, Berlin/New York 2010, S. 225-245.

Andreas Zick: Die unsichtbare Sichtbarkeit – Antisemitismus auf Umwegen, in: Michael Kohlstruck/Stefanie Schüler-Springorum/Ulrich Wyrwa (Hg.), Bilder kollektiver Gewalt – Kollektive Gewalt im Bild. Annäherungen an eine Ikonographie der Gewalt. Für Werner Bergmann zum 65. Geburtstag, Berlin 2015, S. 79-88.

Andreas Zick/P.J. Henry: Nach oben buckeln, nach unten treten – Der deutsch-deutsche Autoritarismus, in: Wilhelm Heitmeyer (Hg.), Deutsche Zustände, Folge 7. Frankfurt a. M. 2009, S. 190-204.

Andreas Zick/Anna Klein: Fragile Mitte – Feindselige Zustände, hg. f. d. Friedrich-Ebert-Stiftung v. Ralf Melzer, Bonn 2014.

Andreas Zick/Beate Küpper: Politische Mitte. Normal feindselig, in: Wilhelm Heitmeyer (Hg.), Deutsche Zustände, Folge 4. Frankfurt a. M. 2006, S. 115-134.

Andreas Zick/Beate Küpper: Antisemitische Mentalitäten. Bericht über die Ergebnisse des Forschungsprojekts Gruppenbezogene Menschenfeindlichkeit in Deutschland und Europa. Expertise für den Expertenkreis Antisemitismus, Berlin, Stand 2011, http://www.bagkr.de/wp-content/uploads/kuepper_zick_antisemitismus_2011.pdf (Abruf v. 22.7.2015).

Andreas Zick/Beate Küpper: Anti-europäische Reflexe und menschenfeindliche Abgrenzungen, in: Andreas Zick/Anna Klein: Fragile Mitte – Feindselige Zustände, hg. f. d. Friedrich-Ebert-Stiftung v. Ralf Melzer, Bonn 2014, S. 119-138.

Andreas Zick/Beate Küpper: Volkes Stimme? Rechtspopulistische Überzeugungen in der Mitte, in: Aus Politik und Zeitgeschichte. Beilage zur Wochenzeitung »Das Parlament« 40 (2015).

Andreas Zick/Beate Küpper/Andreas Hövermann: Die Abwertung des Anderen. Eine europäische Zustandsbeschreibung zu Intoleranz, Vorurteilen und Diskriminierung. Eine Analyse im Auftrag der Friedrich-Ebert-Stiftung, Berlin 2011.

Andreas Zick/Beate Küpper/Sandra Legge: Nichts sehen, nichts hören, nichts tun. Couragiertes Eintreten gegen Rechtsextremismus in Ost und West, in: Wilhelm Heitmeyer (Hg.), Deutsche Zustände, Folge 7. Frankfurt a. M. 2009, S. 190-204.

Andreas Zick/Andreas Hövermann/Daniela Krause: Die Abwertung von Ungleichwertigen. Erklärung und Prüfung eines erweiterten Syndroms der Gruppenbezogenen Menschenfeindlichkeit, in: Wilhelm Heitmeyer (Hg.), Deutsche Zustände, Folge 10. Berlin 2012, S. 64-86.

Andreas Zick/Madlen Preuß: ZuGleich. Zugehörigkeit und (Un)Gleichwertigkeit, Ein Zwischenbericht, Bielefeld 2014 – http://www.uni-bielefeld.de/ikg/projekte/ZuGleich/ZuGleich_Zwischenbericht.pdf (Abruf v.30.8.2015).

Mathias Zschaler: Pegida-Talk bei Günther Jauch: Sarrazin lässt grüßen, in: Spiegel Online vom 19.2.2015, http://www.spiegel.de/kultur/tv/pegida-frontfrau-kathrin-oertel-erinnert-bei-guenther-jauch-an-sarrazin-a-1013637.html (Abruf v. 17.9.2015).

Die Autorinnen und Autoren

Gideon Botsch, Dr. phil., Dipl.-Pol., Privatdozent an der Wirtschafts- und Sozialwissenschaftlichen Fakultät der Universität Potsdam und wissenschaftlicher Mitarbeiter im Forschungsschwerpunkt Antisemitismus- und Rechtsextremismusforschung am Moses Mendelssohn Zentrum für europäisch-jüdische Studien (MMZ). Koordinator des Ludwig Rosenberg Kollegs »Historische Bezüge zwischen Arbeiterbewegung und Judentum« von MMZ und Hans-Böckler-Stiftung. Forschungsschwerpunkte: Rechtsextremismus und Antisemitismus in Geschichte und Gegenwart.

Frank Decker, Dr. rer. pol., Dipl.-Pol., studierte Politikwissenschaft, Volkswirtschaftslehre, Publizistik und Öffentliches Recht in Mainz und Hamburg. Seit 2001 ist er Professor am Institut für Politische Wissenschaft und Soziologie an der Rheinischen Friedrich-Wilhelms-Universität Bonn im Lehrgebiet Regierungssysteme und seit 2011 Wissenschaftlicher Leiter der Bonner Akademie für Forschung und Lehre praktischer Politik. Seine Forschungsschwerpunkte sind Parteien, insbesondere Rechtspopulismus, Regierungssystemvergleich und Demokratiepolitik.

Eva Groß, Dipl.-Soz., M. A. int. Kriminologie, promoviert am Institut für Interdisziplinäre Konflikt- und Gewaltforschung. Ihre Schwerpunktthemen sind Ökonomisierung des Sozialen, Vorurteile, Rechtsextremismus und Jugendgewalt. Sie studierte Soziologie in München und internationale Kriminologie in Hamburg und hat mehrere Jahre im Langzeitprojekt Gruppenbezogene Menschenfeindlichkeit gearbeitet. Derzeit forscht Eva Groß an der kriminologischen Forschungsstelle des LKA Niedersachsen zu Viktimisierung und Dunkelfeldphänomenen der Kriminalität. Sie ist Mitautorin der FES-Mitte-Studie 2014.

Alexander Häusler, Dipl.-Soz., ist wissenschaftlicher Mitarbeiter am Forschungsschwerpunkt Rechtsextremismus/Neonazismus (FORENA) der Hochschule Düsseldorf. Seine Arbeitsschwerpunkte liegen in den Forschungsbereichen Rechtspopulismus und extreme Rechte. 2015 erschien in der FES-Reihe *Expertisen für Demokratie* sein Beitrag »Die AfD: Partei des rechten Wutbürgertums am Scheideweg«.

Andreas Hövermann, Dipl.-Soz., studierte Soziologie und Sozialpsychologie in Bielefeld. Derzeit arbeitet und promoviert er am Institut für Interdisziplinäre Konflikt- und Gewaltforschung zu anomietheoretischen Ansätzen der Erklärung von Vorurteilen. Einer seiner Schwerpunkte liegt in der international vergleichenden Vorurteilsforschung. Unter anderem war er als Mitautor an der von der Friedrich-Ebert-Stiftung publizierten europäischen Studie »Die Abwertung der Anderen« und an der FES-Mitte-Studie 2014 beteiligt.

Christoph Kopke, Dr. phil., Dipl.-Pol., ist Professor für Politikwissenschaft und Soziologie an der Hochschule für Wirtschaft und Recht (HWR) Berlin. Er forscht vor allem zu Rechtsextremismus und zu historischem Nationalsozialismus. Von Mitte 2006 bis Oktober 2015 war er freiberuflich bzw. als wissenschaftlicher Mitarbeiter am Moses Mendelssohn Zentrum für europäisch-jüdische Studien (MMZ) an der Universität Potsdam tätig. Von 2013 bis 2015 leitete er dort das Forschungsprojekt »Überprüfung umstrittener Altfälle ›Opfer rechtsextremer und rassistischer Gewalt in Brandenburg‹«.

Daniela Krause, Dipl.-Soz., studierte Soziologie in Potsdam und Bielefeld. Seit 2008 arbeitet sie am Institut für Interdisziplinäre Konflikt- und Gewaltforschung an der Universität Bielefeld. Mehrere Jahre hat sie in dem Langzeitprojekt Gruppenbezogene Menschenfeindlichkeit mitgearbeitet, zuletzt forschte sie zum Thema Jugendgewalt. Ihre Schwerpunkte liegen in den Bereichen Vorurteile, Diskriminierung und Rechtsextremismus.

Beate Küpper, Dr. phil., Dipl.-Psych., ist Professorin für Soziale Arbeit in Gruppen und Konfliktsituationen an der Hochschule Niederrhein. Sie arbeitet vor allem zu den Themen Vorurteile und Diskriminierung, Diversity und Integration. Als wissenschaftliche Mitarbeiterin am Institut für Interdisziplinäre Konflikt- und Gewaltforschung hat sie viele Jahre im Langzeitprojekt Gruppenbezogene Menschenfeindlichkeit in Deutschland gearbeitet und das gleichnamige Projekt in Europa koordiniert. Sie gehört zum Autorenteam der FES-Mitte-Studie 2014.

Alexander Lorenz, B. A., ist Redakteur der Online-Zeitschrift *Medaon – Magazin für jüdisches Leben in Forschung und Bildung* (www.medaon.de). Er studierte Geschichte und Religionswissenschaften in Potsdam und ist freiberuflich in der historisch-politischen Bildungsarbeit für den Deutschen Gewerkschaftsbund und für freie Bildungsträger in Berlin und Brandenburg tätig.

Heiko Maas ist seit 2013 Bundesminister der Justiz und für Verbraucherschutz. Er studierte Jura und war ab 1996 erst Staatssekretär und dann Umweltminister im Saarland. Von 1999 bis 2012 war er Vorsitzender der SPD-Landtagsfraktion, anschließend wurde er Minister für Wirtschaft, Arbeit, Energie und Verkehr sowie stellvertretender Ministerpräsident im Saarland. Heiko Maas ist Vorsitzender der SPD Saar und gehört seit 2001 dem SPD-Parteivorstand an.

Ralf Melzer, Dr. phil., leitet im Forum Berlin der Friedrich-Ebert-Stiftung den Arbeitsbereich »Gegen Rechtsextremismus« und ist Herausgeber der im Zweijahresrhythmus erscheinenden Mitte-Studien der FES. Nach seiner Promotion in Neuerer Geschichte an der Freien Universität Berlin arbeitete er zunächst als freier Journalist. 2004 kam zur Friedrich-Ebert-Stiftung, für die er seitdem in verschiedenen Funktionen im In- und Ausland tätig war, darunter von 2009 bis 2011 als Büroleiter in Tunesien.

Dietmar Molthagen, Dr. phil., verantwortet seit 2012 den Arbeitsbereich Integration und Teilhabe im Forum Berlin der Friedrich-Ebert-Stiftung und arbeitet zu den Themenschwerpunkten Integrationspolitik, Religion(en) in Deutschland sowie politische Teilhabe. Zuvor war er u. a. Leiter des Thüringer Landesbüros der FES. Nebenberuflich ist er als Lehrbeauftragter an der Universität Erfurt und an der HWR Berlin tätig und im Bundesvorstand des Netzwerks für Demokratie und Courage e. V. aktiv.

Simone Rafael, M. A. Kunstgeschichte und Publizistik, Volontariat an der Henri-Nannen-Journalistenschule Hamburg, ist Chefredakteurin von www.netz-gegen-nazis.de, dem Internetportal gegen Rechtsextremismus der Amadeu-Antonio-Stiftung in Kooperation mit DIE ZEIT. Neben der journalistischen Arbeit entwickelt sie für die Amadeu-Antonio-Stiftung Kampagnen und Projekte gegen Rechtsextremismus und Hate Speech im Internet.

Rainer Roeser ist freiberuflicher Journalist und schreibt regelmäßig für das Internetportal »Blick nach rechts«. Seine Arbeitsschwerpunkte liegen in den Forschungsbereichen Rechtspopulismus und extreme Rechte.

Olaf Sundermeyer ist Publizist und arbeitet als Filmemacher und Buchautor in Berlin. Zahlreiche Veröffentlichungen zum Thema Rechtsextremismus und Rechtspopulismus, u. a.: »Dunkles Deutschland? Die Front der Fremdenfeinde« (ARD, 2015), »Rechter Terror in Deutschland: Eine Geschichte der Gewalt« (2012), »In der NPD: Reisen in die National befreite Zone«

(2009; mit Christoph Ruf). Seit Herbst 2014 beobachtet er regelmäßig PEGIDA und andere flüchtlingsfeindliche Proteste. Er studierte Journalistik und Rechtswissenschaften und absolvierte ein Volontariat bei der Hessischen/Niedersächsischen Allgemeinen.

Andreas Zick, Dr. rer. nat., Dr. phil. habil., Dipl.-Psych., ist Direktor des Instituts für Interdisziplinäre Konflikt- und Gewaltforschung und Professor für Sozialisation und Konfliktforschung an der Fakultät für Erziehungswissenschaft der Universität Bielefeld. Andreas Zick hat über Vorurteile und Rassismus promoviert und sich zur Psychologie der Akkulturation habilitiert. Er hat an den Universitäten Bielefeld, Bochum, Dresden, Jena und Wuppertal gelehrt und forscht seit den 1980er-Jahren zum Thema Vorurteile. Neben Anna Klein ist er Hauptautor der FES-Mitte-Studie 2014.